内戦の日本古代史
邪馬台国から武士の誕生まで

倉本一宏

講談社現代新書
2505

はじめに　日本古代史と内戦と国際的契機

「戦争を（ほとんど）しなかった国」

前近代の日本《にっぽん》（および倭国《わ》）は対外戦争の経験がきわめて少なかった（倉本一宏『戦争の日本古代史』）。古代において海外で実際に戦争をおこなったのは、四世紀末から五世紀初頭にかけての対高句麗《こうくり》戦（とその前段階の対新羅《しんら》戦）、七世紀後半の白村江《はくそんこう》の戦（に代表される百済《ひゃくさい》復興戦争）の二回しかなかった。その後も対外戦争は十六世紀末の豊臣秀吉《とよとみひでよし》の半島侵攻のみであって（海外勢力の侵攻である新羅の入寇《にゅうこう》や刀伊《とい》の入寇、蒙古襲来《もうこしゅうらい》を撃退した戦闘は、ここでは対外戦争に含めない）、要するに前近代を通じて、わが国は対外戦争のきわめて少ない国であったのである。

一方、日本における内戦の方はどうだったのであろうか。じつは日本は内戦もきわめて少なく、その規模も中国やヨーロッパ、イスラム社会と比較すると小さなものであった。

古代最大の内戦であった壬申《じんしん》の乱も、動員された兵力は『日本書紀《にほんしょき》』が語るような大規模なものではなかったはずであるし、天慶《てんぎょう》の乱で最後まで平将門《たいらのまさかど》に付き従った兵はごくわずか、保元《ほうげん》の乱で平清盛《きよもり》が動かした兵は三百名ほどであった（戦闘自体で死んだ者は一人もいなかったという指摘もある）。戦国時代最大の戦いと言われる川中島《かわなかじま》の戦いも実際に戦闘がおこなわれたのは二回に過ぎない。天下分け目の戦いと称される関《せき》ケ《が》原《はら》の戦いは兵の数こそ大規模であったが、数時間で決着がついているし、そもそも戦闘に参加しなかった部隊も大勢いた。

もちろん、個々の合戦の現場における実態は苛《か》烈《れつ》なものであり、犠牲になった多くの人たちは気の毒としか言いようがないが、たとえば中国・韓国やヨーロッパの研究者が見たら、おそらく笑うのではないだろうか。何と平和な国だったのだろうと。実際、私の友人の海外研究者たちは、みな日本史の平和さについて感心（かつ感動）している。

もうそろそろ、「権力による人民からの収奪と、その矛盾に対する解放への戦い」といった歴史観（かつ政治観）を無理に日本史にあてはめるという視座から、日本の歴史を解放すべきではないだろうか。

日本の王権

日本は島国であったがため、異民族からの侵攻を受けることもなく、またそれを想定することもなかった。さらには、日本に国家というものが成立したとき、中国のような易姓《えきせい》革命《かくめい》を否定して世襲を支配の根拠とした王権を作ったため、王権を倒そうとする勢力もついに登場せず、王権側も易姓革命に対応するための武力を用意していなかった。

加えて、天孫降臨《てんそんこうりん》神話で天照大神《あまてらすおおみかみ》の孫にあたる瓊瓊杵尊《ににぎのみこと》に随伴《ずいはん》したとする天児屋命《あめのこやねのみこと》を始祖として設定した藤原《ふじわら》氏が、王権を囲繞《いにょう》する支配者層の中枢部を占めつづけることとなった。これではいくら藤原氏が権力を強めても、みずからが天皇家に代わって王権を樹立することなど、思いも寄らなかったであろう。

その後に軍事力で権力を握った平氏《へいし》や源氏《げんじ》も、天皇家から分かれた氏族であったために、王権を武力によって滅ぼして新たな王権を作ることよりも、女《むすめ》を天皇家に入れて所生の皇子を次の天皇に立て、みずからは外戚《がいせき》として権力を振るうという、藤原氏と同じ方策をめざした。古代王権が確立した神話に基づく王権を否定し、新たな支配の根拠を作り上げるよりも、それははるかに簡便で効果的な方法だったのである。

日本という国の特質

これから詳しく見ていくことになるが、日本においては、王権そのものに対して戦闘をしかけてきた例は、ほとんどない。反逆者がみずから王権を樹立することをめざしていない以上、数々の「謀反《むへん》」というのは、せいぜいが皇太子の交代を企てたクーデター計画や権力者の更迭《こうてつ》を要求した軍事行動、後には中央政府の出先機関である国府《こくふ》を襲撃した事件があったくらいに過ぎない。彼らには、国家や天皇に対する反乱といった認識は、ほとんどなかったはずである。

日本古代国家によって「異民族」とされた蝦夷《えみし》や隼人《はやと》が、実際には政治的に設定された存在であったがために、たとえば中国・朝鮮《ちょうせん》やヨーロッパ・中東など、外国では頻繁に起こった民族同士の戦争のような徹底的な殲滅《せんめつ》戦は、日本では起こらなかったのである。敗れた側の農民を奴隷《どれい》とすることなくそのまま耕作を保証したり、たとえば壬申の乱後や戦国時代の合戦後、「明治維新《めいじいしん》」後のように、降人《こうじん》（降参した者）を赦免し、敗れた側の政治スタッフを勝った側が登用するというのも、日本に特徴的な事象であろう。

国家側の「追討《ついとう》」も、ほとんどは和平《わへい》・懐柔《かいじゅう》路線を主体とした外交交渉が主たるもので、大規模な戦闘はほとんどおこなわれなかった。『日本書紀』に語られる地方勢力の「反乱伝承」が、実際には軍事行動ではなく外交折衝であったと考えられることが、それを象徴するものである。平安時代中期以降は、現地の豪族に「追討」を委《ゆだ》ねる例も増えてきた。

これら対外戦争と内戦の回数の少なさと規模の小ささ、（言葉に語弊はあるが）優美さ、ある意味では甘さは、日本という国の特質を象徴するものだったのである（戦場で歌や詩を詠み合う国は、ヨーロッパや中国にもあるのだろうか）。

内戦と国際的契機

日本における内戦の歴史も、もう一度、世界史のなかで相対的に考え直す必要があるのであろう。もちろん、私にはそのような能力はないので、とても自分ではできるものではないが、必要な視座だけは考えつくことができる。

それは、日本における内戦の規模と様相を分析するのみならず、国際的契機との関連をつねに考えるということである。日本列島は中国大陸や朝鮮半島から、「ほどよい距離の島国」であったがため、大陸や半島における動乱の影響を受けずにいられた。外国勢力から見ても、わざわざ海を渡って日本列島を侵略するほどの熱意は生まなかったであろう。

しかし、日本国内においても、中国や朝鮮の動向とまったく無縁でいられたわけではない。それどころか、畿内《きない》の支配者にとっては、たとえば東国《とうごく》の動向よりも朝鮮半島の動向の方に注意を向け、その動向に大きな影響を受けていたと考えるべきであろう。

ましてや、半島と畿内との中間、と言うよりも半島との距離の方がはるかに近かった九州の勢力にとっては、朝鮮半島の動向が直接、その政治的選択に影響を及ぼしていた。

この本においては、北東アジアの情勢と日本における内戦との関連をつねに念頭に置きながら、古代における主要な内戦を取りあげ、その様相と意義を考えてみたい。

日中朝関係、内戦・対外戦争略年表

（中世以降の内戦は代表的なもの）

世紀	中国	朝鮮（韓）半島	日本（倭国）	内戦	対外戦争
	先史時代	旧石器時代	旧石器時代		
	夏（前21C?〜前17C?）		縄文時代		
	商（殷）（前17C?〜前11C?）	新石器時代			
	西周（前１０４６?〜前７７１?）	無文土器時代			
	東周　春秋（前７７０〜前４０３）		弥生時代		
	戦国（前４０３〜前２２１）				
	秦（前２２１〜前２０６）				
前三	漢（前２０２〜８）				
前二		衛氏朝鮮			
前一		漢四郡（前１０８〜３１３）			
一	新（８〜23）				
二	後漢（25〜２２０）			倭国大乱	
三	魏（２２０〜２６５）　蜀（２２１〜２６３）			邪馬台国・狗奴国戦	
	呉（２２２〜２８０）				
	西晋（２６５〜３１６）		古墳時代（倭王権）		
四	五胡十六国　東晋（３１７〜４２０）	三国時代			対高句麗戦
五	北魏（３８６〜５３４）　宋（４２０〜４７９）	（高句麗・百済・新羅）			
	斉（４７９〜５０２）				
六	東魏（５３４〜５５０）　梁（５０２〜５５７）			磐井の乱	
	西魏（５３５〜５５６）				
	北斉（５５０〜５７７）　陳（５５７〜５８９）				
	北周（５５６〜５８１）			丁未の乱（物部戦争）	対新羅戦?
	隋（５８９〜６１８）		飛鳥時代		

七	唐(618〜907)	統一新羅(676〜935)・渤海(698〜926)		壬申の乱	白村江の戦
八			奈良時代(710〜784)	藤原広嗣の乱 恵美押勝の乱	新羅出兵計画
九			平安時代(794〜1185)	蝦夷征討	新羅の入寇
一〇	遼(916〜1125)五代十国(907〜979) 北宋(960〜1127)	後三国(901〜936) 高麗(936〜1392)		天慶の乱	高麗来寇の噂
一一	西夏(1038〜1227)			平忠常の乱 前九年・後三年の役	刀伊の入寇
一二	金(1115〜1234)南宋(1127〜1279)		鎌倉時代(1192〜1333)	治承・寿永の乱	
一三	元(1271〜1368)			奥州合戦 承久の乱	蒙古襲来
一四	明(1368〜1644)	李氏朝鮮(1392〜1897)	室町時代(1338〜1573)	鎌倉の戦い	
一五				応仁の乱	応永の外寇
一六			安土桃山時代(1573〜1603)	川中島の戦い 関ヶ原の戦い	朝鮮侵攻
一七	清(1644〜1912)		江戸時代(1603〜1868)	島原の乱	
一八				赤穂事件	
一九		大韓帝国(1897〜1910)	明治(1868〜1912)	戊辰戦争	日清戦争
二〇	中華民国(1912〜) 中華人民共和国(1949〜)	日帝時代(1910〜1945) 大韓民国(1948〜)・ 朝鮮民主主義人民共和国(1948〜)	大正(1912〜1926) 昭和(1926〜1989) 平成(1989〜)	米騒動 二・二六事件 安保闘争	日露戦争 日中戦争 太平洋戦争
二一					

目次

第五章　中世黎明期の内戦

第一章　倭王権成立と内戦

農耕の開始と内戦

日本列島は、もともとはユーラシア大陸の一部であったが、内側が陥没して日本湖となり、さらに北と南が大陸から離れて内側は日本海となって、列島が形成された。氷期には日本列島も二ないし三回、北と南でユーラシア大陸と陸続きとなった。その際、北からはマンモスが南下し、南からはナウマンゾウやオオツノジカが北上してきた。これらを追って、人類も日本列島に移動してきたと考えられる。しかし、更新世《こうしんせい》(約二五八万年前〜一万年前)末に気候が温暖化した結果、海面が上昇して縄文海進《じょうもんかいしん》が起こり、日本は大陸と完全に切り離されて日本列島が成立した(岡村道雄『縄文の生活誌』、木下正史『倭国のなりたち』)。

中国大陸や朝鮮《ちょうせん》半島から、「ほどよい距離の島国」となったため、日本列島は豊かで平和な縄文社会をおおよそ一万二千数百年ものあいだ、維持してきた。農耕社会以前にまったく個人的な争いがなかったというわけではないだろうが、集団同士の大規模な戦闘がおこなわれなかったことは認めてもよかろう。縄文時代には専用の武器はなく、戦闘の犠牲者であることを示す人骨の出土例もきわめて少ない。特に日本列島では、サケなどの魚介類といった水産資源の漁撈《ぎょろう》や、クリ・ドングリなど植物資源の採取が縄文社会の主たる生業であったことから、大型動物を競って狩って主食としていたヨーロッパよりは、争いの少ない社会であったと思われる。

紀元前五世紀初め頃、ジャポニカ種の稲を水田で栽培する水田稲作農耕をおこなう人びとが北部九州に渡来《とらい》した。水稲耕作と青銅器《せいどうき》や鉄器《てっき》など金属器の使用は中国大陸の長江《ちょうこう》流域ではじまったが、それが山東《さんとう》半島から朝鮮半島に伝わり、朝鮮半島南部から北部九州に伝わったものと考えられる。中国が戦国《せんごく》時代に入り、その余波が日本列島にまで及んだという意見もある。渡来者と縄文人とは混血をくりかえしながら、ごく短期間で水田稲作を中国・四国、近畿など西日本に広め、弥生《やよい》時代の前期には東日本のほとんどを含む本州全土に水田稲作を伝播したと考えられる。

ただし、水稲耕作の開始も、その普及期間の短さからは、渡来系弥生人による縄文人の武力征服の結果を想定することはできない。比較的平和裡に、縄文人のほとんどは水稲耕作への転化と弥生人との混血への道を歩んでいったものと考えられている。

たとえば中国などでは、現在、古いタイプの染色体を持つ男性はほとんど見つからない。後からやって来た人種に蹂躙《じゅうりん》されて絶滅し、文化や言葉も征服者のものに完全に置き換わっている。それに対し日本列島ではそれが起こらず、縄文人の子孫が今でも数多く残っている。弥生人はむしろ縄文人に〝吸収〟されたという(中屋敷均「縄文人と弥生人」)。

とはいえ、弥生時代に入り、農耕社会の開幕とともに、日本列島にも集団間の戦いがはじまった。石鏃《せきぞく》や石剣、鉄剣や鉄刀、盾《たて》や甲《よろい》といった武器や、銅剣や大量の鉄鏃が刺さったり、首が持ち去られたりした人骨が各地から出土する。

また、福岡県の板付《いたづけ》遺跡や佐賀県の吉野《よしの》ヶ里《がり》遺跡、奈良県の唐古《からこ》・鍵《かぎ》遺跡、大阪府の池上曾根《いけがみそね》遺跡、愛知県の朝日《あさひ》遺跡など、住居や倉庫を濠で囲んだ大規模な環濠《かんごう》集落が出現した。これらは朝鮮半島の無土器《むどき》文化期の集落が伝えられたものであるが、きわめて防御性の強い集落である。さらには、大阪湾岸から瀬戸内《せとうち》地方の丘陵上に高地性《こうちせい》集落が形成された。弥生時代の日本列島が、集団同士が戦い合う内戦の時代に突入したことを如実に示している。

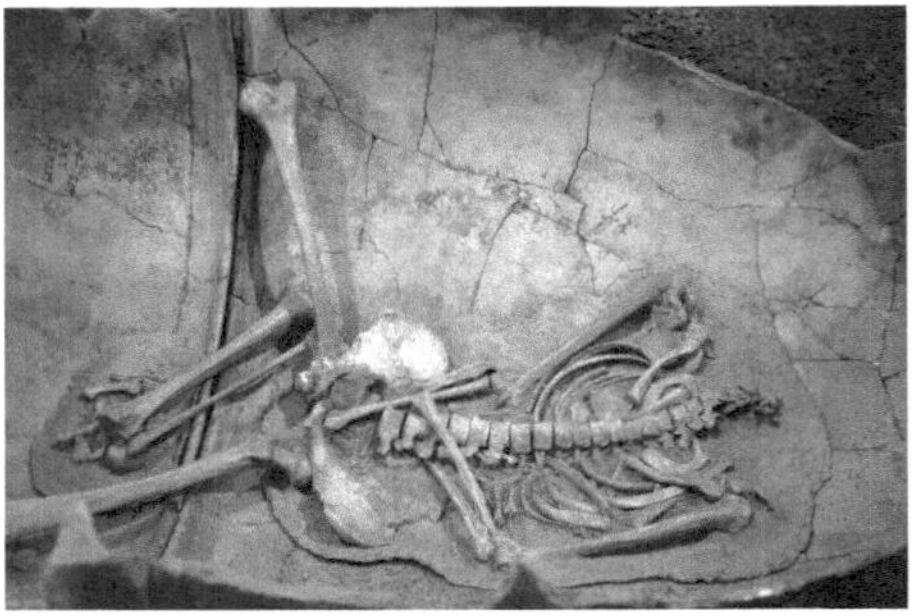

首が持ち去られた人骨（吉野ヶ里遺跡）

農地や灌漑《かんがい》用水の確保や、余剰生産物の収奪が、それらを誘引したものであるが、これらは日本列島の歴史全体を通じて、もっとも大きな画期であったと評することもできる。日本列島はこれ以降、米をめぐる争いの時代に入ったことになる（木下正史『倭国のなりたち』）。

水田の形成には高度の労働力の集中が必要となるが、山野を開墾《かいこん》して新たな水田を作るよりも、隣の共同体を襲ってその水田を手に入れたり、隣の共同体が蓄積していた米を奪ったりした方が、簡便な方策と考えたのであろう。隣の共同体の成員を自己の支配下に組み入れれば、奴隷《どれい》的な労働を課したり、「生口《せいこう》」（奴隷）として中国や朝鮮半島に「輸出」することも可能となる。

クニ（「国」）の形成

農耕社会成立当初から形成されていた基礎的地域集団は、農耕社会の進展とともに、まず北部九州地方圏において変移しはじめた。特定の拠点集落が大型化を見せて卓越し、弥生中期中葉には、福岡平野の須玖《すぐ》岡本《おかもと》（奴《な》国の中心）、糸島平野の三雲《みくも》（伊都《いと》国の中心）、飯塚盆地の立岩《たていわ》、筑紫《つくし》平野の吉野ヶ里、壱岐《いき》の原の辻《はるのつじ》（壱岐国の中心）など、各小平野・盆地ごとに一つずつ巨大環濠集落を形成するようになった。それらは中国王朝《おうちょう》から「国」と表現された、各地域の政治的、軍事的センターであった。その過程では、幾多の内戦がくりひろげられたことであろう。それらの首長の墓には、鉄製の武器を副葬する「戦闘指導者」の墓域をともなう例が多く、武力によってその地位を確立したと見られる（松木武彦「考古学からみた「倭国乱」」）。

各「国」は、鉄資源などの文物や、鏡などの威信財《いしんざい》を導入し、その権力・権威を補強する手段として、中国・朝鮮半島諸国との交流を進めた。『漢書《かんじょ》』地理志《ちりし》に、紀元前後のこととして、百余国に分かれた倭人《わ》の「国」の首長が、漢の郡県《ぐんけん》支配下にあった楽浪郡《らくろう》に朝貢《ちょうこう》して、その地位を認めてもらおうとしたという記事が見える。

中華思想《ちゅうか》に立つ漢の立場からは、遠く離れた地域からの朝貢がおこなわれるほど、その徳化《とくか》の強力さを示すものであったから、倭の「国」の朝貢を喜んだはずである。『後漢書《ごかんじょ》』東夷伝《とういでん》倭条には、「倭人は百余国あり、武帝《ぶ》が朝鮮を滅してから、使駅《しえき》が漢に通じる者は、三十ほどの国である」と記されていることから、かなりの数の「国」が漢に朝貢していたことがわかる。

それらの「国」のなかでも、海上交通と深く関わっていた福岡平野の須玖岡本（現福岡県春日市岡本）を中心とする結合体の優越性は明確となった。須玖岡本遺跡では、王墓と思われる巨石下甕棺墓《かめかんぼ》が発見された。『後漢書』東夷伝倭条には、「倭の奴国が貢を奉じて朝賀《ちょうが》した」と、西暦五七年の遣使が記録されている。

このことは、大規模な灌漑を必要とする水田耕作の進展にともなって増大した農耕共同体の利害をめぐる集団内外の対立・依存関係の調整を担ったのが、奴国の首長グループと、「王」と呼ばれた大首長であったことを示している。奴国の「王」は、その権威を高めるために後漢に朝貢し、後漢の冊封《さくほう》体制にみずからを組み入れたのである。

つづいて『後漢書』東夷伝倭条には、西暦一〇七年に「倭国王帥升《すいしょう》等が生口百六十人を献上し、請見《せいけん》を願ってきた」と見える。この時の遣使は奴国と明記していないところから、奴国以外の「国」が連合体の盟主となったことがうかがえる。

ここに見える「倭国」は、『通典《つてん》』には「倭面土国」、『翰苑《かんえん》』には「倭面上国」とある。これらは「倭回土国」の誤記と考えられており、「倭のヱト国」すなわち「伊都国」であった可能性が高い。福岡平野西部の三雲・井原《いわら》（現福岡県糸島市）を中心とする伊都国が、奴国に代わって「国」の連合体の盟主になっていたと考えられよう。三雲南小路《みくもみなみしょうじ》遺跡や平原《ひらばる》遺跡には、豊かな副葬品《ふくそうひん》をともなった王墓としての方形周溝墓《ほうけいしゅうこうぼ》が存在する。

これらの倭国連合は、生口を献上する見返りに中国王朝から鉄資源や鏡や剣などの威信財を下賜され、それを倭国内の「国」に再分配することによって、中国を核とする政治秩序に組み込まれたのである。

「倭国大乱」

その後、『後漢書』東夷伝倭条には、「桓霊《かんれい》の間、倭国は大いに乱れ、更に攻伐し合って、歴年、主が無くなった」という記事が見える。これは『三国志《さんごくし》』魏書《ぎしょ》「烏桓《うがん》・鮮卑《せんぴ》・

東夷伝」倭人条（いわゆる『魏志倭人伝《ぎしわじんでん》』）の、

倭国は、元はまた男子を王としていた。七、八十年すると、倭国は乱れて、国々が互いに攻撃し合うことが何年も続いた。

に相当するものである。「桓霊の間」とは後漢の桓帝・霊帝の治世という意味であり、一四六年から一八九年にあたる。さらに霊帝の光和《こうわ》年中（一七八年から一八四年）に年代を絞った史料も存在する（『梁書《りょうしょ》』倭伝、『北史《ほくし》』倭国伝）。そうすると、ここに見える「男子」の「王」は、伊都国の帥升かとも考えられる。

当時、一八四年に起こった黄巾《こうきん》の乱によって後漢中央政府が消滅し、朝鮮半島南部に対する楽浪郡の支配力が弱体化していた。遼東太守公孫度《りょうとうたいしゅこうそんど》が遼東・玄菟《げんと》両郡を領有して独立した。公孫度の子である公孫康《こう》は、二〇四年に楽浪郡を支配下に置き、さらにその南部を分離して帯方《たいほう》郡を置いた（『三国志』魏書「烏桓・鮮卑・東夷伝」韓《かん》条）。つづけて「韓と倭は遂に帯方郡に属した」と見えることから、倭国はこの公孫氏の帯方郡と交渉を持ったのであろう（仁藤敦史『卑弥呼と台与』）。ただし、この倭が、卑弥呼《ひめみこ》（固有名詞ではなく、「……女王・姫命」という称号の漢字表記であろう）を盟主とする倭国連合なのか、あるいは大和《やまと》盆地東南部に成立した倭王権なのかは、明らかではない。

このような国際状況の結果、鉄資源や威信財の供給ルートが混乱し、北東アジア世界における政治秩序が動揺したことが、これらの戦乱の背景に存在していた。また、後漢王朝の権威をその王権の背景としていた倭国王の権威も弱体化し、倭国の秩序と安定が喪失して、この争乱が発生したと言われている（西嶋定生『倭国の出現』）。

具体的には、弥生中期まで鉄を寡占《かせん》してきた北部九州と、後期以降に鉄の需要が高まった畿内《きない》および東方諸地方とのあいだに生じた、鉄を主とする物資流通をめぐっての軋轢《あつれき》の結果であったということになろう（松木武彦「考古学からみた「倭国乱」」）。

もっとも、「倭国大乱」が文字通り戦闘をともなう大規模な争乱である可能性は薄いと考える説も有力である（寺沢薫『王権誕生』）。西日本が大規模な戦乱に見舞われた考古学的な痕跡《こんせき》はほとんどなく、むしろこの時期には高地性集落の数は減少しているという。「倭国大乱」の実態は、伊都国を盟主とした倭国連合の一極的な均衡が崩れ、伊都国に替わって新しい倭国の枠組みを作り出そうと牽制《けんせい》し合い、後漢から見て倭を代表する外交窓口のない、外的国家としての体《たい》をなさない状況がつづいたことを意味しているのだという（寺沢薫『王権誕生』）。

やがてこれらの戦い、もしくは交渉の過程から、北部九州・中部九州・山陰《さんいん》・瀬戸内・

畿内・北陸・東海といった諸地域に、より広域な「国」をまとめたブロック単位の統合が生まれることになる。

1　邪馬台国・狗奴国戦

卑弥呼の共立

広域な「国」をまとめた連合体のなかで、『三国志《さんごくし》』魏書《ぎしょ》の「烏桓《うがん》・鮮卑《せんぴ》・東夷伝《とういでん》」倭《わ》人条、いわゆる『魏志倭人伝《ぎしわじんでん》』には、邪馬台《やまと》国を盟主とした倭《わ》国連合が描かれている。

『魏志倭人伝』は、「倭国大乱」の後のこととして、卑弥呼《ひめみこ》という、鬼道《きどう》（神の言葉を伝えるシャーマニズムの類か）を事とする女性が倭国連合の王（聖王《せいおう》）に共立されたと語っている。それまでは現在の福岡県の北部にあった伊都《いと》国の王が、倭国連合の盟主の座に就いていたものと思われるが、「倭国大乱」という状況のなか、従来の男王制では混乱の収拾ができなくなり、その代わりとして、聖俗の役割分担が明瞭な「女王―男弟」制が登場したのである。

なお、邪馬台国というのは、中国の三国のうちの魏王朝《ぎおうちょう》と外交関係を持った、おおよそ

「三十国」からなる連合体の盟主として中国史料に残されている一つの「国」に過ぎず、邪馬台国が日本列島における最有力の、まして唯一の権力であったというわけではない。

たとえば、二三九年（魏の景初《けいしょ》三）以降に魏に朝貢《ちょうこう》したのが北部九州の倭国連合で、その頃、三世紀中葉には大和《やまと》盆地東南部の纏向《まきむく》遺跡を中心とした倭王権はすでに成立しており、そちらは呉《ご》に朝貢していた可能性がある。しかし、『三国志』は魏王朝を正統としており、編者の陳寿《ちんじゅ》は魏書のみに本紀《ほんき》と夷狄列伝《いてきれつでん》を置いた。呉の外交を記録した記事は散逸《さんいつ》して、『三国志』には定着しなかった可能性が高い。陳寿が呉を討伐する政治的立場に置かれていたとすれば（渡邉義浩『魏志倭人伝の謎を解く』）、なおさらである。

『魏志倭人伝』の記述における邪馬台国までの行程「水行《すいこう》十日、陸行《りくこう》一月」は、伊都国からではなく、朝鮮《ちょうせん》半島の帯方郡《たいほう》（韓国ソウル特別市付近か）からの行程であり、帯方郡から邪馬台国までの距離一万二千里から、帯方郡から伊都国までの距離を引くと、邪馬台国は伊都国から南に千数百里となる。これは当時で言うと五〇キロメートルぐらいであろう。無理に方位を読み替えなくても、現在の福岡県糸島市から五〇キロメートル南だと、同県久留米市や、八女市・みやま市あたりの旧筑後《ちくご》国山門《やまと》郡になる。私は「邪馬台国」の「ヤマト」は畿内《きない》の国名「大和」ではなく、普通名詞「山門」「山戸」に基づくものだと考えているので（九州の筑後南部や肥後《ひご》北部に「山門」という地名がある）、倭国が筑後平野にあっても問

環濠集落（吉野ヶ里遺跡）

題ないと考えている。
　倭王権の所在する纏向遺跡は二つの運河で全国各地や朝鮮・中国に対しても開かれた、そして防御施設を持たない、まったく新しい性格を持つ王宮なのであったが、『魏志倭人伝』の語る邪馬台国は、たとえば吉《よし》野《の》ヶ《が》里《り》遺跡に見られるような、周囲を二重の環濠《かんごう》（「城柵」）で守られ、物見櫓《ものみやぐら》（「楼観」）を持ち、高床式の建物が多い北内郭の「宮室」、物見櫓四棟を建てて守り、竪穴《たてあな》住居が多い南内郭の「居処」を備えた弥生時代の環濠集落である。両者はまったく別個の権力であったと考えるべきであろう。

倭国連合の外交

　当時、中国では魏・蜀《しょく》・呉の三国が対峙《たいじ》していたが、華北《かほく》の魏の太尉《たいい》である司馬懿《しばい》が二三八年に遼東《りょうとう》地方の半独立政権であった公孫氏《こうそんし》を滅ぼして朝鮮半島の帯方郡を接収するや、卑弥呼を盟主とする倭国連合は、すぐさま魏と外交関係を築いた。それまで倭など東夷からの朝貢は公孫氏が受け取っていたと推定されているが（仁藤敦史『卑弥呼と台与』）、それに代わる新しい北東アジア情勢に対応したものである。

まず二三九年六月、卑弥呼は使者として難升米《なんしょうまい》を洛陽《らくよう》に送り、明《めい》帝から「親魏倭王《しんぎわおう》」に冊封《さくほう》され、金印紫綬《きんいんしじゅ》を授けられた。翌二四〇年（正始《せいし》元）、魏は倭に使を遣わして、詔《しょう》書《しょ》・印綬《いんじゅ》を拝仮《はいか》し、鏡などを下賜した。その後、二四三年（正始四）にも倭王は魏に遣使し、二四五年（正始六）に魏は黄幢《こうどう》（軍事権を象徴し、魏の土徳《どとく》を示す黄色の旌旗《せいき》）を倭に仮授《かじゅ》している。

この間、魏は韓《かん》を楽浪《らくろう》郡に併合しようとして戦闘がはじまり、帯方太守《たいほうたいしゅ》の弓遵《きゅうじゅん》は黄幢を倭に仮授することによって、韓に対して倭の出兵を求めた可能性もある（渡邉義浩『魏志倭人伝の謎を解く』）。弓遵は戦死し、この時には黄幢は倭国に届いていないのだが。

狗奴国との交戦

ところが二四七年（正始八）、卑弥呼は狗奴《くな》国との交戦を、次のように帯方郡に伝えた。

倭の女王卑弥呼は、狗奴国の男王卑弥弓呼《ひみきゅうこ》と元から不和であった。卑弥呼は倭の載斯《さいし》と烏越《うえつ》たちを派遣して帯方郡に至り、狗奴国と互いに攻撃し合っている様子を報告さ

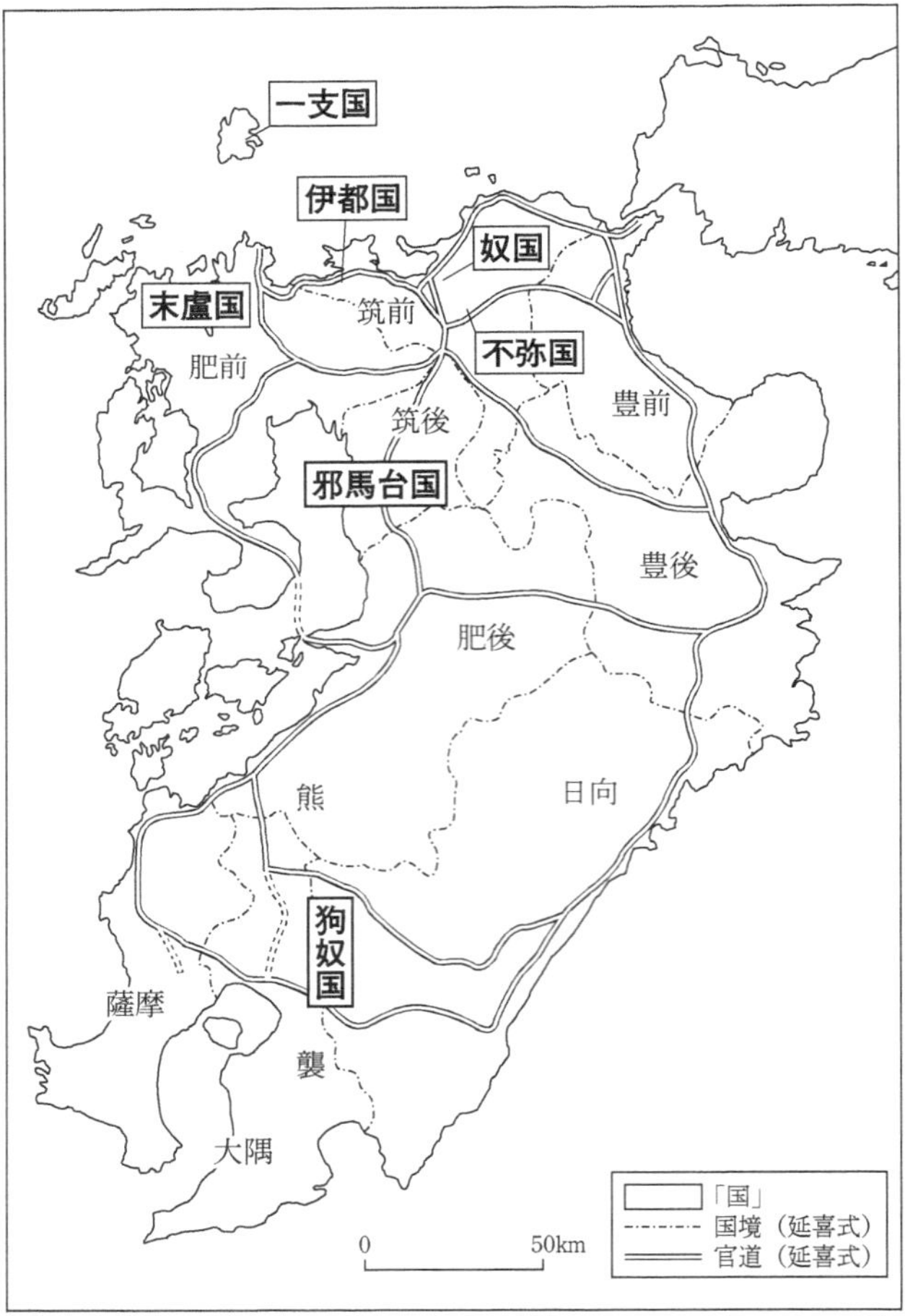
一支国
伊都国
奴国
末盧国
筑前
不弥国
肥前
豊前
筑後
邪馬台国
豊後
肥後
熊
日向
狗奴国
薩摩
襲
大隅
「国」
国境（延喜式）
官道（延喜式）
0
50km

邪馬台国・狗奴国比定図

せた。

この狗奴国というのは、倭国連合の諸国を列挙した最後に、

……次に奴《な》国が有る。これが女王の支配している領域の尽きる所である。その南には狗奴国が有り、男子を王とする。その官には狗古智卑狗《くこちひく》が有る。この国は女王に服属していない。

と記されている国である。奴国の南に所在するというのであるから、九州の南部と考えるのが自然であるが、「南」を「東」と読み替える説では、駿河《するが》・遠江《とおとうみ》（ともに現静岡県）・尾張《おわり》（現愛知県）などの東海道《とうかいどう》諸国、毛野《けの》（現群馬県・栃木県）・美濃《みの》（現岐阜県）・近江《おうみ》（現滋賀県）などの東山道《とうさんどう》諸国、伊予《いよ》（現愛媛県）などの四国に比定《ひてい》する説も乱立している。

私は『魏志倭人伝』の方位は読み替える必要はなく、邪馬台国は筑後平野の南部に所在したと考えているので、狗奴国はその南、後に「熊襲《くまそ》」と呼ばれる地域であろうと考えている。

なお、「熊襲（熊曾）」というのは、「熊」と「襲」を合わせた地名で、「熊」が後の肥後

国球磨《くま》郡（現熊本県球磨郡）、「襲」が後の大隅《おおすみ》国曾於《そお》郡（現鹿児島県志布志市・曽於市・鹿屋市・曽於郡）にあたる。特に肥後国南部は免田《めんだ》式土器や大量の鉄器《てつき》に象徴されるような独自の弥生《やよい》文化を育《はぐく》んだ地域である。三世紀に呉の領域である中国江南《こうなん》地方で作られた鍍金鏡《ときんきょう》も出土している（糸島市立伊都国歴史博物館編『狗奴国浪漫 熊本・阿蘇の弥生文化』）。

魏と倭国連合

この南部九州との交戦を、卑弥呼は帯方郡に伝え、援助を求めたのである。これに対し、新たに帯方太守となった王頎《おうき》は、

> 帯方太守は塞曹掾史《さいそうえんし》の張政《ちょうせい》たちを派遣して、それにより詔書と黄幢をもたらし、難升米に拝仮し、檄文《げきぶん》を作って難升米に告喩《こくゆ》した。

とあるように、軍事指揮官を遣わし、届いていなかった詔書と黄幢を倭にもたらし、新たに檄文（軍事に関わる諭《さと》し文）を作っておそらくは木簡《もっかん》に書き（佐伯有清『魏志倭人伝を読む 下』）、張政に持たせている。

卑弥呼としては、倭国連合の背後に魏が存在することを示すことによって、狗奴国との

交戦を有利に進めようとしたわけであるが、狗奴国が戦場でこれらを見てその意図を理解できたかどうか、定かではない。

このように魏が倭国を優遇した背景としては、呉の海上支配に対抗するためとの指摘がある。公孫氏滅亡後、呉と倭王権が直接外交関係を持った可能性があり、魏としては狗奴国の背後に呉を見ていたということになるのである（渡邉義浩『魏志倭人伝の謎を解く』）。

卑弥呼の死

『魏志倭人伝』では、魏の告喩の記事につづけて、唐突に卑弥呼の死を記している。

……檄文を作って難升米に告喩した。卑弥呼は以て死んだ。大いに塚を作った。径は百余歩。殉葬《じゅんそう》した者は奴婢《ぬひ》百余人であった。

「以て死す」の「以て」の解釈が問題となるところであろう。卑弥呼は共立時にすでに高齢だったのであるから、その死は自然死と考えるのが自然であろうが、そうではない可能性も、まったく考えられないわけではない。

まさか狗奴国との戦闘で戦死したことはあり得ないとはいえ、文化人類学でいう「王殺し」の可能性は捨てきれない。ジェイムズ・フレイザー『金枝篇《きんしへん》』によると、「宗教的権威を持つ王が弱体化すれば、それを殺して新たな王を戴く」というものである。『魏志倭人伝』にも、航海が順調でなかった際に持衰《じさい》（船上で航海の安全を祈る宗教的潔斎者《けっさいしゃ》）を殺すという風習が語られている。

戦闘に際しての予言やお告げが有効に作用しなかった場合、卑弥呼の霊的能力が衰えたと認識され、新たな宗教指導者、あるいは男性の軍事指揮者の擁立《ようりつ》を画策するというのは、じゅうぶんにあり得ることだからである。

壱与（台与）の王権

『魏志倭人伝』によると、卑弥呼の死後、俗王としての男王（卑弥呼の男弟か伊都国王か）を立てると、また大乱が起こった。そこでふたたび聖王として卑弥呼の宗族《そうぞく》（親族）である十三歳の壱与《いよ》（もしくは台与《とよ》か）を女王に立てると、国中が定まったとある。張政は壱与（台与）にも檄を作って告喩し、帰国したとある。

魏が狗奴国の背後に呉を想定しているのであれば、張政は即座に帰国することは許されなかったとされる。卑弥呼の死後に起こった倭国の混乱回復を見届け、新女王壱与（台与）の使者を連れ帰ったのは、呉の背後にある東方の大国である倭が安定し、魏に臣従《しんじゅう》していることを証明するためであった（渡邉義浩『魏志倭人伝の謎を解く』）。

壱与（台与）は魏に遣使したと見えるが、それは西暦二五〇年前後のことであったと思われる。また、二六五年に魏が滅ぶと、新たに建国した晋《しん》に、二六六年に「倭人」が遣使して貢物を献上している（『晋書《しんじょ》』武《ぶ》帝紀）。

この二六六年の「倭人」も壱与（台与）であった可能性もまったく考えられないわけではないが、この「倭」が、邪馬台国を盟主とする倭国連合か、はたまた大和盆地に成立していた倭王権かは、不明と言わざるを得ない。この三世紀後半には、纏向遺跡と前方後円《ぜんぽうこうえん》墳《ふん》に象徴される倭王権が、すでに成立しているからである。

ただ、この事実をもって、倭国連合から倭王権へと中央権力が直接継承された、あるいは邪馬台国がすなわち倭王権であったと考える必要は、まったくないものと考えたい。むしろ、別個の権力連合として、三世紀後半には北部九州の倭国連合と大和盆地の倭王権が併存しており、もっと後の時代に、倭王権がより大きな政治権力となったと考えるべきではないかと考えている。

そしてこれ以降、倭王権と九州の政治勢力とは、朝鮮半島の勢力とも関連しつつ、妥協と角逐を重ねながら、新たな時代に向かっていくことになるのである。

2　日本武尊伝承

倭王武の上表文

五世紀に中国南朝の宋《そう》に朝貢《ちょうこう》して冊封《さくほう》を受けた倭《わ》の五王のうちの五人目である武《ぶ》（記紀《きき》〈『古事記《こじき》』と『日本書紀《にほんしょき》』〉の伝える大泊瀬幼武《おおはつせのわかたけ》〈雄略《ゆうりゃく》〉）が四七八年に入貢《にゅうこう》した際の上表文《じょうひょうぶん》は、『宋書《そうしょ》』夷蛮伝《いばんでん》倭国条に記録されているが、そこで武は、

昔から祖禰《そでい》（祖先）は自ら甲冑《かっちゅう》を着して、山川を巡り歩いて安寧《あんねい》となる暇がなかった。東は毛人《えみし》を征したこと五十五国、西は衆夷《しゅうい》を服したこと六十六国、海を渡って海《かい》北《ほく》を平げたことは九十五国。

と、祖先の征服活動を語っている。これらのうち、「海を渡って海北を平げた」というのは、後に神功皇后《じんぐうこうごう》の「三韓征伐《さんかんせいばつ》」説話として『日本書紀』に語られる四世紀末から五世紀初頭にかけての半島出兵を指している。『日本書紀』もそうだが、高句麗《こうくり》好太王碑《こうたいおうひ》に刻ま

れている高句麗との戦闘と「潰敗《かいはい》」には触れることなく、その前段階での新羅王城《しんらおうじょう》（現韓国慶尚北道慶州市）占領に至る戦勝段階のみを語るという文脈である。

その他に語られている、東の毛人というのが、後世「蝦夷」と表記される地域（ただし、現在の東北地方だけでなく関東地方や東海地方も含まれた可能性もある）、西の衆夷というのが西《さい》国《ごく》であろうが、その中心は九州の勢力を指したものであろう。それらの地域に対する征服活動こそ、王族将軍によって倭王権の支配の及ぶ地域が拡大されたという歴史認識を語る叙述ということになろう。

ただし、これらは必ずしも軍事行動によって征服したのではなく、平和的な交渉による同盟関係の構築ではないかと考えられる。『日本書紀』が語る諸地域の反乱伝承とその制圧が、倭王権の支配地域拡大を反映したものと考えられるが、それらは必ずしも軍事行動をともなうものではなかった。

支配地域が拡大した結果、倭王武は支配が及ぶ極界《きょっかい》と主張する東と西、つまり毛人・衆夷と、海北、つまり朝鮮《ちょうせん》半島諸国の内側を、「天下」と称したのである。天下というものをこのように矮小化《わいしょうか》して考えるという観念は、倭国独自のものであり、後世に日本独自の「天皇」号、ひいては王土王民《おうどおうみん》思想が成立する素地が、すでにここに表われているとも考えられよう。「天下」のなかに朝鮮半島諸国が含まれているという発想は、後世、さまざまな軋轢《あつれき》をもたらすことになる(倉本一宏『戦争の日本古代史』)。

記紀の日本武尊伝承

さて、『日本書紀』と『古事記』には、「景行《けいこう》天皇の皇子」ということで、日本武尊《やまとたけるのみこと》(『古事記』では倭建命)なる人物が語られている。かつては日本における「叙事詩《じょじし》時代」の英雄《えいゆう》としての評価がなされ(石母田正「古代貴族の英雄時代」)、英雄時代論争の素材となっていた(それ以前は戦地に赴く英雄としての軍国的評価の対象であった)。

もちろん、日本武尊が実在の人物であるはずはなく、古代日本にギリシャのような英雄時代が存在したとは考えられないが、それでは記紀にこの伝承が載せられた背景は、どのようなものだったのであろうか。そのなかに、倭王権の支配領域拡大の実像が反映されている可能性は考えられないだろうか。まずは日本武尊伝承の概略を整理してみよう。

日本武尊は、記紀では第十二代天皇として設定されている景行天皇(もちろん、実在する天皇ではない)の第二皇子(『古事記』では第三皇子)として造形されている。諱《いみな》を小碓尊《おうすのみこと》(『古事記』では小碓命)、またの名を日本童男《やまとおぐな》(『古事記』では倭男具那命)といったとある。母は播磨《はりま》の稲日大郎女《いなびのおおいらつめ》とある。稲日というのは伊那毘つまり印南《いなみ》で現兵庫県加古川市あたりのことである。このことから、日本武尊伝承の組み立てに、中国地方を地盤とする吉備《きび》氏の伝

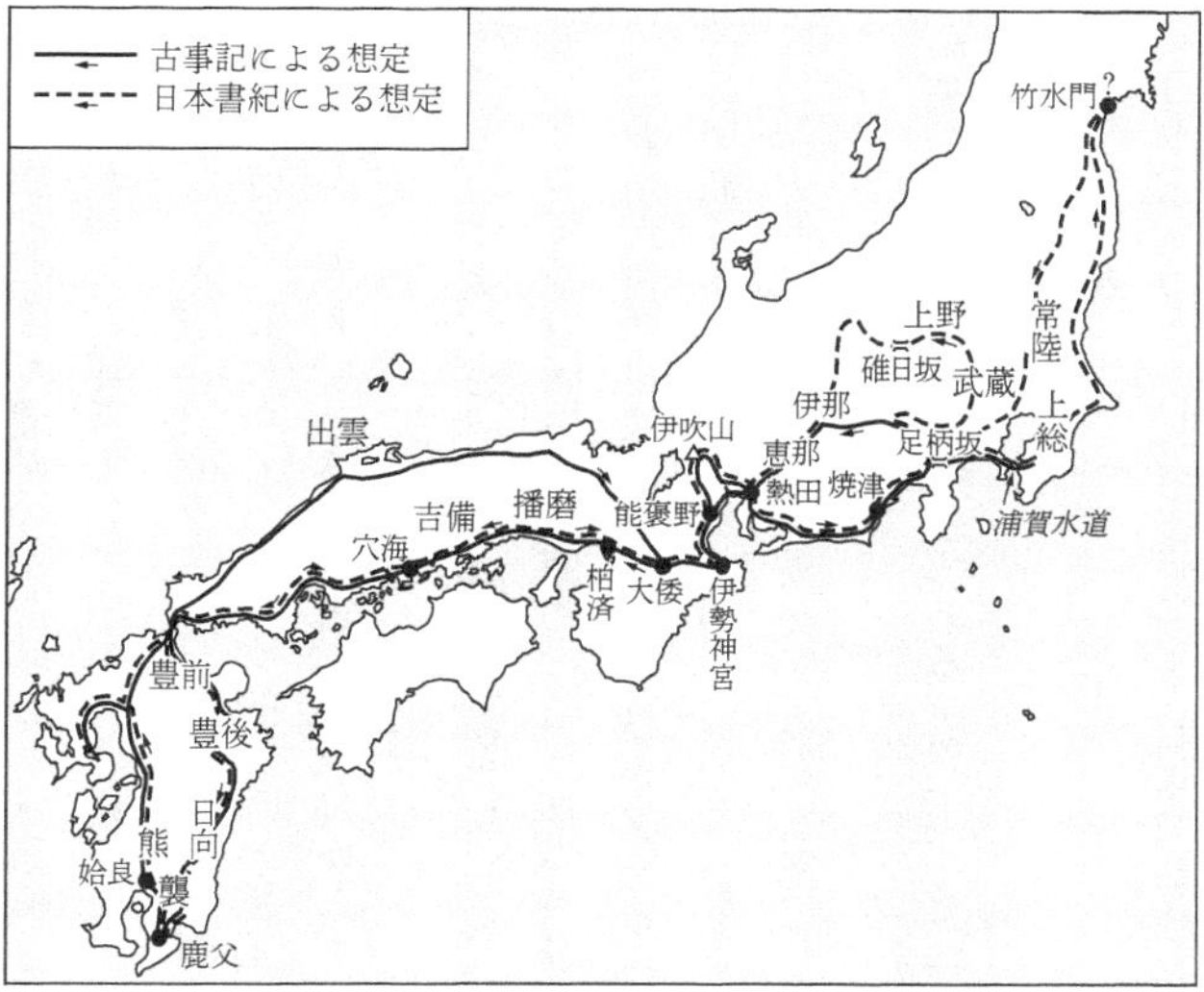

日本武尊征討伝承地図（上田正昭『日本武尊』を基に、加筆して作成）

承が関わっていると指摘されている（上田正昭『日本武尊』）。

　また、五世紀後半から六世紀に設置されたと見られる建部《たけべ》という軍事氏族集団の分布が、東は常陸《ひたち》（現茨城県）、西は薩摩《さつま》（現鹿児島県）に至る地域に確認され、濃厚な分布地域が吉備・筑紫《つくし》・出雲《いずも》・美濃《みの》・近江《おうみ》と、軍事的に中央にとって重要な地方であり、反乱伝承が記紀に見られる地域であるということが、日本武尊に結集される王族将軍征討説話の成立と伝承の背景になっているという（上田正昭『日本武尊』）。

　上田正昭氏は、建部の設定事情として『出雲国《いずものくに》風《ふ》土《ど》記《き》』に見える出雲臣の同族神門《かんど》臣が建部の民を賜わった事例を挙げ、王族将軍の征討によって、在地の有力軍事団が新しく建部として組み入れられていったことを推定された（上田正昭『日本武尊』）。ただし、列島各地の倭王権への従属を、軍事的征討の結果によるものと考えるべきなのであろうか。私はむしろ、外交的交渉の結果による同盟関係の構築と考えた方がよいのではないかと考えている。考古学的見地からも、考古資料から判断すると、古墳時代は総じて戦争の徴証が稀薄であったと推定されている（下垣仁志「古代国家論と戦争論」）。さまざまな外交的交渉の伝承の集積が日本武尊伝承であり、日本武尊の「征討」伝承のなかにこそ、その交渉の様相が象徴的に語られているのではないかと思うのである。

なお、恋物語や暴虐といったワカタケル（＝雄略）のイメージが根底にあって、日本武尊像が語り出されたとも言われている（和田萃「ヤマトタケル伝承の成立過程」）。五世紀の倭王権の勢力伸長の過程で、悲劇的な死（地方における客死のことか）を遂げた王族将軍の話がもともとあり、それが雄略のイメージと重なって、六世紀に日本武尊という具体的な人物の伝承が生まれたというのである。以下、それぞれの伝承を簡単に分析してみよう。

熊襲平定伝承

『日本書紀』によれば景行二十七年、熊襲《くまそ》が反して辺境《へんきょう》を侵したので、十六歳の小碓尊が、美濃に住む能射《のうしゃ》の弟彦公《おとひこのきみ》、伊勢《いせ》の石占横立《いしうらのよこたち》、尾張《おわり》の田子稲置《たごのいなき》・乳近稲置《ちちかのいなき》を率いて征討に向かったとある。

石占というのは後の伊勢国桑名《くわな》郡（現三重県桑名市）にある地名、田子は後の尾張国愛智《あいち》郡（現名古屋市瑞穂区）にある地名である。このあたりが先に述べた建部の分布や大王継体《けいたい》の勢力基盤、さらには壬申《じんしん》の乱における大海人《おおしあま》王子支持勢力と関係が深い地方であることは、偶然ではあるまい。

熊襲国の魁帥《たける》（首長）である取石鹿文《とろしかや》、またの名を川上梟帥《かわかみたける》は親族をすべて集めて酒宴を開こうとしていたとある。この名のうち、鹿文は後の大隅《おおすみ》国始良《あいら》郡（現鹿児島県鹿屋市）にある地名、川上も後の大隅国肝属《きもつき》郡（現鹿児島県錦江町〈旧田代町〉）や薩摩国川辺《かわなべ》（河辺）郡（現鹿児島県南九州市〈旧知覧町〉）にある地名である。いずれにしても、熊・襲のうち、襲の方を基盤とした豪族《ごうぞく》として設定されていることになる。まさに狗奴《くな》国の末裔《まつえい》ということである。

小碓尊は、（『古事記』によれば）叔母の倭比売命《やまとひめのみこと》からもらった衣裳を着して女装し、剱《つるぎ》を忍ばせて川上梟帥（『古事記』では熊曾建二人）と同席した。川上梟帥に酒を飲ませて戯れ弄《もてあそ》ばれているうちに夜が更けて人もまばらになった。川上梟帥の酒がまわってきたところで、小碓尊は剱で川上梟帥の胸を刺した。川上梟帥は小碓尊の名を聞き、「日本武皇子」という尊号を小碓尊に奉って死んだ。

名に「日本」という国名を負ったことになっているのは、熊襲国が倭王権に服属したことした象徴なのであろう。この征討物語は、七世紀の大王斉明《さいめい》の筑紫行幸や天武《てんむ》朝における隼人《はやと》の服属、さらには八世紀の隼人反乱の平定などを基にして作られたものであろうが、私はむしろ、「国中の強力者（国中でもっとも強い者）」と称する川上梟帥を完全なだまし討ちで殺したという物語を創作したことにこそ、『日本書紀』編者の認識が表われているように思える。

これらは、地方勢力が完全に武力で倭王権に屈服したわけではないことへの配慮、また実際に武力による征伐ではなく、外交交渉によって倭王権と同盟関係を結んだことの反映ではないかと考えられるのである。

なお、南九州地方では、五世紀には墳丘を築造せずに地下に埋葬施設を構築する地下式横穴墓《よこあなぼ》・地下式板石積石棺墓《いたいしづみせっかんぼ》・土壙墓《どこうぼ》など、南九州に特徴的な墓制が見られたものの（乙益重隆「熊襲・隼人のクニ」）、六世紀前半からはわずかな畿内《きない》型高塚《たかつか》古墳を除いては、顕著な古墳が消えていくことになる（森浩一「東国・出雲・熊襲とヤマトタケル伝説」）。

熊襲平定の帰途と出雲平定伝承

さて、熊襲平定の帰途、日本武尊は『日本書紀』では海路で大倭《やまと》に帰還したことになっているが、その途上で、吉備で穴海《あなのうみ》を渡った際に「悪ぶる神」を殺し、また難波《なにわ》に到った際に柏済《かしわのわたり》の「悪ぶる神」を殺したとある。穴海は後の備後《びんご》国安那《やすな》郡（現広島県福山市）、柏済は摂津《せっつ》国の淀《よど》川河口付近（現大阪市淀川区）のことである。海上交通の要衝《ようしょう》であるこの二箇所を平定したとしているところが重要である。

斐伊川

一方、『古事記』では出雲国（現島根県）に入って、出雲建《いずもたける》を殺そうとしたとある。日本武尊は赤檮《いちい》の木で偽の刀を作り、出雲建とともに肥《ひ》の河（斐伊《ひい》川）で沐浴《もくよく》した。先に河から上がった日本武尊が出雲建の刀を佩《は》き、「刀を取り替えよう」と言ったので、出雲建は赤檮の木の刀を佩いた。それぞれが刀を抜いたが、出雲建の刀は抜けなかった。そこで日本武尊は出雲建を打ち殺したとされている。

これも完全なだまし討ちであり、とても英雄物語として造形されているとは思えない。出雲を武力で討伐して服属させたわけではなく、交渉によって同盟関係を結んだという史実の反映なのであろうか。

なお、出雲東部の意宇《おう》地域が倭王権に服属したのは五世紀前半から中葉であったが、斐伊川流域の出雲西部が倭王権に服属したのは六世紀前半まで遅れたと考えられており、その後に原ヤマトタケル伝承のなかに出雲建の伝承が取り入れられたとされている（和田萃「ヤマトタケル伝承の成立過程」）。

東夷平定伝承

『日本書紀』では日本武尊が帰還してから十三年後の景行四十年、東夷《あずまのひな》（後の東海道《とうかいどう》・東山《とうさん》道《どう》諸国）が叛《そむ》き、辺境が騒いだ。日本武尊は、今度は兄の大碓《おおうす》皇子の役だと奏言したが、大碓が愕然《がくぜん》として逃隠したというので（『古事記』では、大碓命は早い時期に小碓命〈日本武尊〉によって惨殺《ざんさつ》されたことになっている）、またも日本武尊が征討に赴くことになったとある。日本武尊に斧《おの》と鉞《まさかり》を授けた景行は、東夷のなかでも蝦夷《えみし》がもっとも強力だと言って、その平定を命じたことになっている。その際、

どうか深謀遠慮をもって、姦賊《かんぞく》を探り、変を伺って、威勢《いせい》を示し、徳をもって懐柔《かいじゅう》し、武力を用いないで自然に臣従《しんじゅう》させなければならない。すなわち言を巧みにして暴《あら》

ぶる神を治め、武を示して姦《かだま》しい鬼を平らげよ。

と命じている点は重要であろう。けっして武力による討伐を命じたわけではなく、外交交渉による同盟関係の構築を命じているのである。日本武尊の方も、

その境に向かいあって、徳の教えを示そうと思いますが、なお服従しなければ、そのときには兵を挙げて攻撃しましょう。

と答えている。

吉備武彦《きびのたけひこ》と大伴武日《おおとものたけひ》、それに膳夫《かしわで》を従えて出発した日本武尊は、「伊勢神宮《いせじんぐう》」に立ち寄って倭姫命《やまとひめのみこと》から草薙剣《くさなぎのつるぎ》を授けられる（『古事記』では他に嚢《ふくろ》も授けられている）。倭王権成立以来、東国《とうごく》経営の基地としての伊勢の重要性と、記紀が完成したのが、持統《じとう》朝に伊勢神宮が確立した後であることとが相まって、このような記事が作られたのであろう。

焼津伝承と走水

『日本書紀』ではその後、日本武尊は駿河《するが》（現静岡県）に到っているが、『古事記』では尾

張に入り、相模《さがみ》(現神奈川県)に到っている。じつは尾張国は律令制成立当初は東山道に属しており(田中卓「尾張国はもと東山道か」)、東海道は伊勢の次は海を渡って三河《みかわ》・遠江《とおとうみ》に到るのが本来のルートであった。『古事記』で日本武尊が伊勢から尾張に入ったとされているのは、尾張国が東山道から東海道に移管された後の時期の交通ルートに沿ったものであり、その説話の成立時期を考えるうえで示唆的である。

『古事記』では相模の国 造《くにのみやつこ》、『日本書紀』では駿河の賊に欺《あざむ》かれた日本武尊は、野に付けられた火で焼き殺されそうになるが、草薙剣で草を刈り払い、嚢に入っていた燧石《ひうちいし》で向《むかい》火《び》を付けて難を逃れ、逆に国造(や賊)を焼き殺してしまったとある。

これは焼津《やいづ》(現静岡県焼津市)の地名起源説話であろうが、ここでも地方豪族と正面から戦うのではなく、謀略《ぼうりやく》と機知《きち》とのせめぎ合いによって危難を乗り越え、その地方を服属させている。

ついで相模から上総《かずさ》(現千葉県)に入ろうとして走水《はしりみず》(現神奈川県横須賀市の浦賀水道)から渡海しようとすると、海が荒れ、妃の弟 橘 媛《おとたちばなひめ》が入水《じゅすい》することで、無事に渡れたことになっている。

蝦夷平定伝承

この後、『日本書紀』では陸奥《むつ》に入ったことになっている。「蝦夷の賊首」が日本武尊を竹水門《たかのみなと》（現宮城県多賀城市）で迎え撃とうとしていたが、日本武尊の船が大きな鏡を懸けて近づいてくるのを見ると、その威勢に怖じ、服属したとある。

ここでも武力行使ではなく、勢威によって威圧を加え、服属に持ち込むという手法をとっている。鏡が登場するのが、宗教的なポイントなのかもしれないが、あくまで外交交渉によって地方勢力を服属させたのであるという認識が、『日本書紀』編纂《へんさん》時に存在したのであろう。

酒折宮旧跡「古天神」

それから日《ひ》高見《たかみ》国（現宮城県石巻市〈旧桃生町〉）から還り、常陸を経て、甲斐《かい》（現山梨県）に到って、酒折《さかおり》宮（現山梨県甲府市酒折）に滞在したことになっている。これも倭王権による全国平定にまつわる軍事的な性格のものではなく、六世紀以後における列島規模の内陸遠距離交通体系に関わる、より平和的・日常的な視点から理解する論考もある（大隅清陽「ヤマトタケル酒折宮伝承の再検討」）。

『古事記』の方は、「蝦夷等を言向《ことむ》け」、山河の荒ぶる神等を平《たいら》げ和《やわ》して、足柄《あしがら》の坂本《さかもと》（現神奈川県南足柄市関本）に到っている。「言向く」というのは言葉で服属させるという意味であり、「平げ和す」というのも、平和的な交渉を暗示している。

白い鹿に化した足柄の神を、野蒜《のびる》の片端を目に当てて殺した日本武尊（これも策略による服属という文脈であろう）は、そのまま酒折宮に到った。

その後、『古事記』では科野《しなの》（信濃、現長野県）を経て、『日本書紀』では武蔵《むさし》（現埼玉県・東京都・神奈川県の一部）・上野《こうずけ》（現群馬県）・信濃・美濃（現岐阜県）を経て（その間、吉備武彦を越《こし》に派遣している）、尾張に帰還したことになっている。

日本武尊の死

尾張で熱田《あつた》神宮を奉斎《ほうさい》する尾張氏の女宮簀媛《みやすひめ》と結婚した日本武尊は、近江（現滋賀県）の五十葺山《いぶき》（胆吹山、伊吹山）の荒ぶる神を鎮定しようと、草薙剣を置いて出征したとある。伊吹山で山の神（『古事記』では白い猪、『日本書紀』では大蛇）によって氷雨に遭わされた日本武尊は前後不覚に陥り、尾張に戻ることになっている。猪は山の神、蛇は田の神の化身であり、地方信仰の根深さがここに示されているという（上田正昭『日本武尊』）。

さて、伊勢に到った日本武尊は、『古事記』では疲れて歩けず、杖をついて歩いたのでそこを杖衝坂《つえつきざか》（現三重県四日市市采女町から鈴鹿市石薬師町）といったとある。足が三重に折れるように疲れたというので、そこを三重《みえ》の村（現四日市市采女町）といったという地名起源説話がつづく。

そして日本武尊は、能褒野《のぼの》（現鈴鹿市西部から亀山市東部）において死ぬこととなってい

（上）熱田神宮
（中）伊吹山
（下）杖衝坂

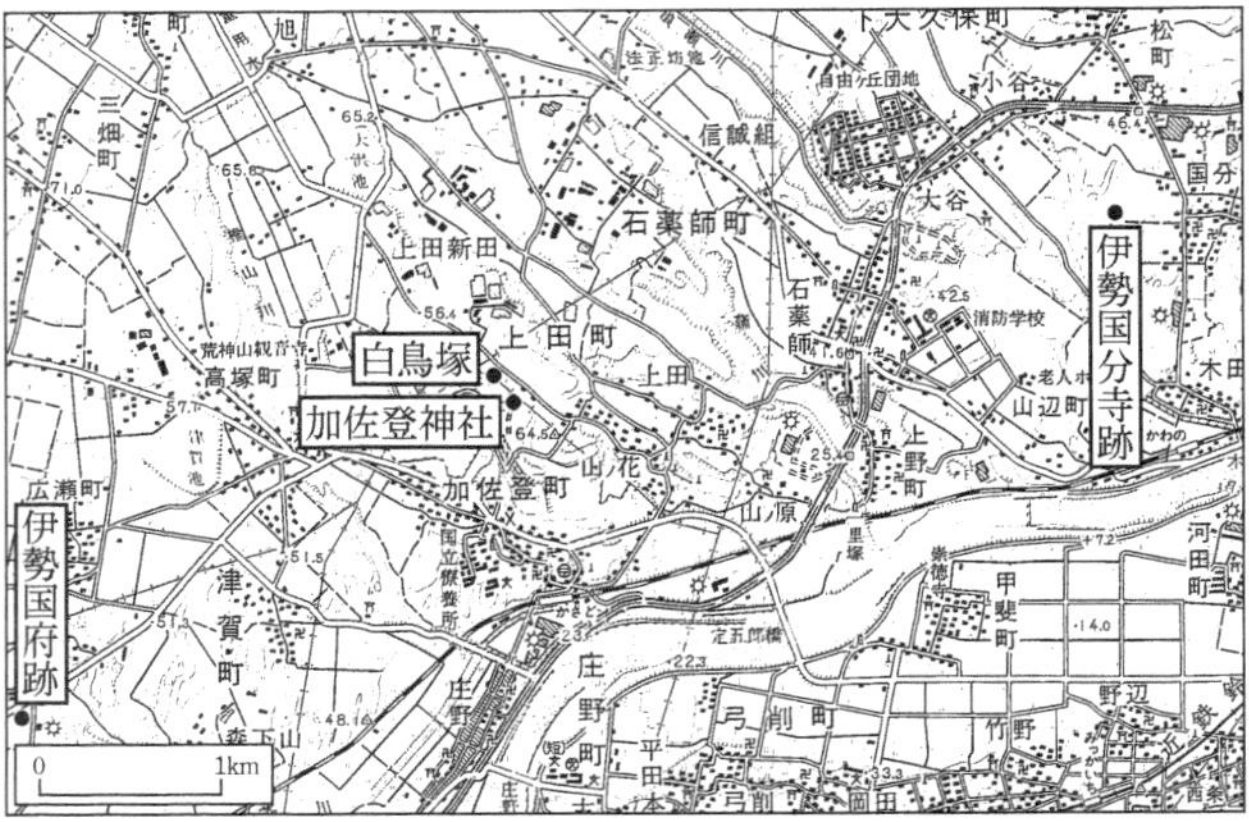

白鳥塚古墳１号墳周辺地図（国土地理院発行1/50,000地形図「四日市」を基に、縮小・加筆して作成）

る。『古事記』には、

倭《やまと》は　国のまほろば　たたなづく　青垣
山隠《やまごも》れる　倭しうるはし

（大倭は国の中でももっともよいところだ。重なりあった青い垣根の山、その中にこもっている大倭は、美しい）

という望郷の歌を詠んだとある。

日本武尊の墓

日本武尊の墓は、『日本書紀』では伊勢の能褒野→大倭の琴弾原《ことひきのはら》→河内《かわち》（現大阪府）の旧《ふる》市邑《いちのむら》、『古事記』では能褒野→河内の志幾《しき》と改葬されたこととされている。いずれも日本武尊が白鳥《しらとり》と化して飛び立ってしまったとされていることによるものである。霊魂が白鳥となって飛翔するという伝承は各史料にも見られるものであるが、『古事記』で大倭を素通りしてしまっている点が特徴的である。

このうち、「能褒野墓」は、一八七九年（明治十二）に、四世紀末に築造された墳丘長九〇メートルの前方後円墳《ぜんぽうこうえんふん》である丁字塚《ちょうじづか》（王塚《おうつか》）古墳（現亀山市田村町）に治定《じじょう》替えされたが、それ以前は本居宣長や平田篤胤らによって、五世紀前半に築造された墳丘長七八メートルの帆立貝式古墳である白鳥《しらとり》塚《づか》古墳1号墳（現鈴鹿市加佐登町）が「能褒野陵」であるとされていた。なお、延長《えんちょう》五年（九二七）に完成した『延喜《えんぎ》式《しき》』諸陵寮《しょりょうりょう》では、何故か日本武尊の墓はこの「能褒野墓」しか記載されていない。

また、大倭の琴弾原の白鳥

（上）白鳥塚古墳１号墳
（下）津堂城山古墳

陵は五世紀前半に築造された墳丘長一五〇メートルの前方後円墳である掖上鑵子塚《わきがみかんすづか》古墳（現奈良県御所市柏原）、河内の志幾の白鳥陵は四世紀後半に築造された墳丘長二〇八メートルの前方後円墳である津堂城山《つどうしろやま》古墳（現大阪府藤井寺市津堂）が、それぞれ想定されている（和田萃「ヤマトタケル伝承の成立過程」）。津堂城山古墳では、前方部内濠の両端に島状の所があり、かつて水鳥の埴輪が三個、置いてあったという。一九一二年（大正元）に後円部の墳丘から竪穴式石室と巨大な長持形石棺が発見されている。なお、現在では五世紀後半に築造された墳丘長一九〇メートルの前方後円墳である前の山（軽里大塚《かるさとおおつか》）古墳（現大阪府羽曳野市軽里）が、「白鳥陵」に治定されている。

日本武尊伝承が語ること

以上の記紀が伝える日本武尊伝承が、はたしていつ頃、どのような経緯で成立し、それが記紀に定着していったのかは、明らかではない。上田正昭氏は、五世紀を中心とする西国および東国の地方豪族「言向け」の王族将軍説話が本体であって、それが六世紀のはじめに宮廷の『旧辞《きゅうじ》』として定着したものであること、そしてそれを支えた中央の史的背景としては〝ひつぎのみこ〟の〝ひつぎ（日嗣）〟をめぐる争いがあったのであり、地方的地盤としてはそれが建部や語部《かたりべ》の存在と宮廷とのつながりにあったと推定された（上田正昭

『日本武尊』)。

しかし、私は『日本書紀』の原史料《げんしりょう》としての『旧辞』の存在にいささか懐疑的であり、五世紀以前の倭王権の歴史叙述がどのように記録されたかについては、さらに慎重な研究が蓄積されなければならないと考えている。

先に挙げた武の上表文のうち、「海を渡って海北を平げた」というのが、高句麗好太王碑に刻まれている四世紀末から五世紀初頭にかけての半島出兵を指しているとすると、同じく「祖禰」による東の毛人と西の衆夷に対する征服活動も、そのくらいの年代を想定してもよいのであろうか。

そして記紀伝承に見える日本武尊が「景行天皇」の皇子とされていることも、王族将軍の派遣による地方勢力の服属という歴史事実を反映したものである可能性も、蓋然性を持つのであろう。

肥前《ひぜん》・出雲・常陸・陸奥・尾張・播磨・阿波《あわ》国など、各地の『風土記』に残る日本武尊伝説は、いずれも地名起源説話を、「倭武天皇《やまとたける》」が(武力征討ではなく)国内を巡行して井を掘らせたり、国見《くにみ》をしたり、狩猟をおこなったりした結果として結びつけているものである。たとえば、常陸という国名自体が、倭武天皇が、東の夷《えみし》の国をご巡行なさって、新治県《にいばりのあがた》をご通過になったときに、国造である毗那良珠命《ひならすのみこと》を遣わされて、新たに井を掘らせなさったが、流れる泉が清らかに澄み、とても感動的な美しさであった。その時に、お乗物を止めて、すばらしい水だと褒《ほ》めて手をお洗いになったところ、御衣の袖《そで》が泉に垂れて濡れた。そこで袖をひたすという言葉によって、この国の名としたのである。

と、「倭武天皇」が掘らせた井に結びつけて語られているのである（『常陸国風土記《ひたちのくにふどき》』）。なお、これら『風土記』に残る日本武尊伝説のうち、肥前・出雲・常陸・陸奥・尾張国については、記紀の伝承にも語られている地域である。

ただ、記紀の日本武尊伝承が、そのほとんどはだまし討ちと威圧、外交交渉によって地方勢力を服属させたというものであって、軍事衝突の結果による制圧という側面がほとんど見られないことは、特徴的である。実際には、王族将軍の派遣による地方勢力の服属という歴史事実もまた、各地域と軍事衝突をおこなったのではなく、平和的な外交交渉によって同盟関係を結んだのであると考えるべきであろう。その意味では、『常陸国風土記』と『播磨国風土記《はりまのくにふどき》』が『日本書紀』編纂以前に完成していたとされるように、『風土記』が語る巡行説話の方が、実像を伝えている可能性が高い。

五世紀の国内支配

象徴的なのは、倭の五王が宋の皇帝から将軍号の叙爵《じよしやく》を受け、また配下の倭国支配者層にも将軍号や「軍郡《ぐんぐん》」号を求めたという事実である。これは、この時期の倭王権の地方勢力への権力浸透の様相を、一面では表わしていると言うことができよう。

まず倭の五王二人目の珍《ちん》は、元嘉《げんか》十五年(四三八)、みずからの叙爵の他に、「倭隋《わずい》等十三人」にも将軍号の除正《じよせい》(認定して叙爵すること)を求め、宋から認められている。「倭隋」というのは倭国王珍の近親者と考えられ、これらの者が倭王権の有力構成員であったことがわかる。これらは記紀の王族将軍の類であろう。

そして三人目の済は、元嘉二十八年(四五一)の朝貢で、臣下二十三人に「軍郡」号の除正を求め、これを認められている。「軍郡」とは、中央の将軍と地方の郡太守《ぐんたいしゆ》のこととされており(坂元義種「倭の五王」)、当時の倭国が、宋王朝《おうちよう》から与えられた称号によって、地方豪族も含む国内の支配スタッフを秩序づけていたことがわかる。

これはその一端であったとしても、日本武尊に集約される王族将軍が、このような称号も含むさまざまな下賜品によって、地方勢力との協力関係を構築していったのであろう。

もう一つ、この時代の倭王権の支配体制を表わす史料として、熊本県江田船山《えたふなやま》古墳出土大刀銘、および埼玉県稲荷山《いなりやま》古墳出土鉄剣銘の記載が挙げられる。ここからは、カバネ制や人《ひと》制など、大化《たいか》前代の倭国の国制の枢幹となった諸制度が創始されたことがうかがえるのである。

稲荷山古墳出土鉄剣銘に刻まれている系譜《けいふ》を見ると、ワカタケルと同世代の中央豪族である乎獲居《おわけ》に至り、はじめて「臣《おみ》」というカバネが付されている。大王号の成立と軌を一にして、倭王権内部の身分編成もはじまったものと思われる。ただし、乎獲居には、ウヂ（氏）の名が付されていない。この時点では、ウヂの制度は、いまだ成立していなかったことがうかがえる。なお、江田船山古墳出土大刀銘の无利弖《むりて》には、カバネもウヂの名も記されていない。地方豪族へのカバネの賜与は、さらに遅れたと見るべきなのであろう。

江田船山古墳出土大刀銘では、无利弖が「典曹人《てんそうじん》」としてワカタケル大王に奉事《ほうじ》したと見え、稲荷山古墳出土鉄剣銘では、乎獲居の父祖が代々「杖刀人首《じょうとうじんのかみ》」となり、奉事し来たって今に至ると見える。典曹人とは、王権の文筆に携わる職位《しょくい》であり、杖刀人とは、王権の護衛に関わる職位であろうと思われるが、乎獲居がその行為を、ワカタケル大王の天下を左《たす》け治めたものと認識している点は重要である。ここには、倭王権を構成する首長たちによる各種職務の分担としての人制が、よく表わされていると言えよう。

このような地方勢力との支配関係を構築するために派遣されて平和的に交渉にあたった

人物が集約され、伝説化された存在が、日本武尊ということなのであろう。

3　磐井の乱

北部九州の自立性

邪馬台国《やまと》連合の時代以来、北部九州の勢力と倭《わ》王権とは、対峙《たいじ》しつづけていた。そもそも、倭王権の統合の象徴である前方後円墳《ぜんぽうこうえんふん》に見られる強い統一性のうち、鏡・刀などの鉄製武器や玉類の大量副葬は、弥生《やよい》時代の段階では北部九州にのみ見られ、近畿地方では見られなかった風習である。このことは、地域首長と倭王権とが祖霊《それい》の世界を共通にする擬制《ぎせい》的同祖同族関係に入ったことを示すものであり、前方後円墳の成立は、倭王権を盟主とする畿内《きない》および周辺諸部族、瀬戸内海《せとないかい》沿岸諸部族、北部九州および山陰《さんいん》の諸部族の政治的・祭祀的結集の形成を背景としたものであった(近藤義郎『前方後円墳の時代』)。

しかしながら、先に見た記紀《きき》の日本武尊《やまとたけるのみこと》の熊襲《くまそ》征伐伝承や、景行《けいこう》天皇巡幸《じゅんこう》説話、そしてまつろわぬ者としての土蜘蛛《つちぐも》(記紀や九州各地の『風土記《ふどき》』に見える土着異族の賤称)伝承に象徴されるように、九州勢力の自立性は、後の時代に至ってもなお、在地において保持されていた。

とりわけ、日本列島における対外交通の拠点である北部九州の勢力は、独自の交通手段によって新羅《しんら》との外交関係を構築していた。このことは、親百済《ひゃくさい》・加耶《かや》かつ反新羅を基本方針とする倭王権の外交政策とは、真っ向から対立する性格のものであった。当時はまだ、倭王権による一元的な外交関係を確立できていたわけではなく、列島の諸勢力がそれぞれ独自の外交と交易をおこなっていたのである。

倭王権による北部九州へのより強い支配への志向は、混迷をつづける朝鮮《ちょうせん》半島情勢と相まって、六世紀に入ると、ますます緊迫の度合いを深めていったことであろう。

加耶諸国への百済の進出は、五一三年の己汶《こもん》（現韓国全羅北道南原市か任実郡）侵攻にはじまり、ついで半島南岸の良港である多沙《たさ》（現韓国慶尚南道河東郡）を五二二年までに確保した（田中俊明『古代の日本と加耶』）。これらの地域には、前方後円形の古墳が分布するなど、倭系の人びとが多く集住していたが、倭国は、この地域における百済の支配権を認めた（『日本《にほん》書紀《しょき》』のいう「任那四県割譲《かつじょう》」）。一方、五世紀までは高句麗《こうくり》に従属していた新羅も、六世紀に入ると急速に国家体制を固めた。百済との抗争のなか、大加耶《だいかや》（大加羅《だいから》、現韓国慶尚北道高霊郡）と同盟を結んだ新羅は、五二四年以降、任那加羅《みまなから》（金官《きんかん》、現韓国慶尚南道金海市）に侵攻した（倉本一宏『戦争の日本古代史』）。

このような対朝鮮情勢に対応しなければならなくなった倭王権は、北陸《ほくりく》出身でそれ以前の倭王権とは血縁のない大王継体《けいたい》に率いられていたのである。継体というのは、前王統の手白香《たしらか》王女（記紀の所伝では、実在しなかったと思われる武烈《ぶれつ》の姉）との婚姻により、いわば倭王権への婿入りというかたちで即位を要請されたものと思われる。また、継体と尾張《おわり》の豪族の女《むすめ》とのあいだに、かなり前に生まれていた勾大兄《まがりのおおえ》王子（記紀の伝える安閑《あんかん》）、および檜隈《ひのくまの》高田《たかた》王子（記紀の伝える宣化《せんか》）も同様、前王統の王女と婚姻している。高齢の継体が手白香王女とのあいだに王子を儲けられなかった場合のスペアとして、いわば一族ごと、倭王権に婿入りしたものと考えられる。

継体はもともと、自身も近江《おうみ》・越前《えちぜん》地方を基盤として独自に半島諸国と交渉ルートを持っていたのであり、日本海沿岸から琵琶《びわ》湖・淀《よど》川・伊勢《いせ》湾の水運を掌握した人物でもあった。彼が倭王権の盟主となったとなると、北部九州勢力との対立は不可避なものとなっていた。

対半島外交の路線衝突

ここに筑紫磐井《つくしのいわい》という人物が登場する。その本拠は上妻県《かみつやめのあがた》、後の筑後《ちくご》国八女《やめ》郡（現福岡県八女市から久留米市・筑後市・みやま市）である。なお、私は邪馬台国もこの地域に所在し

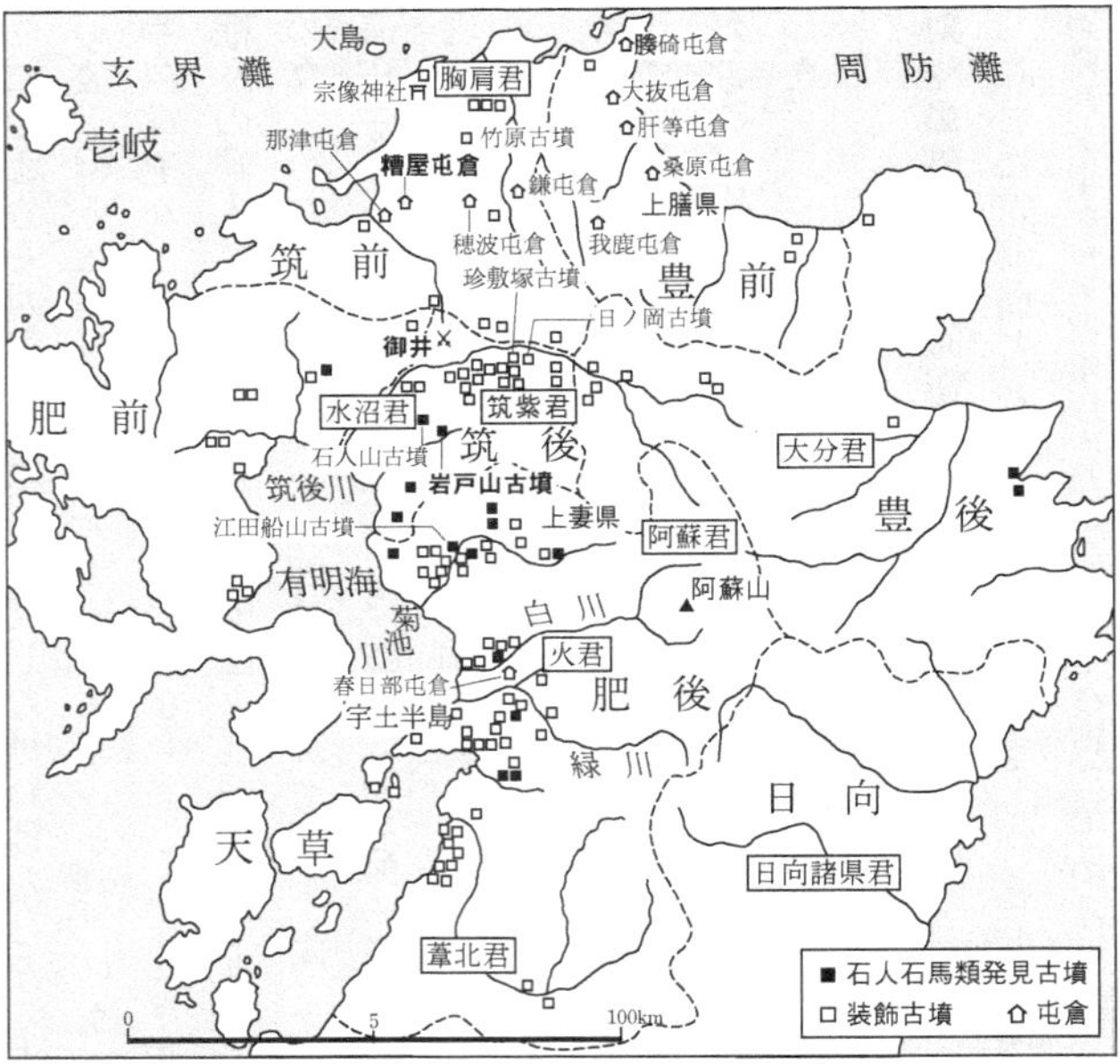

磐井の乱地図（亀井輝一郎「磐井の乱の前後」を基に、加筆して作成）

たと考えているので、磐井はその政治的末裔《まつえい》ということにもなる。

磐井の墳墓《ふんぼ》がある八女古墳群のうち、磐井の墓と考えられる岩戸山《いわとやま》古墳は、石人山《せきじんさん》古墳（五世紀前半から中葉）――神《じん》奈無田《なむた》古墳につぐ三世代目の古墳であるが、それに先立つ立山山《たちやまやま》古墳群が存在するため、彼の一族（後の筑紫君）がこの地域を支配するようになったのは五世紀初頭からと考えられている（亀井輝一郎「磐井の乱の前後」）。

一族が五世紀初頭からこの

ような地位にあったとすると、高句麗好太王碑《こうたいおうひ》に記された倭王権の半島出兵に主体的に兵を出して参画したのも磐井の先祖であったのかもしれないし、倭の五王が宋《そう》から倭隋《わずい》に除正された平西将軍《へいせいしょうぐん》を、北部九州の豪族《ごうぞく》と関連づける考えも可能である（武田幸男「平西将軍・倭隋の解釈」）。

また、九州地方の豪族は靫大伴《ゆげいのおおとも》として上京し、大王の身辺を警護していた（山尾幸久「文献から見た磐井の乱」）。乱の最中に磐井自身が、近江毛野《おうみのけの》に対して、「今でこそ使者だなどと言っているが、昔はおれの同輩として、肩を並べ肘を触れ合わせて、一つ器で共に食べたものだ。急に使者となったからといって、そうおめおめと従うものか」と語ったとされているように、磐井も若年時に靫負《ゆげい》として倭王権に上番《じょうばん》（上京して当番勤務に就くこと）していた可能性が高い。あるいは熊本県江田船山《えたふなやま》古墳出土大刀銘に見える典曹人《てんそうじん》无利弖《むりて》のような文官として、外交にあたっていたのかもしれない。

なお、『日本書紀』には磐井が「筑紫国造《つくしのくにのみやつこ》磐井」と記されているが、国造制はそれこそ磐井の乱を契機として、乱後に成立した制度であり（篠川賢「国造制の成立過程」）、磐井がもともと国造の地位にあったというのは、『日本書紀』編者の作文であろう。

いずれにせよ、磐井と彼が渡海を遮《さえぎ》った近江毛野、そして追討将軍《ついとうしょうぐん》となった物部麁鹿火《もののべのあらかひ》や麁鹿火を推挙した大伴金村《おおとものかなむら》、また大王雄略《ゆうりゃく》や、もしかすると継体とは、旧知の仲であったことになる。

磐井の乱は、まったく未知の地方勢力が起こした反乱ではなく、もともと倭王権の一翼を担っていた（「天下を左治」）地方勢力と、地方豪族出身の大王が率いる倭王権中枢部とのあいだに起こった、対半島外交の路線をめぐる衝突なのであった（亀井輝一郎「磐井の乱の前後」）。

磐井の乱

『日本書紀』の磐井の乱関係の記事は、七世紀前半に唐《とう》で作られた『芸文類聚《げいもんるいじゅう》』という書物から引用した作文が多く（山尾幸久「文献から見た磐井の乱」）、それらを取り除いて考えなければならない。大伴氏・物部氏・近江氏の祖先伝承である家記《かき》がそのまま記事として定着している箇所も多く（坂本太郎「纂記と日本書紀」）、その史実性については割り引いて考えなければならない。

また、『日本書紀』の継体紀の年紀《ねんき》は、複数の暦の使用によって混乱しており、磐井の乱が何年に起こったかを正確に知ることは困難である。

それらを踏まえたうえで、この内乱の概要を追っていくことにしよう。

『日本書紀』によれば、倭国は継体二十一年（五二七？）六月、任那加羅への新羅の侵攻を防ごうとして、近江毛野の率いる対新羅軍「六万」を派遣しようとしたが、磐井が軍の渡海を遮るという行動に出たという。この派兵と磐井の乱とは直接的な関係がないという意見もあるが（大橋信弥「継体・欽明朝の「内乱」」）、そうであったとしても、『日本書紀』が磐井の乱と毛野の出兵を結びつけて語っているのは、この内戦が倭王権の対外交渉と本質的に関わる事件であったからであろう（加藤謙吉「「磐井の乱」前後における筑紫君と火君」）。『日本書紀』は、

筑紫国造磐井は、ひそかに叛逆《はんぎやく》を謀ったが、実行しないまま年を経て、事が失敗するのを恐れてためらいつつも、常に隙《すき》をうかがっていた。新羅はこれを知って、ひそかに賄賂《わいろ》を磐井におくり、毛野臣の軍を防ぐようにと勧めた。

という、乱の事情を記している。「毛野臣の軍を防ぐ」というと、すでに大規模な軍が編制されていたかのような書きぶりであるが、これまでの対高句麗戦や後の白村江《はくそんこう》への百済救援軍の編制から考えると、実際には、磐井が反乱の軍事行動を起こしたのではなく、毛野が筑紫《つくし》において兵を徴発《ちようはつ》しようとしたものの、磐井がこれを拒絶したというのが実態だったのであろう。

この部分は、『日本書紀』編者、ひいては倭王権の立場からの認識であり、磐井が新羅と独自の外交関係を結んでいたこと、それが倭王権の外交方針と相容れないものであったことを、はからずも示しているのである。倭王権が北部九州を支配し、朝鮮半島との交通路を確保して一元的な対外交渉を確立しようとした場合、それまで相対的な自立性を保ち、独自の対外交流を進めて利益を得ていた北部九州の首長たちの不満や反発が高まって広域的な首長連合を形成したことは、じゅうぶんに考えられるところである（加藤謙吉「「磐井の乱」前後における筑紫君と火君」）。

つづけて磐井は、「火《ひ》（現佐賀県・長崎県・熊本県）・豊《とよ》（現福岡県東部・大分県）の二つの国にも勢いを張って朝廷の命をうけず、外に対しては、海路を遮断して高麗《こま》・百済・新羅・任那などの国の毎年の朝貢《ちょうこう》の船を誘い入れた」とつづく。

ここでは、磐井の勢力範囲が九州北部のすべてに及んでいたことを語っている。筑後川や有明《ありあけ》海の支配とともに、東は周防《すおう》灘や豊予《ほうよ》海峡の瀬戸内海への、北は福岡《ふくおか》平野から玄界《げんかい》灘に達する陸上交通の要衝《ようしょう》を抑える、まさに筑紫の大首長であった。

また、新羅のみならず、磐井が高句麗・百済・任那（加耶）とも外交関係を築こうとしていた可能性も示唆しているとなると、それは列島内におけるもう一つの王権と称し得る性格の権力であった。ちなみに、磐井の墓とされる岩戸山古墳は墳丘長一三五メートルもあり（別区《べつく》を加えれば一七〇メートル）、これは継体の真陵である今城塚古墳《いましろづかこふん》の一九〇メートルに近い規模の古墳である。おそらくは倭王権から指定された墳丘の大きさに、別区を設けて継体陵とほぼ同じ大きさにしようとした磐井の思いは、推して知るべきであろう。

磐井敗北の原因

倭王権は、これらの行為を黙視するわけにはいかなかった。そもそも継体自体が、対朝鮮関係の行き詰まりを打開するために倭王権に迎えられた存在であった（大山誠一「継体朝成立をめぐる国際関係」）。もともと独立性の強かった九州の豪族が、独自に朝鮮諸国との外交関係を確立すれば、倭王権の存立自体を脅かすことになるのである。

『古事記《こじき》』では、

この御代に、竺紫君石井《つくしのきみいわい》は天皇の命に従わずに、礼の無いことが多かった。そこで、物部荒甲大連《あらかい》・大伴金村連の二人を派遣して、石井を殺した。

という記事を記しているが（この時代のこととしてこのように詳しい記事を立てるのは、『古事記』としては異例のことである）、『日本書紀』の方は、継体が、大伴金村・物部麁鹿火・許勢男人《こせのおひと》

筑紫国御井郡

に、「筑紫の磐井が反逆して、西戎《せいじゅう》の領地を占有した。今、誰を将軍としたらよかろう」と諮問《しもん》し、金村が、「正直で仁慈も勇気もあり、軍事に精通しているのは、今、麁鹿火の右に出る者はありません」と答え、継体がそれを裁可《さいか》した結果、麁鹿火が大将に拝されたと記す。この部分は、大伴氏や物部氏の家記を原《げん》史料《しりょう》としている。

つづいて『日本書紀』は、継体が麁鹿火に征伐《せいばつ》を命じる詔を下し、麁鹿火が報答する部分を記すが、これらは、ほぼすべてが『芸文類聚』を移し替えたものであり（山尾幸久「文献から見た磐井の乱」）、その信憑性は低い。ただ、継体が斧鉞《おのまさかり》を麁鹿火に授け、「長門《ながと》（現山口県）から東は私が統治しよう。筑紫から西はお前が統治し、思いのままに賞罰をおこなえ。一々奏上する必要はない」と言ったというのは、これも『芸文類聚』から取った文章ではあるが、これを『日本書紀』の記事とした『日本書紀』編者の認識は興味深い。

決戦は、翌継体二十二年（五二八？）十一月、筑紫国御井《みい》郡でおこなわれた。現在の福岡県久留米市から小郡市・三井郡付近、筑後川流域の地である。後に筑後国府《こくふ》や国分寺《こくぶんじ》、一宮《いちのみや》となる高良《こうら》大社も所在する地であるが、磐井は一挙に本拠地である八女の近辺にまで攻め込まれたことになる（御井と八女は直線距離で約一〇キロメートル）。

つづく「両軍の旗や鼓《つづみ》が相対し、塵埃《じんあい》が巻き上がった。両軍は勝機をつかもうと必死に戦い、互いに譲らなかった」という部分にまた、『芸文類聚』による作文が挟まれ、「麁鹿火は遂に磐井を斬り、とうとう反乱を完全に鎮定した」と、この内乱の記事を終えている。磐井軍の敗北の原因を火君の離反に求める意見もある（井上辰雄『火の国』）。もともとがそれほど強固な結束ではなかったのであろう（加藤謙吉「「磐井の乱」前後における筑紫君と火君」）。

なお、後に触れるが、『筑後国風土記《ちくごのくにふどき》』逸文《いつぶん》は磐井の墓に関する伝承を載せている。そのなかで、磐井の反乱について、

古老が伝えて以下のように言っている。「雄大迹《おおど》の天皇（継体）の御世に、筑紫の君磐井は、強い勢力を張って手に負えない有様で、中央の治世に従うことがなかった。磐井は前もって生前にこの墓を造っていた。折しも急に官軍《かんぐん》が進発し攻めようとしたので、勢力差から勝ち目がないと判断し、磐井はただ一人、豊前《ぶぜん》の国上膳《かみつみけ》の県（現福岡

県豊前市）へ身を避け、南の山の険しい嶺々の間に身を隠して逃げてしまった。官軍は追い探したが、その跡を見失ってしまった。逃げられた武人の憤懣《ふんまん》は尽きず、その結果、石人《せきじん》の手を打ち折り、石馬《せきば》の頭を打ち落としたということである」と伝えている。

という独自の記述が見られる。戦の敗者がじつは死んではおらず、逃げおおせたという伝承は、後世にも見られるものである。

中央政権への抵抗

磐井討滅《とうめつ》後の十二月、子の筑紫葛子《くずこ》は、磐井に連坐《れんざ》して誅殺《ちゅうさつ》されることを恐れ、糟屋《かすや》の屯倉《みやけ》を献上して、死罪を免除されることを願ったとある。糟屋屯倉というのは、現在の福岡市東部から古賀市、南東部の糟屋郡付近と推測されている。奴《な》国の時代以来、倭の外港であった博多《はかた》湾にも面する、倭国の最重要地域である。

磐井の支配領域のなかで糟屋の地のみが献上の対象とされたことは、ここが倭王権のもっとも重視した地域であったことによるものであろう。逆に磐井討滅の契機の一つが筑紫君の糟屋地方への勢力拡大にあったという見方も存在する（亀井輝一郎「磐井の乱の前後」）。

なお、八女古墳群で磐井の墓とされる岩戸山古墳の一世代後に葛子の墓として築造された乗場《のりば》古墳は、墳丘長七〇メートルと、岩戸山古墳の約半分に縮小されている。ただし、磐井の子が拠点の献上をもってその死を免れ、相変わらずその地域の首長（筑紫国造か）でありつづけることが許されるという決着方式は、いかにも日本的である。

その後、磐井の本拠地を囲むように、筑紫の穂波《ほなみ》・鎌《かま》、豊国の媵碕《みさき》・桑原《くわばら》・肝等《かと》・大抜《おおぬき》・我鹿《あか》、火国の春日部《かすがべ》などの屯倉が設置され、倭王権の北部九州への支配は浸透していった。やがて博多湾の中枢に那津《なのつ》屯倉が置かれ、後に筑紫総領《そうりょう》、そして大宰府《だざいふ》へとつながっていくことになる（亀井輝一郎「磐井の乱の前後」）。地方における反乱伝承も、記紀から姿を消していく。

ただし、北部九州の自立性は、その後も存続した。磐井の勢力圏に見られたという石人・石馬は、『筑後国風土記』逸文によると岩戸山古墳では倭王権の軍によって破壊されたとあり、他の地域でも見られなくなっていった。岩戸山古墳以降の石人は武装石人ではなく、生活に根ざした姿を表わしているという（佐田茂「石人・石馬と装飾古墳 筑紫地域」）。

石人・石馬というのは、倭王権が設定した形象埴輪《けいしょうはにわ》の代わりに墳丘《ふんきゅう》に立て並べるものである。中国南朝や新羅の古墳に見られる石人・石獣《せきじゅう》と関連があれば面白いのであるが、新羅の陵墓《りょうぼ》に見られる石人・石獣は八世紀中葉以降のものであり、残念ながら直接の関連はないようである（小田富士雄「考古学から見た磐井の乱」）。

しかしながら、「強い統一性を有していた」とされる前方後円墳に、これほどの独自性を持った物体を大量に並べ立てていたということ自体が、倭王権に対抗する北部九州の独立性を象徴する具現的表象であった。

代わって石室内に装飾を施す装飾古墳《そうしょくこふん》がこの地域に見られるようになっていった。すでに葛子の墓とされる乗場古墳にも、石室内部に赤・黄・青三色を使った三角文や同心円文などの文様が描かれている。北部九州勢力は、いわば地下の世界で、中央政権に対する抵抗をつづけていったことになる。

そしてこの北部九州の自立性は、後世に至っても、しばしば歴史の表面に現われることになる。広嗣《ひろつぐ》の乱や純友《すみとも》の乱については、後に述べることになろう。

磐井の墓

ここで『釈日本紀《しやくにほんぎ》』が引く『筑後国風土記』逸文に見える磐井の墓について触れておこう。ここには、次のような記載が残っている。

上妻の県。

岩戸山古墳周辺地図（国土地理院発行1/50,000地形図「久留米」を基に、縮小・加筆して作成）

県の役所の南二里（約一キロメートル）に筑紫の君磐井の墓がある。その高さは七丈（約二〇メートル）、周囲は六十丈（約一八〇メートル）、墓域は南辺と北辺とが各六十丈、東辺と西辺とが各四十丈（約一二〇メートル）である。この墓には石人と石盾《いしたて》が各々六十枚あって、交互に陣列を組んで周囲を巡っている。東北の角には一つの別区がある。名付けて衙頭《がとう》といっている〈衙頭とは祭政をおこなう所である。〉。その衙頭の中に一人の石人がある。悠然と地に立っている。名付けて解部《ときべ》という。その前に一人いる。裸体で地に伏している。名付けて盗人という〈生きていた時に猪を盗んでいる。よって罪を決せられようとしている。〉。その側に石猪《いしい》が四頭いる。名付けて贓物《ぞうもつ》という〈贓物というのは盗んだ物である。〉。その場所にまた石馬が三疋、石殿《いしどの》が三軒、石蔵《いしくら》が二軒ある。

これはあくまで、八世紀に『風土記』が編纂《へんさん》された時点における認識であるので、六世紀初頭の史実をどれほど正確に伝えているかは、いささか疑問なしとはしないが、磐井の

（上）岩戸山古墳
（下）岩戸山古墳石人（八女市岩戸山歴史文化交流館「いわいの郷」展示）

権力の一端を伝えているであろうことも、間違いのないところであろう。磐井の政権は、独自の裁判権を行使していたのである。

なお、この記述と岩戸山古墳の石人・石馬、および一辺四三メートルの方形の別区の存在が相まって、久留米《くるめ》藩士矢野一貞以来、この墓が岩戸山古墳を指しているということが考えられてきた。

先にも述べたように、石人・石馬は北部九州の独自性を象徴する表象であった。倭王権の軍兵が石人・石馬を破壊したというのも、(ほんとうの話だったら、であるが)『風土記』が語るように磐井を取り逃がした腹いせからではなく、はるかに深刻な政治的、文化的衝突に基づく行為だったのである。

なお、近江毛野は磐井が斃《たお》された後の継体二十三年(五二九?)に安羅《あら》(現韓国慶尚南道咸安郡)に入ったものの、ほとんど何もできず、結局、五三二年、任那加羅は新羅によって滅ぼされた(倉本一宏『戦争の日本古代史』)。

第二章　古代国家成立期の内戦

継体《けいたい》の即位以来、列島全体を巻き込んでいた王権の動揺は、六世紀前半に、蘇我《そが》氏の勢力を背景にした欽明《きんめい》の即位によって収束した（倉本一宏『蘇我氏』）。天国排開広庭《あめくにおしはらきひろにわ》王子（後の欽明）を支持する勢力と、勾大兄《まがりのおおえ》王子（記紀《きき》の伝える安閑《あんかん》）や檜隈高田《ひのくまのたかた》王子（記紀の伝える宣化《せんか》）を支持する勢力とのあいだに存在した対立も、欽明が檜隈高田王子の女《むすめ》である石姫《いしひめ》王女を正妃《せいひ》とすることによって、平和裡に決着したものと推測される。

このように、対抗勢力を殲滅《せんめつ》せずに温存するという曖昧《あいまい》な決着方式が、日本の歴史を通じて見られる特色なのであるが、以下に数少ない古代国家成立期の内戦について、その背景と様相を見ていくことにしよう。いずれも北東アジアの国際情勢と密接な関係を持っていたことが特色である。

1　丁未の乱（物部戦争）

六世紀の大王位継承

六世紀における大王位継承は、蘇《そ》我《が》系王族と非蘇我系王族、そしてそれぞれの嫡流《ちゃくりゅう》と非嫡流の争いを軸として、くりひろげられた。その際、有力豪族《ごうぞく》はそれぞれが支持する王

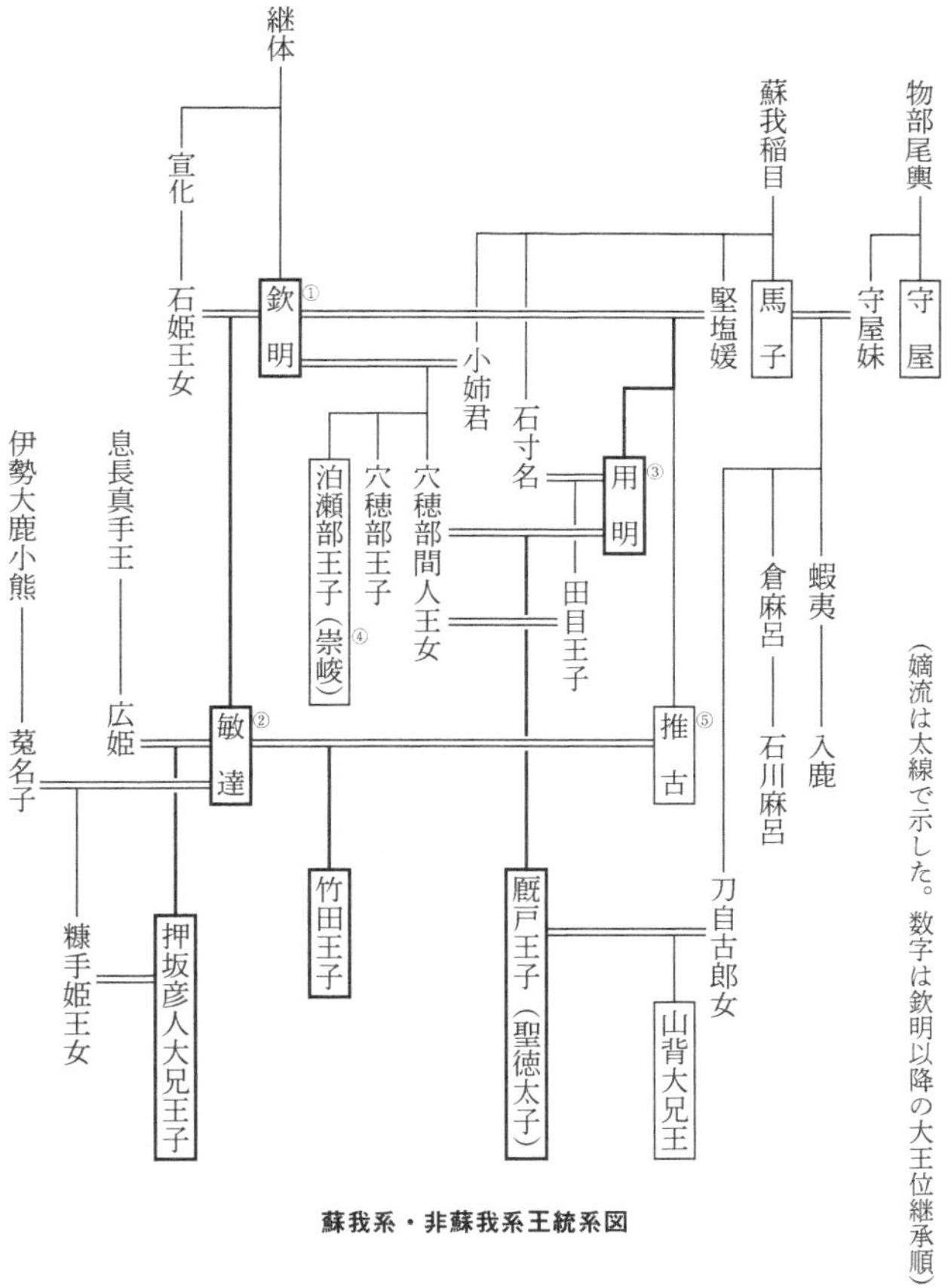

蘇我系・非蘇我系王統系図

族の擁立《ようりつ》を期すことによって、自己の勢力拡大をはかった（倉本一宏『持統女帝と皇位継承』）。

欽明《きんめい》の嫡流は、宣化《せんか》の女《むすめ》の石姫《いしひめ》王女が産んだ非蘇我系の訳語田渟中倉太珠敷《おさたのぬなくらのふとたましき》王子（後の敏達《びたつ》）であった。また、蘇我稲目《いなめ》の女の堅塩媛《きたしひめ》とのあいだに生まれた大兄《おおえ》王子（後の用明《ようめい》）が蘇我系（堅塩媛流）嫡流となった。その訳語田渟中倉太珠敷王子は、欽明と堅塩媛とのあいだに生まれた額田部《ぬかたべ》王女（後の推古《すいこ》、豊御食炊屋姫《とよみけかしきやひめ》尊とも）を、欽明三十二年（五七一？）にキサキとした。同族内の異母兄妹間婚姻であるが、非蘇我系王子であった訳語田渟中倉太珠敷王子にとって、蘇我系の王女との婚姻は、蘇我氏との融和を軸とする権力確立の一環であった。額田部王女は二男五女を産んだが、そのなかで竹田《たけだ》王子が蘇我系嫡流となる。

翌年、訳語田渟中倉太珠敷王子は大王位に即いたが（敏達）、敏達のキサキとしては、他に非蘇我系の三人がおり、そのなかの「息長真手《おきながのまて》王」の女とされる広姫《ひろひめ》が産んだ押坂彦人《おしさかのひこひと》大兄《おおえ》王子が非蘇我系嫡流ということになった。

敏達死後の紛争

敏達十四年（五八五）八月、敏達は死去した。広瀬《ひろせ》（現奈良県北葛城郡広陵町）において殯《もがりの》宮《みや》が営まれ、九月に額田部王女の同母兄である大兄王子が大王位に即いた（用明）。用明のキサキとしては、蘇我系が小姉君《おあねのきみ》所生の穴穂部《あなほべ》間人《はしひと》王女と、稲目の女の蘇我石寸名《いしきな》の二人、非蘇我系が葛城広子《かずらきのひろこ》一人が挙げられる。穴穂部間人王女が産んだ四人の王子のなかに、厩戸《うまやと》王子（後の聖徳《しょうとく》太子）がいる。これは父母ともに蘇我系の後継者を創出したということになるのである。

そのころ、前大后《おおきさき》額田部王女は敏達殯宮に籠っていたが、用明元年（五八六）五月、小姉君所生の穴穂部《あなほべ》王子が、額田部王女を奸《おか》そうと敏達殯宮に乱入しようとして、敏達の寵臣であった三輪逆《みわのさかう》に阻止されるという事件が起こった。穴穂部王子のこの行為は、単なる欲情によるものではなく、前大王の大后であった額田部王女をみずからのキサキにすることによって、大王位継承者としての地歩を確立しようとしたものである。ここには、蘇我系内部における、堅塩媛系と小姉君系とのあいだの、微妙な対抗関係がうかがえるのである。

穴穂部王子は蘇我馬子《うまこ》と物部守屋《もののべのもりや》（「両《ふたり》の大臣《おおまえつきみ》」）に三輪逆の無礼を語り、討滅《とうめつ》の許可を得た。「両の大臣」とはいっても、穴穂部王子が頼みとしていたのは物部守屋の方であった。

『日本書紀《にほんしょき》』によると、「ひそかに天下の王となろうと謀り、口実をもうけて」守屋とともに軍兵を率いて、当時の大王宮であった磐余《いわれ》の池辺双槻宮《いけのへのなみつきのみや》（現奈良県橿原市から桜井市にかけての天香具《あまのかぐ》山東麓）を囲んだ。逆はこれを察して三諸岳《みもろのおか》（三輪《みわ》山）に隠れ、ついで額田部王女の后宮《きさきのみや》である海石榴市宮《つばきちのみや》（現奈良県桜井市金屋）に隠れたとされる（『日本書紀』）。

穴穂部王子は逆の居場所を知ると、守屋を遣わして逆を討滅させた。『日本書紀』の「或本」では、穴穂部王子と泊瀬部《はつせべ》王子（後の崇峻《すしゅん》）が共謀して守屋を遣わしたとある。小姉君系の野望をうかがわせる認識である。

馬子は穴穂部王子を諫《いさ》めたが、穴穂部王子は聞く耳を持たなかった。この事件によって、額田部王女と馬子は、ともに穴穂部王子を恨むようになったとされる。馬子が嘆いたという、「天下の乱れるのも遠くはあるまい」という言葉や、守屋が答えたという「おまえのような小臣《しょうしん》の知るところではない」という言葉（『日本書紀』）は、実際に発せられたものかどうかはともかく、当時の支配者層に共通する懸念であったものと思われる。蘇我系王族内部における、堅塩媛系と小姉君系との対立という図式は、誰しも避けたい事態だったであろう。

用明の死と物部守屋の河内退去

翌用明二年（五八七）四月に用明が病に倒れ、仏教に帰依《きえ》しようとした。群臣に議定《ぎじょう》させたところ、守屋と中臣勝海《なかとみのかつみ》は反対したが、馬子は用明の詔に従うべきであると主張した。その時、穴穂部王子は豊国《とよくに》法師を連れて宮に入ったとある。用明の病悩回復の祈禱《きとう》でも口実にして宮内に入り、次の大王の座を覗《うかが》ったのであろう。

法師が宮内に入ったのを怒った守屋に対し、押坂部毛屎《おしさかべのけくそ》という者があわてて来て、ひそかに守屋に、「今、群臣があなたをおとしいれようとしています。あなたの帰路を断ってしまおうとしています」と耳打ちした。守屋はこれを聞き、すぐに別荘である阿都別業《あとのべつぎょう》に退いて、人を集めたとある（『日本書紀』）。

この阿都別業については、物部氏の本拠である後の河内国《かわち》渋川郡《しぶかわ》跡部郷《あとべ》（現大阪府八尾市）と考える論考がほとんどであるが、後文に見える「渋河《しぶかわ》の家」こそが河内の守屋の館《たち》であり、ここで守屋が引き揚げた阿都別業は大倭《やまと》に所在した別の居館である可能性もある。前田晴人氏によれば、これは「広津邑《ひろきつのむら》」の河港に近く所在した居館であり、寺《てら》川沿いで押坂《おしさか》と磐余のあいだ、海石榴市の南に隣接した水陸両交通上の要衝《ようしょう》であったという（前田晴人「物部氏と古代の市」）。

大倭の別業に引き籠って穴穂部王子の擁立を画策したものの、後に王子が馬子たちに殺されるに至り、ついに河内の本拠地に逃去したというのである。

注目すべきは、守屋と意を通じた勝海も自分の家に軍衆を集め、押坂彦人王子と竹田王子の像を作って呪詛《じゅそ》したものの、結局は押坂彦人王子を頼ったとされることである（『日本書紀』）。欽明王子の生き残りである穴穂部王子と、欽明直系である敏達王子の押坂彦人王子や竹田王子との世代間抗争は、群臣層を巻き込んで熾烈《しれつ》なものとなっていったのである。なお、勝海は押坂彦人王子の舎人《とねり》によって暗殺されている。

そして用明が死去した後の五月、守屋が穴穂部王子を擁立しようとしたことを知った馬子は、六月、

蘇我馬子宿禰らは、炊屋姫尊（額田部王女）を奉じ、佐伯連丹経手《さえきのむらじにうて》・土師《はじ》連磐村《いわむら》・的《いくはの》臣真嚙《おみまくい》に詔して、「おまえたちは兵備を整えて急行し、穴穂部王子と宅部《やかべ》王子とを誅《ちゆう》殺《さつ》せよ」といった。

とある命を承け、穴穂部王子と宅部王子（宣化の王子とある）を殺したのである（『日本書紀』）。この軍事行動が、額田部王女の「詔」を奉じたものであったことは、堅塩媛所生の欽明王女であり、前大王の大后であった額田部王女の紛争調停に際しての権威が、著しく増大していたことを示している。なお、穴穂部王子と宅部王子が斑鳩《いかるが》の藤《ふじ》ノ木《き》古墳に葬られた可能性が指摘されている。

丁未の乱（物部戦争）

七月、蘇我馬子は諸王子と群臣層を糾合《きゅうごう》し、物部守屋を討滅した。いわゆる丁未《ていび》の乱（物部戦争）である。このときに馬子麾下《きか》に参加した王子は、泊瀬部王子・竹田王子・厩戸王子・難波《なにわ》王子・春日《かすが》王子であった（『日本書紀』）。泊瀬部王子のみが欽明の王子、ほかは一世代下の、用明の王子と、敏達の王子である。

群臣層は、馬子以下、紀男麻呂《きのおまろ》・巨勢比良夫《こせのひらぶ》・膳 賀拕夫《かしわでのかたぶ》・葛城烏那羅《おなら》が主力軍として河内に向かい、大伴嚙《おおとものくい》・阿倍人《あべのひと》・平群神手《へぐりのかみて》・坂本糠手《さかもとのあらて》・春日《かすが》臣（欠名）が志紀《しき》郡を通って、それぞれ「渋河の家」に向かって進撃した（『日本書紀』）。前者は二上《ふたがみ》山北麓の大坂《おおさか》から大津《おおつ》道を経て正面突破をはかり、後者は大和《やまと》川北辺の竜田《たつた》道を越えて信貴《しぎ》山西麓に出て渋川道を通り、守屋の本拠に急襲をかけたものであろう。

最初の戦場となったのは、後文に見える餌香《えが》の河原であった。そこには、

河内国はまた、「餌香川原には、斬られて死んだ人の遺骸が、数えると数百にもなる。頭も身もすでに腐爛《ふらん》しており、姓も名も判らない。人びとはわずかに衣服の色だけを頼りに、遺骸を引き取っている。……」と申しあげた。

とある。大和川の支流である石《いし》川の下流を餌香川というが、大和川と餌香川の合流地点付

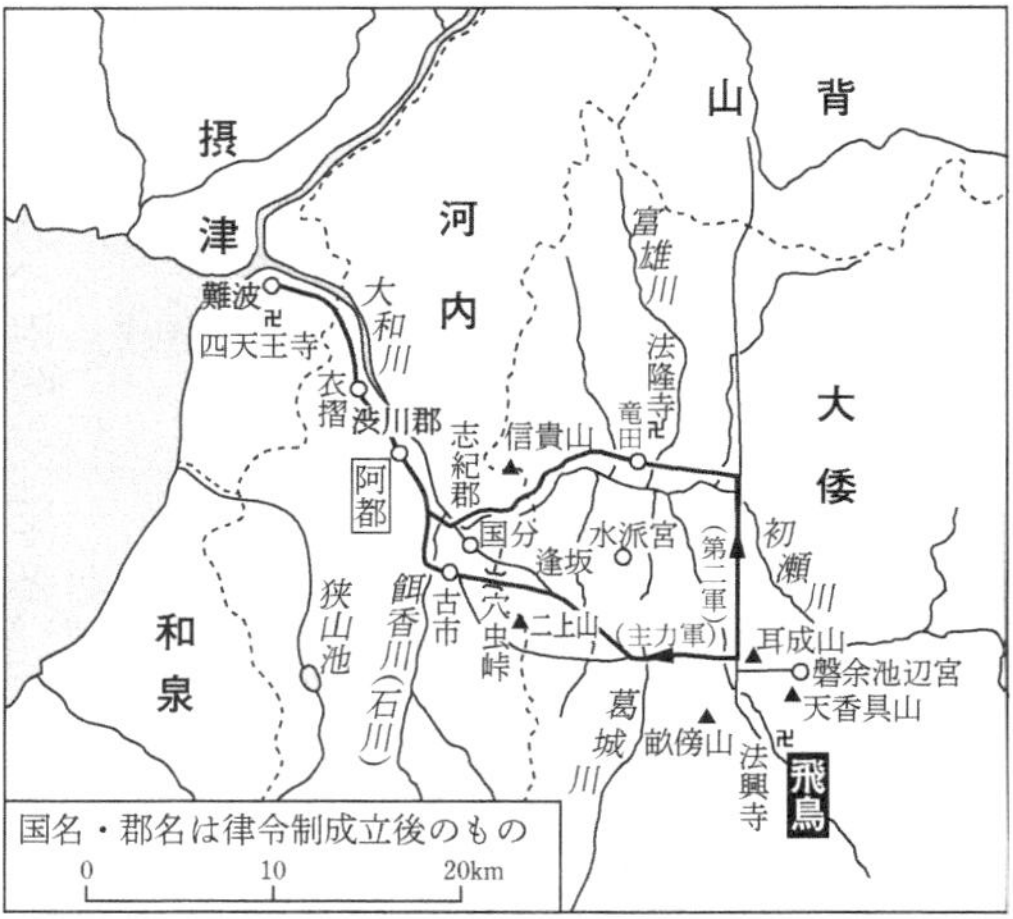

丁未の乱（物部戦争）地図（直木孝次郎『古代国家の成立』を基に、加筆して作成）

近の河原（現大阪府藤井寺市と柏原市の境あたり）で、守屋が敷いた第一防衛線と馬子の率いる主力軍とのあいだに激戦がくりひろげられたのである。大坂から懼坂《かしこざか》道（現柏原市田辺から奈良県香芝市へ越える道）を下って大阪《おおさか》平野に出たあたりである。後に壬申《じんしん》の乱でも戦場となっているが、この時も進撃する軍勢を食い止めるための河原が戦場になったのである。

一方、守屋の本拠である阿都家（渋河の家）では、守屋は自身で子弟と奴軍を率いて、稲城《いなき》（稲を積んで作った砦）を築いて戦ったとあるが、この部分からは物部氏の家記《かき》や寺《じ》院縁起《いんえんぎ》を原史料《げんしりょう》とした記事であろう。稲城までは史実なのかもしれないが、つづいて語られる、「守屋は朴《えのき》の木のまたに昇り、あたりを見おろして雨のように矢を射た。その軍勢は強く盛んで、家に満ち野に溢《あふ》れた。「王子たちと群臣の軍衆は怖じ気づき、三度も退却した」という部分は物部氏の家記、次の厩戸王子が、白膠木《ぬりで》を切り取って四天王の像を作り、頂髪《たきふさ》に安置して誓願《せいがん》を発し、敵に勝ったら護世四王《ごせしおう》のために寺塔を建立すると言ったとあるのは四天王寺《してんのうじ》系の縁起、馬子が、勝利を得たら諸天王《てんおう》と大神王《だいじんおう》のために寺塔を建立して三宝《さんぼう》を広めると誓願し

（上）大和川・餌香川（石川）の合流地点
（中）稲城址故地（光蓮寺）
（下）大聖勝軍寺

たとあるのは飛鳥寺《あすかでら》系の縁起を、それぞれ原史料としているのであろう。

誓願の後、武備を整えて進撃したところ、迹見赤檮《とみのいちい》が守屋を木のまたから射落とし、守屋とその子たちを殺したとある（『日本書紀』）。この赤檮というのは先に中臣勝海を暗殺した人物で、このあたり、迹見氏、あるいは同祖と称する上毛野《かみつけの》氏の家記を原史料とした一

阿都周辺地図（国土地理院発行1/50,000地形図「大阪東南部」を基に、縮小・加筆して作成）

連の記事のように思える。

守屋討滅後の大王位継承と国際情勢

その後、守屋の軍はたちまち戦いをやめて敗走し、みな家人《けにん》や奴婢《ぬひ》が着る黒衣を着け、広瀬《ひろせ》の勾原《まがりのはら》で狩猟をするふりをして逃げ散った。この戦のため、守屋の子どもや一族は、ある者は葦原《あしはら》に逃げかくれて姓名を変え、ある者は逃亡して行方不明になったとある（『日本書紀』）。

次に語られる「時の人」の流言（馬子が妻である守屋の妹の計略を用いて守屋を殺したというもの）や、四天王寺と法興寺《ほうこうじ》（飛鳥寺）の創建、守屋の資人《しじんと》捕鳥部万《とりべのよろず》の孤軍奮闘物語と白犬の忠犬譚《ちゅうけんたん》は、とても史実を伝えたものとは考えられない（篠川賢『物部氏の研究』）。

ただ、これだけの戦乱の後にもなお、守屋の一族は生き延び、中央氏族としての物部氏の地位はほとんど低下することがなかった点は、注目に値する。さすがに物部氏全体の長である氏上《うじのかみ》の地位は河内系の物部氏から大倭の石上《いそのかみ》系に移ったものの、物部氏（後の石上氏）は大化《たいか》以後も高位者を輩出しつづけ、奈良時代にも大臣を出している。

この戦乱の後に定められた、次の大王は、ただ一人の欽明王子の生き残りである泊瀬部王子しか考えられなかったであろう。

旧世代が存在するなかで世代交代をおこなうと、どの王統に降ろすかをめぐって、紛争が起こりやすい。とりあえずの応急措置として旧世代を即位させる「世代内継承」というのは、きわめて穏当な選択であった。

こうして即位した崇峻であったが、その即位記事において、この即位が額田部王女と群臣層とによる推戴《すいたい》であったとされていることは重要である。大王選定における額田部王女の発言力の増大は、もはや単なる紛争調整勢力にとどまるものではなかった。

こうして、物部氏の河内系嫡流は滅亡し、豪族層内部における馬子の権力が確立した。その争乱を単なる氏族層同士の権力抗争としてとらえたのみでは、その本質には迫れないであろう。そもそも『日本書紀』は、蘇我氏と物部氏との闘争を仏教受容の可否をめぐる崇仏《すうぶつ》・排仏《はいぶつ》の宗教抗争として描いている。

もちろん、実際には、物部氏の本拠地に渋川廃寺《しぶかわはいじ》（現八尾市渋川町）や石上廃寺《いそのかみはいじ》（現奈良県天理市石上町）が造営されるなど、物部氏や中臣氏も排仏一辺倒ではなかったのであるが（安井良三「物部氏と仏教」）、その本質は、配下に渡来《とらい》系氏族を多く擁しており、大臣として倭《わ》国の外交を主導していたという馬子の立場と、それに対抗する守屋という、北東アジア情勢のなかでの国際的な路線対立と見るべきものである。

百済《ひゃくさい》をはじめとする「先進国」と国際関係のなかで伍《ご》していくためには、ひとり倭国のみが土俗的な国神《くにつかみ》を信仰しつづけるわけにはいかなくなっていた。当時、朝鮮《ちょうせん》三国では仏教が対中国交渉と密接に関わる政治課題として受け止められていた。このような国際状況を判断した結果、倭国も中国（特に梁《りょう》）を中心とする世界秩序に参入するために不可欠の要素として、仏教を百済から公的に導入したという指摘（河上麻由子「遣隋使と仏教」）は重要である。

大王崇峻を擁した大臣馬子と前大后額田部王女、そして群臣層は、隋《ずい》の中国統一という激動の北東アジア国際情勢に乗り出し、そしてこの権力中枢と外交方針では時代に適応できないことを、すぐに知らされることとなったのである。

2 壬申の乱

古代史上最大の戦乱である壬申《じんしん》の乱は、国家成立史上の観点からも大きな意義がある。壬申の乱については、すでに専著を著わしているので（倉本一宏『壬申の乱』）、ここではその概要を説明することにしよう。

天智の大王位継承構想

天智《てんじ》の構想していた大王位継承プランは、卑母《ひぼ》（伊賀采女宅子娘《いがのうねめやかこのいらつめ》）から生まれたことによって大王位継承権がなかった大友《おおとも》王子に次期大王を継がせようというのでは、けっしてなかったはずである。

その当時までに大王位に即いた者の母氏は、王族を除くと葛城《かずらき》集団や蘇我《そが》氏といった有力中央豪族に限られていた（本人が地方豪族《ごうぞく》出身の継体《けいたい》や、その子で即位の事実自体が怪しい安閑《あんかん》・宣化《せんか》などは例外）。奈良時代に至ってさえも、藤原《ふじわら》氏から生まれた首《おびと》皇子（聖武《しょうむ》）が即位するには、かなりの抵抗があったのである。だいたい当時の慣例として、大王位に即くには三十歳程度の年齢と統治経験が必要とされていたのであり、壬申年当時で二十五歳に過ぎなかった大友は、即位するにはまだ若過ぎた。

天智としては、同母《どうぼ》弟《てい》の大海人《おおしあま》王子（後の天武《てんむ》）を中継ぎとして即位させ、その次に世代交代をおこなう際に、大友の子である葛野《かどの》王（母は天武王女の十市《とおち》女王）や、大海人王子の子である大津《おおつ》王（母は天智王女の大田《おおた》王女）か草壁《くさかべ》王（母は大田王女同母妹の鸕野《うの》王女）という、いずれも自分の血を承けた王族への継承という選択肢、あるいはもう一代中継ぎとして自分の王女である鸕野王女（後の持統《じとう》）を想定していたものと思われる。

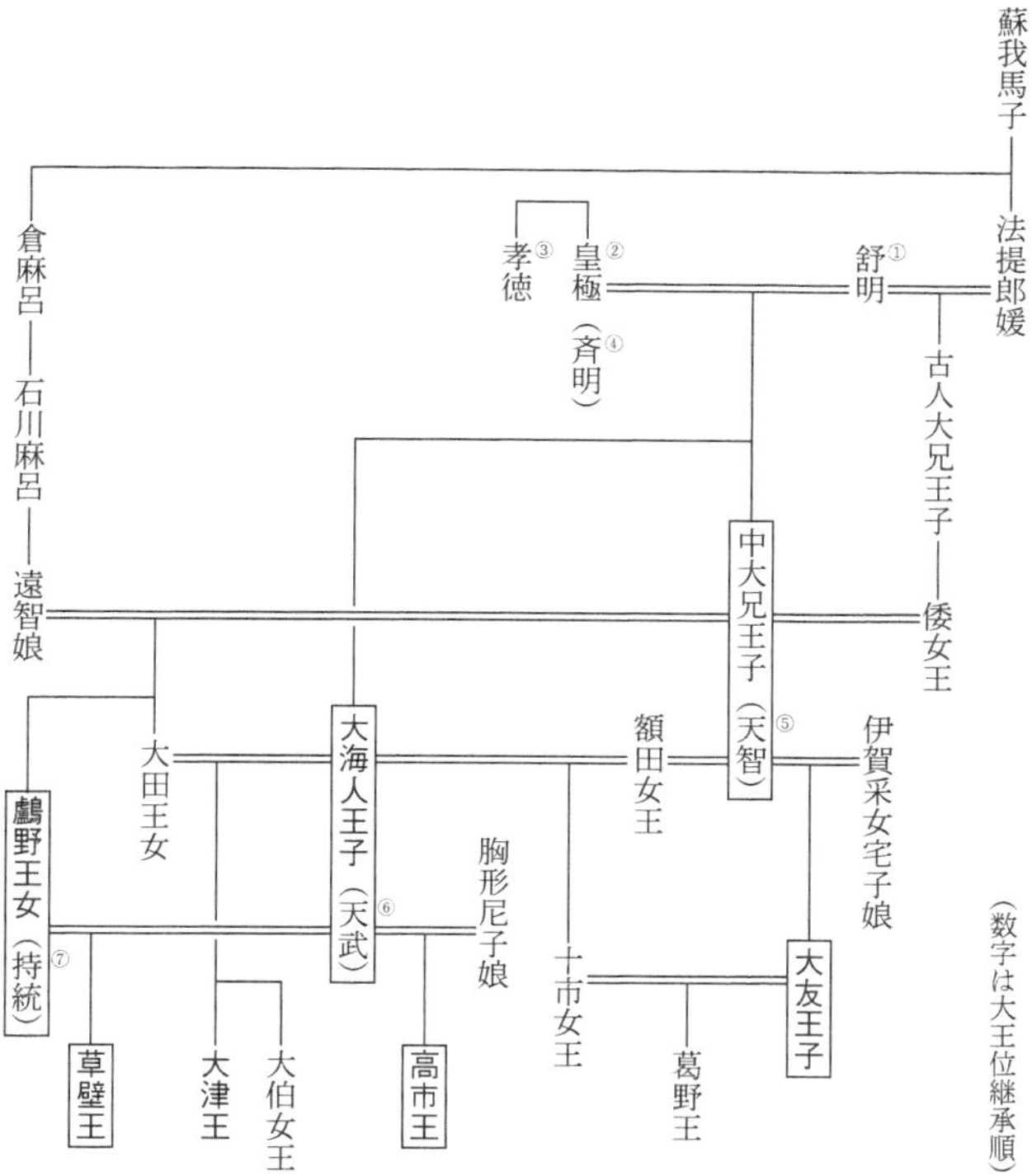

蘇我馬子
法提郎媛
舒明①
皇極②
孝徳③
（斉明）④
倉麻呂
石川麻呂
遠智娘
古人大兄王子
倭女王
中大兄王子（天智）⑤
伊賀采女宅子娘
額田女王
大海人王子（天武）⑥
大田王女
鸕野王女（持統）⑦
胸形尼子娘
十市女王
大友王子
葛野王
草壁王
大津王
大伯女王
高市王
（数字は大王位継承順）

壬申の乱系図

天智の同母弟であり、父母ともに大王である大海人王子にとっても、天智の死後は自分に大王位がまわってくることは確実なのであるから、ことさらに事を荒立てる必要はなく、天智に協力していればよかったはずである。

天智と大海人王子のあいだには、きわめて濃密な姻戚《いんせき》関係が存在した。両者はけっして敵対関係にあったのではなく、いわば一体となった王権として認識されていたはずである。したがって、大海人王子にとっても、大友王子という異常な朝廷代表者を斃《たお》したということは、倭《わ》王権の成立以来、頻繁に見られた、単なる王族内の大王位継承争いくらいにしか思っていなかったはずである。したがって、天智の王権を滅ぼして自分の王権を確立したという認識はなかったと思われる。もちろん鸕野王女にとっても、父の王権を夫が滅ぼしたなどという認識はなかったであろう。

いったんは事情があって吉野《よしの》に退去したものの、大友という、本来ならば生母の地元に戻って母方の姓を名乗り、出身豪族の地位を継ぐ程度の異常な「王子」が、天智亡き後の近江《おうみ》朝廷を代表して北東アジア国際情勢に乗り出し、後に述べるように唐《とう》に協力してふたたび対新羅《しんら》戦争の準備をしているということは、正当な天智後継者であった大海人王子にとっては、看過しがたい状況であった。そして大友王子の出自と、その対新羅戦争準備に対する反感は、ほとんどの王族や豪族にとっても同様であったはずである。

当時は斉明《さいめい》六年（六六〇）の百済《ひやくさい》の滅亡以来、北東アジア世界は、天智二年（六六三）の白村江《はくそんこう》に代表される百済復興戦争の敗戦、天智五年（六六六）の唐の高句麗《こうくり》征討、天智七年（六六八）の高句麗滅亡、そして唐と新羅の対立、唐の倭国征伐計画、天智九年（六七〇）の高句麗遺臣の反乱と新羅の結託、新羅の旧百済領侵攻、天智十年（六七一）の唐と新羅の開戦と、めまぐるしく動いていた。ふたたび倭国を戦争に向かわせてはならないという大海人王子の主張は、広く支配者層に受け入れられたはずである。

吉野退去の事情

天智十年十月十七日に大王位の禅譲《ぜんじよう》を要請された大海人王子であったが、当然のことながらこれを辞退した。即位を要請されてもいったん辞譲するのは、日本古代の儀礼的な慣習であった。ここで辞退しておいて、天智からの次の即位要請を待っていればよかったのであるし、天智が死去してしまった場合でも、その後の群臣による推戴《すいたい》を待っていればよいと考えていたはずである。

もちろん、この場で天智が大海人王子を害そうとする「陰謀」を計画し、蘇我安麻呂《やすまろ》が大海人王子に言葉を慎むよう忠告して、大海人王子が窮地を脱したなどという、壬申紀《じんしんき》にのみ記されている説話は、石川《いしかわ》氏の家記《かき》を原史料《げんしりよう》にした作文であろう。

十月十九日、大海人王子と鸕野王女は大津宮《おおつ》（現滋賀県大津市錦織）を退去した。草壁王と忍壁《おさかべ》王をともない、高市《たけち》王と大津王をわざわざ大津宮に残してである。キサキとしては、もちろん、鸕野王女がただ一人、大海人王子と行動をともにしていた。

しかしそれにしても、自分の王子宮《みこのみや》で天智からの次の即位要請や、天智の死を待っていればよかったのに、どうして大海人王子は吉野にまで退去してしまったのであろうか。

大海人王子と鸕野王女の吉野退去は、一つには天智の大王位継承構想から考えるしかない。先にも述べたように、天智十年時点における常識的な大王位継承構想は、大海人王子を中継ぎとして、葛野王、あるいは大津王もしくは草壁王といった大海人王子の子、鸕野王女をもう一代中継ぎとして草壁王、という四通りしかあり得なかった。

となると、葛野王や大津王であっては困るのは、鸕野王女ただ一人であったということになる。大海人王子を中継ぎとして、確実に自分が産んだ草壁王へと継承させたいという鸕野王女の思惑を推察すると、まず何としても大友王子を斃して葛野王を排除する必要性を感じていたであろう。そしてその次に、大海人王子の子のなかでの草壁王の優位性を確立する必要があった。九州の地方豪族から生まれた長子の高市王は、大王位継承に関してはまず問題ないとして、草壁王即位の障碍《しょうがい》となるのは、かつて正妃《せいひ》的存在であった大田王女が産んだ大津王であったはずである（大田王女はすでに大津王を出産した後に死去していた）。

鸕野王女にとって、大友王子を斃し、同時に草壁王の優位性を確立し、さらには大津王を危険にさらすための手段として選ばれたのが、武力によって近江朝廷を壊滅させること、そしてその戦乱に自身と草壁王をできるだけ安全に参加させるということであった。『日本書紀《にほんしょき》』持統天皇称制前紀《しょうせいぜんき》に見える、

軍師《ぐんし》に告げ、人びとを集めて共に計略を定め、死を恐れぬ人びと数万を分かって要害《ようがい》の地に配置した。

という記述は吉野進発以後の壬申の乱における作戦に関して、同じく、

皇后（鸕野）は、始めから天皇（天武）を補佐して天下をお保ちになった。天皇のお側にあって政務に話が及ぶごとに、助け補われることが多かった。

という記述は壬申の乱終結後の天武朝の政務に関してのものであるが、この鸕野王女と大海人王子との共治態勢は、彼らの吉野退去にも及ぶものだったのであろう。つまり、「始めから」という起点の設定は、吉野退去ということになる。

大海人王子としても、自分の後に、大友王子に後見された葛野王が即位するよりも、大津王や草壁王に継承させた方が望ましいわけであり、この戦争計画に一も二もなく荷担したのであろう。

国際情勢と壬申の乱

そしてもう一つ、壬申の乱と密接に関連しているのが、「大化改新《たいかのかいしん》」以来の北東アジア国際情勢であった。そもそも、中大兄王子《なかのおおえ》（後の天智）が百済復興をめざして救援軍を派兵したことの目的は、中央集権国家建設のために対外戦争を起こして、国内の統一をはかるということであった（以下、倉本一宏『戦争の日本古代史』）。

たとえ倭国が敗北してしまった場合でもなお、中大兄王子は、あたかもこれから唐・新羅連合軍が倭国に来襲してくるという危機感を国内に煽《あお》り、国内の権力を集中して軍国体《ぐんこく》制を作るために、むしろ敗戦は好機と捉えていたのではないだろうか。

天智七年正月に正式に即位した天智は、国内改革を推進して、甲子《かつし》の宣による支配者層の再編成と、天智九年に造られた庚午年籍《こうごねんじゃく》に代表されるような地方支配の徹底をめざした。特に戸籍《こせき》を造るということは、在地における地方豪族の権力に対する中央権力の介入につながり、その反発を招いたことであろう。これが壬申の乱における地方豪族層の行動基軸につながっていくという意見もある（義江彰夫『旧約聖書のフォークロア』と歴史学」）。

倭国の中央・地方の支配者層は、天智の作戦に見事に乗せられ、いつ果てるとも知れない戦時態勢のなか、自己の伝統的な権益を放棄し、天智に協力して、中央集権的な国家体制建設への道を歩みはじめたのである。飛鳥・石神《いしがみ》遺跡から出土した、乙丑年（六六五）の年紀のある荷札木簡《にふだもつかん》に「国《くに》—評《こおり》—五十戸《さと》」といった地方行政区分が記されていることは（「大化改新」ではなく白村江敗戦後の）この時期に、ある程度の達成がなされたことを示している（市大樹『飛鳥の木簡』）。

ところが、唐と新羅は、高句麗を滅ぼした後に、険悪な関係になってしまった。そして天智七年九月に、十二年ぶりに新羅から倭国へ使節がやってきた（『日本書紀』）。新羅としては、唐と険悪な関係となっているこの時期、背後の倭国と友好関係を結ぼうとしたのであろう。

一方、唐・新羅の本格的な開戦を控えていた天智十年正月、唐の百済鎮将《ちんしょう》が、使節を倭国に遣わした（『日本書紀』）。この使節は、対新羅戦における不利な状況に際して、倭国に対して軍事的援助（直接的な対新羅出兵、もしくは間接的な新羅牽制《けんせい》のいずれか）を求めてきたものと考えられている（鬼頭清明「壬申の乱と国際的契機」）。

ここに至って、倭国の支配者層は、天智の煽った危機が、じつはみずからに権力を集中させるための策略に過ぎず、実際にはそれが虚偽(あるいは読み違い)であったことを知ったことになる。百済救援の際に多大な犠牲を出したのみならず、多くの山城《さんじょう》の築造をおこない、戸籍の作成にまで協力してきた豪族層は、天智(と大友王子)に対する怨嗟《えんさ》の念を強めたはずである。一方、大海人王子にとってみれば、何とかしてこの批判を自分からそらす必要を直感したことであろう(甲子の宣を宣布《せんぷ》したのが大海人王子であったことを、中央豪族は覚えていたはずである)。

そして天智十年十一月、早くも百済救援戦以来留めていた倭国の捕虜《ほりょ》千四百人を引き連れた唐使郭務悰《かくむそう》が倭国に送り込まれた(『日本書紀』)。大友王子とその周囲の五大官、そしてブレインの亡命百済人のみによって運営されていた近江朝廷は、急速に親唐外交路線へと傾斜していき、対新羅戦用の徴兵を急いだ。ただし、西国《さいごく》は百済救援のための徴兵と山城の造営によって疲弊しており、今回の徴兵は美濃《みの》や尾張《おわり》・伊勢《いせ》をはじめとする東国《とうごく》を中心としたものとならざるを得なかったはずである。

まさか吉野に隠遁《いんとん》している大海人王子が挙兵してその東国の兵を接収《せっしゅう》し、近江朝廷を倒すなどとは考えていなかった親唐派の大友王子としては、ここで唐に協力して新羅を倒せば、半島における倭国の優位を取り戻すことができるとでも考えたのであろう。

また、唐と新羅が戦争をおこなえば、世界帝国である唐の勝利を予測するのが自然であり、朝鮮《ちょうせん》半島が唐によって全面的に直轄支配されるという事態も予想していたであろう。その際、唐と敵対的な関係のままでは、倭国の存続も危うくなる（今度こそ唐の出兵を受ける可能性も考えられたはずである）。

もっとも、唐・新羅両面外交を推進してきた中臣鎌足《なかとみのかまたり》もすでに死去しており、即位後にもっぱら新羅とのみ外交関係をつづけたことからもうかがえるように新羅寄りであった大海人王子もすでに吉野に退去してしまっていた。大友王子の周囲では、亡命百済人のスタッフが外交方針の策定を主導していた可能性もある。彼らにとっては、新羅というのは、外国である唐の軍隊を半島に引き入れて祖国を滅ぼした仇敵《きゅうてき》であり、ここで大友王子を動かして敵《かたき》を取りたいと思ったのであろう。

大海人王子の側としては、対外戦争反対を旗印として、対新羅戦計画を主導している大友王子を斃すことによって、白村江をはじめとする百済救援戦の責任を回避することもできると考えたかもしれない。次なる戦争に反対することで、前の戦争にも自分は反対だったのだ、あれは兄の中大兄王子がおこなったのだ、と主張することができるとでも思ったのであろう。対外戦争に反対する新皇統《こうとう》という図式は、内乱の際には新鮮味を持つ。

なお、天智は十二月三日に死去した。諸豪族の怨嗟が自己に向かってくる前に、無事に生を終えることができ、後の天皇家の祖となって「天命開別天皇《あめみことひらかすわけのすめらみこと》」（天命を受けて皇運を開いた天皇）などという大層な諡号《おくりな》を奉呈されたのはご同慶の至りとも言えようが、あと一、二年でも天智が生きていれば、事態はどのように推移したのであろうか。

百済救援戦と壬申の乱

さて、その頃、西国では豪族層が壊滅的な打撃を蒙っており、兵士として徴発《ちょうはつ》できる健康な成年男子も少なく、また山城の造営に忙殺されていた。一方、東国では、豪族も農民も比較的無傷で残っているという状況であった。なおかつ、大友王子は郭務悰に対して、百済救援戦の捕虜の返還と引き替えに、大量の武器と軍事物資を与えてしまった（『日本書紀』）。西国においては武器と物資も不足していたのである。

兵士や武器、兵糧に加えて、個々の小さい部隊を動かすような部隊長といった人たちも、じつは近江朝廷軍の方は人材不足であった。それは兵士を率いてきた地方豪族が、あまりいなかったからである。彼らの多くが百済救援戦で戦死してしまっていたからである。たった九年しか経っていないのに、白村江の戦と壬申の乱の両方に登場する人はほとんどいない。

彼らは、そのほとんどが西国の地方豪族であった。大海人王子が迅速に近江朝廷と東国を遮断したことによって、大友王子は西国を頼りにせざるをえなくなった。兵力、武器に加えて、実戦の指導者にも事欠き、彼らは大海人軍を迎え撃たなければならなかったのである。

東国では徴兵が進み、各国の拠点となる地域に国宰《こくさい》に率いられた兵士が集結した、という時点で、壬申の乱は起こっている。もちろん、そのタイミングを狙って、大海人王子と鸕野王女は吉野を進発したのである。

壬申の乱の勃発

大海人王子と鸕野王女の立場に立てば、天智の大后《おおきさき》であった倭《やまと》女王が、このまま癸酉《きゆう》年（六七三）の初頭に女帝として即位した後の近江朝廷を倒すというのは、まったく大義名分に欠ける。大友王子が朝廷を主宰して天智の殯《もがり》がおこなわれている空位期間こそ、絶好のタイミングだったことになる。

吉野にあった大海人王子と鸕野王女にとっては、そのあいだに、進撃路を地盤とする豪族との連携や、対新羅戦用の徴兵をおこなっていた国宰の調略《ちょうりゃく》、大津・高市王という、大津宮に残してきた二人の子との連絡などの戦争準備を整え、大友王子による対新羅戦争用の徴兵が東国で完了する時期を覗《うかが》っていたことであろう。

『日本書紀』によれば、壬申年（六七二）の五月、私用で美濃に行っていたという朴井雄《えのいのお》君《きみ》が、美濃・尾張の国宰が山陵《さんりょう》を造るための人夫を徴発し、それらに兵器を持たせていたという情報を、大海人王子に報告したことになっている。雄君は、「きっとなにか事変があるでしょう。早くお避けになりませんと、御身に危難がおよぶのではありますまいか」と言ったとあるが（『日本書紀』）、その人夫が吉野を攻めるためのものであると言っているわけではない。

吉野で修行《しゆぎよう》しているはずの大海人王子を攻めるのであれば、それほどの大兵力は必要ないし、大軍を美濃から吉野まで移動させ、狭い峠道を通って吉野の山中に大規模な兵力で攻め込むのも無理な話である。山陵云々は、正当防衛を主張するための『日本書紀』編纂《へんさん》段階の作文と考えるべきであろう。

この雄君の報告は明らかに、近江朝廷による対新羅戦用の徴兵が完了し、美濃と尾張の各拠点に多数の兵が集結し終わったことの確認だったのであろう。

壬申紀ではつづけて、近江と飛鳥《あすか》までのあいだに監視者が置かれており、また大海人王子の舎人《とねり》が吉野に私粮《しろう》を運ぶことを宇治《うじ》橋の橋守が遮っているという情報がもたらされたことになっている。壬申紀では、それらが事実であったことを知ったという大海人王子が、

「私が皇位を辞して身を引いたのは、ひとりで療養につとめ、天命《てんめい》を全うしようと思

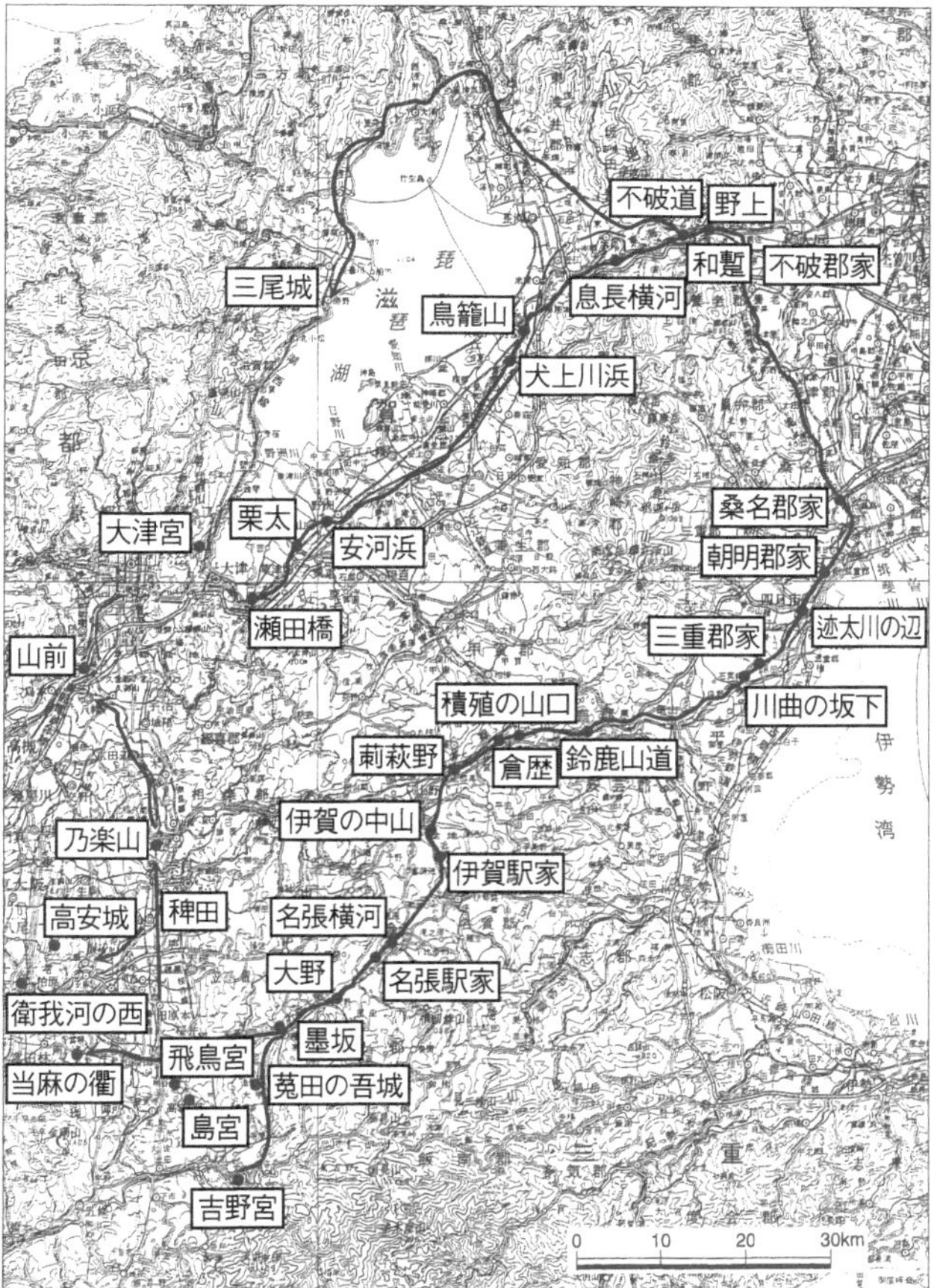

壬申の乱地図（倉本一宏『壬申の乱を歩く』を基に、加筆して作成）

ったからだ。それなのに、今、いやおうなく禍《わざわい》をこうむろうとしている。私の身が滅ぼされるというのに、どうして黙っておられよう」

という「詔」を下し、いきなり挙兵を決意したことになっているが、あまりに稚拙《ちせつ》な作文としか言いようがない。次に行動を起こす六月二十二日までのあいだ、戦争準備の精密化をおこなっていたにちがいなかろう。

六月二十二日、ついに大海人王子は行動を開始した。村国男依《むらくにのおより》・和珥部君手《わにべのきみて》・身毛広《むげつのひろ》という地方豪族出身の三人の舎人を美濃に先遣し、湯沐《ゆの》令《うながし》多品治《おおのほんじ》に機密を打ち明けて「安《あ》八磨《はちま》郡」(現岐阜県安八郡・揖斐郡から大垣市)の兵を徴発し、美濃国宰にも連絡して軍勢を発し、不破道《ふわのみち》(現岐阜県不破郡関ケ原町松尾)を塞ぐことを命じたのである(『日本書紀』)。後の東《とう》山道《さんどう》における東国と近江とを遮断するという、きわめて的確な作戦を実行しようとしたのである。近江朝廷の使節が東国に入るのを防ぐためである。彼らは、大海人王子と鸕野王女の吉野進発の日時を、美濃のみならず、伊賀・伊勢といったルートにあたる地において協力の約を取りつけている国宰や豪族たちに布告しながら進んだ可能性が高い。

六月二十四日の午前中に、大海人王子と鸕野王女は吉野を進発した。それに先立ち、大海人王子は、飛鳥宮（現奈良県高市郡明日村大字岡）と大津宮に使者を派遣した（『日本書紀』）。すでに飛鳥宮留守司《るすつかさ》のほとんども、大海人王子に内応《ないおう》していたはずであるから、進発を報告したものであろう。大津宮に急行した使者は、高市王と大津王に、大海人王子一行と合流させることの段取りを知らせるものだったのであろう。

このときに大海人王子と鸕野王女に従っていた者の名が壬申紀に列挙されているが、このときの「初めから従った者」が、後に高い褒賞《ほうしょう》を受けることになるのである。幼少の草壁王や忍壁王まで、そのなかに含ませているのに対し、鸕野王女の名が記されていないのは、鸕野王女はこの戦乱の主体者として、彼らを率いていたということなのであろう。

「東国虎歩」の行程

大海人王子と鸕野王女たち一行は、矢治峠《やじ》（現奈良県吉野郡吉野町大字矢治）・関戸峠《せきど》（現奈良県宇陀市大宇陀関戸）を越え、菟田《うだ》の吾城《あき》（現宇陀市大宇陀中庄）に入った（倉本一宏『壬申の乱を歩く』）。この二十四日は、大野《おおの》（現宇陀市室生大野）に到ったときに暮れていったが、一行は夜を日に継いで進み、夜半、ついに伊賀《いが》に到達した。追撃の可能性はほとんどないとはいえ、高市王や大津王、それに各地に集結している兵との合流時間に遅れるわけにはいか

名張（隠）横河

なかったのである。

隠《なばり》の横河《よこかわ》（現三重県名張市瀬古口）において、大海人王子は最初のパフォーマンスをおこない、「天下両分」を謳《うた》って、「自分が最後には天下を得るであろう」と宣言した。

その後、一行は伊賀の中山《なかやま》（現三重県伊賀市依那具）と呼ばれる地において、伊賀の兵を自己の傘下に組み入れた。そして軍勢を引き連れて北上し、莿萩野《たらの》（現伊賀市佐那具町）で二十五日の夜明けを迎えた（『日本書紀』）。

一行が積殖《つむえ》の山口《やまぐち》（現伊賀市柘植町）に到ると、鹿深《かふか》（現滋賀県甲賀市）を越えてきた高市王が合流した。そして一行は、この行程最大の難所である大山《おおやま》（加太《かぶと》越、現三重県亀山市加太北在家）を越え、伊勢の「鈴鹿《すずか》郡」（現亀山市関町）に入った（『日本書紀』）。ここからが東国ということになる。

伊勢に入ると、国宰たちが兵を率いて一行を出迎えた。大海人王子は、その兵の一部で鈴鹿山道《すずかのやまみち》（現亀山市関町金場）を閉塞《へいそく》させた。これで近江朝廷が伊勢経由で一行を追撃してきたとしても、鈴鹿山道で食い止めることができることになったのである。

一行はさらに進み、川曲《かわわ》の坂下《さかもと》（現三重県鈴鹿市木田町）に到ると、日が暮れた。ここで鸕野王女の疲労は極限に達したようである。一行はゆっくりと休憩する余裕もなく、先を急いだが、突然の豪雨に見舞われた。そこで「三重郡家《みえぐうけ》」（現三重県四日市市采女町）までしか進むことができず、ここで二十五日の行程を終えた（『日本書紀』）。

「天照太神」を望拝

翌六月二十六日の朝、一行は「朝明《あさけ》郡の迹太《とお》川の辺《へ》」（現在の海蔵《かいぞう》川〈もともとの訓《よ》みは「アクラ川」〉、現四日市市三ツ谷町）に到達し、「天照太神《あまてらすおおみかみ》」を望拝《ぼうはい》した（『日本書紀』）。鸕野王女と草壁王、それに高市王も同様に望拝したのであろう。

『日本書紀』には「天照太神」と記されているが、ここで彼らが拝んだのは、太陽であったと思われる。これ以降、壬申の乱と伊勢の神は深いつながりを持ち、やがて鸕野王女（持統）によって伊勢《いせ》神宮《じんぐう》の確立につながっていくことになる。

この時、大津宮を脱出してきた大津王がやって来た。草壁王の「天照太神」望拝の直後に大津王が合流したと記されているのは、単なる偶然とは思えない。大津王の即位の正統性を否定するための、『日本書紀』編者の作為の可能性も考えられる。

大海人王子の不破進出

この日、美濃から不破道を閉塞することに成功したという知らせが届いた（『日本書紀』）。すでに制圧している鈴鹿山道と併せ、これで近江朝廷の使者や軍は、東国に出ることができなくなった。ほとんど無傷の兵が集結している東国が大海人王子の掌中のものとなったことによって、実際の戦闘がはじまる前に、壬申の乱の大勢は決したのである。

大海人王子は、「朝明郡家」（現四日市市大矢知町の久留倍《くるべ》遺跡）に着くと、高市王を不破に遣わして軍事を監督させ、この日は鸕野王女たちとともに「桑名《くわな》郡家」（現三重県桑名市蠣塚新田か）に留まった（『日本書紀』）。

近江朝廷の動静

この日のこととされている記事において、はじめて近江朝廷側の動静が語られている。近江朝廷官人が「朝廷を去って東国に入ろうとした」とか、「山沢に逃げかくれようとした」といっても、そもそも少人数しか帯同《たいどう》していないはずの大海人王子が吉野を出たからといって、それが正規軍を擁する近江朝廷の危機にすぐさまつながるとは、誰も考えないはずである。大海人王子が大津宮に進攻してくるとは考えもしなかった者もいたであろう。

大友王子は、群臣に方策を諮《はか》った。一人だけが大海人王子追撃を進言したが（『日本書紀』）、それは右大臣の中臣金《なかとみのかね》であろうか。近江朝廷の誰一人として、まさか大海人王子一行がすでに桑名に達しており、しかも東国の多数の軍勢を掌中に収め、不破道と鈴鹿山道を制圧しているとは思っていなかったであろう。したがって、鈴鹿を経由しての騎馬による追撃という作戦は、それなりに正攻法であったと言える。

結局、大友王子の選んだ対策は、諸国に使節を派遣して農民兵を徴発するという、時間的に非現実的なものであった。ここで使節が派遣されたのは、東国、飛鳥宮、筑紫《つくし》、吉備《きび》の四方面であったとあるが、大海人王子を討滅《とうめつ》するだけならば、これほど大規模な徴発は必要ない。東国に向かったとされる大海人王子を追討しようとしているのであるから、当然ながら東国における徴発が最重要視されたであろうが、筑紫と吉備への徴兵使発遣《ちょうへいしはっけん》は、戦線が拡大した場合の補充兵用としてのものか、あるいは単なる文飾であろうか。

つづけて、東国に向けて発遣された徴兵使の動向に関する記述が収められている。彼らは大海人王子がいち早く不破道を閉塞したことによって、東国に入ることができなかった（『日本書紀』）。この使者が不破道を通過して美濃に集結していた兵を手に入れたり、小子部《ちいさこべの》鉏鉤《さいち》の率いる尾張の「二万の衆《いくさ》」と合流していたりすれば、乱の帰趨《きすう》はまったく逆のものとなっていたはずである。大海人王子方の多品治と村国男依が不破道を塞いだのは二十五日の夜頃であり、近江朝廷の徴兵使が不破で捕捉されたのは二十六日夜のことであったが、たった一日の違いで、大勢は決したことになる。

拘束を免れた韋《い》那《なの》磐鍬《いわすき》は、二十七日中には大津宮に逃げ帰り、他の徴兵使が拘束されたことを報告したはずである。大海人王子が単に吉野を進発したのみならず、東国の兵を掌中に収めてすでに不破道を制圧していたことを知った近江朝廷は、さぞかし動揺したことであろう。

六月二十七日になると、和《わ》蹔《ざみ》（現関ケ原町関ケ原）の高市王の許から、「桑名郡家」にいた大海人王子に使者が遣わされた。遠くにいると指示を受けるのに不便であるから、近くに来てほしいというものである。これを承けた大海人王子は、鸕野王女や草壁王・大津王たちを安全な桑名に残し、最前線に近い野上《のがみ》（現関ケ原町野上）に向かった。

大海人王子が「不破郡家」（現不破郡垂井町宮代）に到着しようとしていた頃、壬申紀には、「尾張国司守《おわりのくにのみこともちのかみ》」小子部鉏鉤が「二万の衆」を率いて帰順《きじゆん》してきたとある。しかし、実際には、大友王子から対新羅戦用の兵を徴発するために派遣され、ようやくそれが完了したというので大津宮に向かう途中において、不破道が大海人軍に閉塞されているのを知って進軍できず、「不破郡家」あたりでもたもたしているうちに大海人王子と遭遇してしまい、せっかく徴発した兵を接収されたというのが実状ではなかろうか。あるいは、配下にあって実際の農民兵の徴発にあたった尾張氏や大海《おおしあま》氏あたりの画策があったのかもしれない。

この兵は、五月に朴井雄君が確認した例の兵であるが、尾張氏などを味方につけたうえ、徴兵の完了を見はからって吉野を出発した大海人王子の方が上手であったことになる。

和蹔（松尾山から）

大海人王子は、この大量の兵を三方に分け、それぞれ配下の将軍に率いさせて鉏鉤と切り離し、七月二日に近江・伊賀・大倭《やまと》という三つの戦線に、主力軍として投入した。その一方で鉏鉤は、乱の終結時まで動向が見えず、乱が終わると謎の自殺を遂げたことになっている（『日本書紀』）。実際には大海人軍に拘禁《こうきん》されていたかと思われるが、自殺というのは文飾で、処刑されたか、逃亡をはかったものの捕えられて殺されたと考えた方がよかろう。

この時、鉏鉤と尾張の兵が、たった二日前の多品治による閉塞以前に不破道を通過して近江に入っていれば、また数では劣っていた大海人軍と不破近辺で一戦交えていれば、事態は逆となっていたかもしれないのである。

大海人王子は高市王に全権を委任し、野上に「行宮《かりみや》」（尾張大隅《おおすみ》の「私第」）を設営して、そこに留まった。以後、乱の終結まで、大海人王子は不破の地を動くことはなかった。

近江朝廷軍の進軍

一方、近江朝廷では、六月二十七日に韋那磐鍬の報告を受け、早速に「大海人追討軍」を編制し、不破に向けて進発させたであろう。山背《やましろ》（現京都府）から南下するルートと、河内《かわち》（現大阪府）を経由するルートによって、飛鳥宮をめざす軍も進発したようである。

近江朝廷軍は、二十八日から二十九日にかけて近江路を進軍し、七月二日にはすでに犬上《いぬかみ》川の南畔（現滋賀県彦根市高宮町）に駐屯《ちゅうとん》している。山部《やまべ》王を総帥とし、蘇我果安《はたやす》と巨勢比等《こせのひと》といった「御史大夫《ぎょしたいふ》」の二人を将としたこの軍は、まさに近江朝廷の命運を賭けた主力軍であった。

飛鳥宮での開戦

六月二十九日、飛鳥宮で戦端が開かれた。大海人王子方の大伴吹負《おおとものふけい》は、少ない兵力を最大限に生かすため、奇策を用いたとあるが（『日本書紀』）、留守司たちは、すでに吹負に内応していたのであろうから、この「奇策」も吹負の英雄物語といった演劇的な文飾が過剰である。

秦熊《はだのくま》が高市王の来襲を叫びながら走り込むと、軍営《ぐんえい》のなかの兵たちはそれに応じて逃げてしまったとある。近江朝廷の徴兵使の穂積百足《ほづみのももたり》・五百枝《いおえ》兄弟と物部日向《もののべのひむか》のうち、小墾田《おはりだ》の兵庫《ひょうご》（現明日香村大字雷の雷丘東方《いかずちのおかとうほう》遺跡、もしくは石神遺跡周辺か）にいた百足だけが、馬から下りるのが遅かったというので、いきなり殺されてしまった。

吹負の許には、三輪高市麻呂《みわのたけちまろ》をはじめ、大倭に帰っていた豪族たちが続々と集結してきた。ただし、これらは農民兵を徴発したものではなく、まだ彼らの兵力は不足していた。

玉倉部邑の襲撃

六月二十九日から七月一日のあいだに、犬上川の南畔に達した近江朝廷の「大海人追討軍」は、二日より以前のある日、おそらくは一日に、精兵《せいへい》を放って、玉倉部邑《たまくらべのむら》（現関ケ原町玉）に側面奇襲をおこなったが、出雲狛《いずものこま》によって撃退された（『日本書紀』）。ここで近江朝廷軍が戦術の未熟さと焦燥を露呈したことによって、息長《おきなが》氏をはじめとする、去就に迷っていた近江豪族の決断に、少なからぬ影響を及ぼしたはずである。出雲狛は、翌日から北近江に派遣され、近江豪族の説得をおこなうことになる。

大倭・河内国境の防衛

大倭の吹負の方は、この七月一日、乃楽《なら》（現奈良市）に向かって北上していたが、思わぬ事態が出来《しゅったい》した。飛鳥宮から下《しも》つ道を北上し、乃楽の手前の稗田《ひえだ》（現奈良県大和郡山市稗田町）にまで到った時、河内から大軍が来襲してきているとの情報が入ってきた。

ここに吹負は、もともと少なかった兵から三軍を割いて、竜田《たつた》道（現奈良県生駒郡斑鳩町から三郷町）・大坂《おおさか》（二上《ふたかみ》山の北側の穴虫《あなむし》越）・石手《いわて》道（二上山の南側の竹内《たけのうち》峠）という苦しい大倭・河内国境三面作戦を強いられることになった（後に懼坂《かしこざか》道も含めた四面作戦に展開する）。

ところが、緒戦《しょせん》において意外な勝利を手にすることになった。近江朝廷軍が高安《たかやす》城（現奈良県生駒郡と大阪府八尾市の境の高安山一帯）にいるとの報を得て、攻め上ったところ、近江朝廷軍はそれを聞き、「税倉《ちからくら》」をすべて焼いて逃走したのである（『日本書紀』）。

三方面軍の進発

すでに六月二十七日には和蹔に集結していた大海人軍であったが、七月二日までのあいだ、ほとんど軍事行動を起こすことはなかった。和蹔と犬上川畔という、強大な息長氏の本拠地をあいだに挟んだ両側で、大海人軍・近江朝廷軍の双方が対峙《たいじ》していたのである。

この日、大海人王子は集結した兵力を三方面に分け、それぞれ進発させた。飛鳥宮における吹負の挙兵とタイミングを合わせたものであろう。

まず、大倭方面軍を編制し、伊勢の大山を越えて大倭に向かわせた。その将たちは、紀《きの》阿閉麻呂《あへまろ》をはじめとして、いずれも中央豪族出身者であった。

次に、近江路方面軍を進発させた。この方面軍が大海人軍の主力ということになるが、この方面の将に任じられたのが、村国男依など、いずれも美濃・近江の地方豪族の出身者であるということは特徴的である。激戦が予想されるこの方面の軍については、地理に明るく、農民兵と関係の深い者に指揮を執らせようとしたのであろうが、中央豪族出身者で近江朝廷に出仕していた官人たちとは違い、地方豪族には大友王子や近江朝廷の重臣に対しても戦意が萎縮《いしゅく》するところがなく（遠山美都男『壬申の乱』）、白村江の戦や庚午年籍との関連で遺恨さえ抱いていたかもしれないからであろう。

第三軍として、大倭方面軍として派遣された軍のうち、兵を割いて多品治に率いさせ、伊賀の莿萩野に駐屯して、倉歴道《くらふ》を守護させている（『日本書紀』）。

これほど完璧な大津宮への進撃戦略を構想するというのは、驚くべきことである（同日、北近江・越《こし》進撃別働軍も進発させ、さらに完璧を期している）。

近江朝廷軍の内紛

大海人軍の三方面軍が進発したちょうどその日、犬上川畔に駐屯していた近江朝廷軍の内紛が表面化した。総帥的立場にあった山部王が、「御史大夫」として将の任にあった蘇我果安と巨勢比等によって殺されたというのである（『日本書紀』）。この山部王というのは、もともと大海人王子に心を寄せていたと思われる。心ならずも総帥に祭り上げられて最前線に据えられ、犬上川まで到達したものの、至近に迫った大海人軍に投降《とうこう》しようとして発覚し、殺されてしまったのであろう。

さらには、山部王を殺した果安も、前途に絶望したのか、大津宮に帰ってきて自殺してしまった。こんなことでは、軍の進撃もままならないのみならず、中立的立場にあった近江豪族の帰趨に大きな影響を与えたはずである。やがて続々と大海人王子支持に傾いていき、七月七日の息長横河《おきながのよこかわ》の決戦を迎えることとなる。

近江豪族の動きに先鞭《せんべん》をつけたのは、近江朝廷軍の将軍となったばかりの羽田《はた》氏であった。羽田矢国《やくに》が、一族を率いて息長氏の地盤を通過し、大海人軍に来降してきたのである。しかも大海人王子は、来降してきた矢国を自己の軍の将軍に任じている（『日本書紀』）。このような人事の妙が、去就に迷っている人びとに訴えかけてくるものは絶大であろう。

矢国は、前日の玉倉部邑の奇襲を撃退した出雲狛とともに、ただちに北近江・越方面別働軍を率いて発遣され、北近江・越地方の豪族の説得にあたった。また、大友王子たちが琵琶《びわ》湖を渡って北陸方面に逃げる退路を閉ざし、最終的には三尾《みお》城（現滋賀県高島市鵜川か）を陥して北から大津宮に迫ることを任務としたと考えられる（三尾城は瀬田《せた》橋の最終戦と同じ七月二十二日に陥落している）。

衛我河の西の会戦

さて、大倭・河内国境では、高安城を占拠した坂本財《さかもとのたから》たちが二日の朝を迎え、河内方面を見ると、大津《おおつ》道・丹比《たじひ》道という二つの道から、大軍が押し寄せてきているのが見えた。近江の将壱伎韓国《いきのからくに》の率いる軍である（『日本書紀』）。

財たちは高安城を降り、衛我《えが》河を渡って、河の西で韓国と戦ったが、兵力が少なく、防御することができずに、紀大音《おおと》が守衛していた懼坂道に退いた（『日本書紀』）。

また、この日、河内でも国宰の来目塩籠《くめのしおこ》が大海人王子に帰順しようとしていたことが発覚し、韓国に見破られて殺されるという事件が起こった（『日本書紀』）。

衛我河の西で勝利を得た後、そのまま大倭へ進撃していれば、吹負は防ぐことはできなかったはずである。近江朝廷軍優位で戦いが推移していたはずの大倭・河内国境戦線であったが、ここに飛鳥宮奪還の大きな機会を逸してしまったのである。

近江朝廷河内軍の大倭来襲

翌七月三日、大倭の吹負が乃楽山の上に駐屯していると、飛鳥宮の守りを固くすべきであるとの進言をおこなった者がいて、吹負は兵を割いて飛鳥宮の防衛にあたらせた。彼らは飛鳥宮に着くと、橋の板を剥いで楯を作り、飛鳥宮の北辺に立て並べるという苦肉の策をめぐらせた(『日本書紀』)。

近江朝廷の河内方面軍は、七月四日になると、懼坂道・大坂道・石手道といった、二上山をめぐる三つのルートから進撃してきた。一日に吹負が配置した大海人軍は、総退却を余儀なくされた(『日本書紀』)。これが二日か三日であったならば、容易に飛鳥宮を奪還できていたであろうが、この四日には、不破からの救援軍が伊勢・伊賀を経て大倭に到着してしまうのであった。

一方、河内軍の大倭来襲と呼応して、大津宮から南下して直接飛鳥宮をめざす大倭方面軍も迫ってきていて、乃楽山において吹負と対戦した。ごく少数の兵しか残っていなかった吹負たちは、当然ながら大野果安《おおののはたやす》の前に散々に破られた。吹負自身も、わずか数騎で南へと敗走し、飛鳥宮を横目に見て左折し、伊賀方面へと逃走した（『日本書紀』）。

ところが、吹負を蹴散らした果安は、中《なか》つ道を南下して飛鳥宮をめざしたものの、飛鳥宮の手前の八口《やくち》（現橿原市南浦町付近。天香具山近辺か）に着くと、前日に立て並べられていた「楯」を見て伏兵《ふくへい》のあることを恐れ、引き返してしまった（『日本書紀』）。果安はいずれかの時点で大海人方に投降したらしいが、あるいはこの時に、八口から引き返したのではなく、そのまま飛鳥宮を守っていた陣に駆け込んだのかもしれない。

大倭救援軍の急派

大倭方面軍の将軍紀阿閉麻呂は、敗戦（二日の衛我河の西の敗戦か）を聞くと、不破から派遣されていた大倭方面軍のうちの一部の騎馬兵を割いて、置始菟《おきそめのうさぎ》の率いる大倭救援軍を急派した（『日本書紀』）。この迅速な対処が、結局は四日以降の戦局を好転させることになる。

乃楽山で敗れた吹負は、わずか数騎で伊賀方面に敗走していた。二日に不破から派遣されていたはずの大倭方面軍本隊に合流しようとしていたのであろう。墨坂《すみさか》（現宇陀市榛原萩原）で菟の率いる大倭救援軍と遭遇するや、すぐさまとって返し、金綱井《かなづなのい》（現橿原市小綱町）で四散した兵を再結集した（『日本書紀』）。

近江朝廷軍の伊賀進撃

二方面からの大倭進攻と軌を一にして、近江朝廷は田辺小隅《たなべのおすみ》を別将《べつしょう》とした伊賀方面軍を組織し、七月五日に発遣した。彼らは五日の夜に鹿深を越えて倉歴（現伊賀市柘植町倉部）に達している（『日本書紀』）。この軍は、膠着《こうちゃく》状態に陥っている近江路戦線を打開するため、鈴鹿山道を突破して不破に向かい、大海人王子本営を背後から襲撃するために派遣されたものであろう。あるいは、近く予定していた近江路方面における総攻撃と歩調を合わせ、大海人王子を挟撃《きょうげき》しようとしたものかもしれない。それは近江朝廷軍にとっては、命運を賭けた総攻撃となるはずであった。

小隅は、積殖の山口あたりに駐屯していた軍営に対して夜襲をかけた。混乱した多品治の率いる兵は、なすすべもなく敗退した。小隅は、翌六日には、東の不破方面ではなく、西の莿萩野の軍営を襲おうとした。しかし、品治は精兵で近江朝廷軍を追撃し、これを破った（『日本書紀』）。伊賀方面の戦闘は、これで終結している。

近江路決戦の開始

近江路方面における主力軍同士の戦闘がはじまったのは、七月七日の息長横河の戦いで

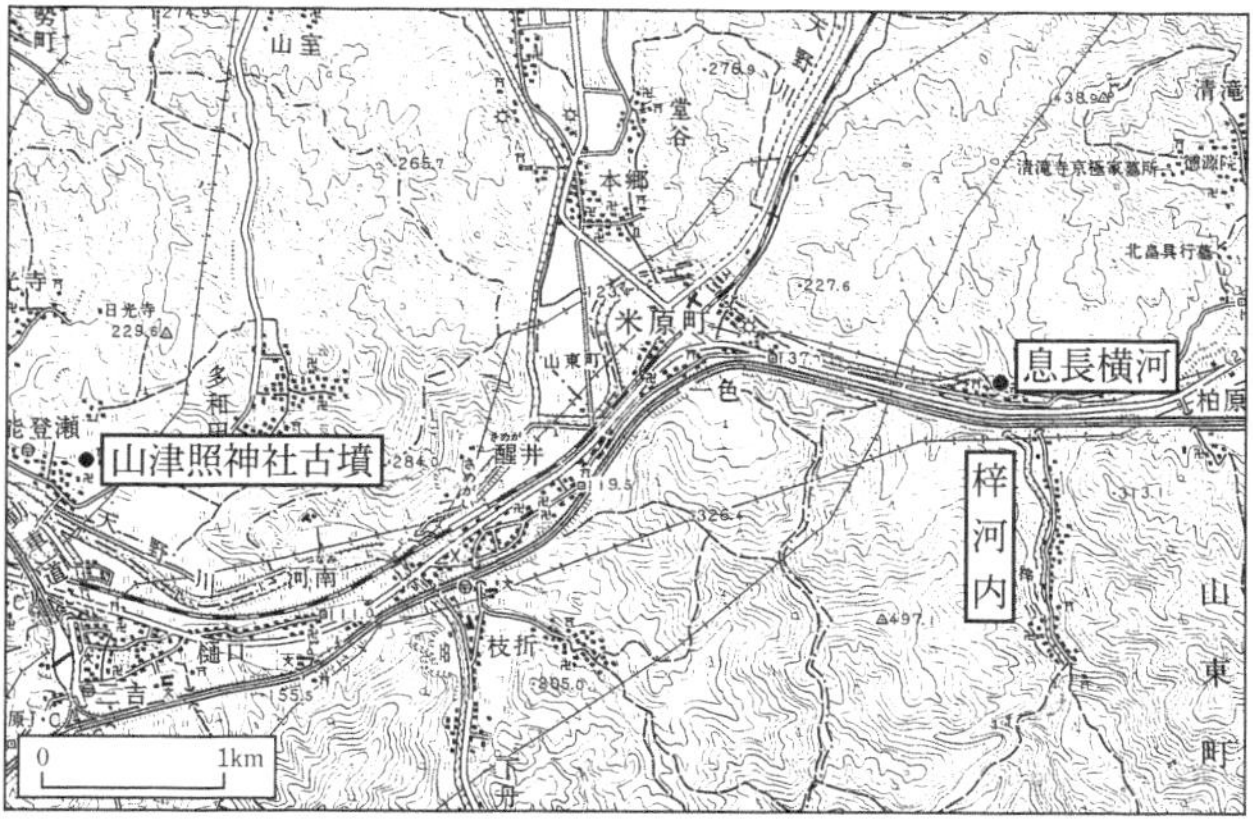

息長横河周辺地図（国土地理院発行1/50,000地形図「長浜」「彦根東部」を基に、縮小・加筆して作成）

あった。

野上の大海人王子を近江路方面軍とともに挟撃するために五日に派遣した伊賀方面軍が六日に敗退したという報は、大津宮には六日中には届いていたはずである。だが、犬上川畔に布陣している近江朝廷の近江方面主力軍の最前線には、その報は達していなかったであろう。近江朝廷主力軍は、大海人方主力軍の背後に、けっして現われることのない幻の友軍《ゆうぐん》の到来を待ちながら、総攻撃の日を迎えたということになる。

息長横河（現米原市梓河内）は、犬上川畔から現在の道路で約二〇キロメートル、和蹔からは同じく約九キロメートルを隔てている。つまり、息長横河というのは、両陣営の中間地点よりも、かなり美濃寄りということにな

息長横河

る。おそらくは、大海人軍の方が、息長横河という狭隘《きょうあい》な谷間に万全の迎撃態勢を敷き、先に進軍をはじめて、近江朝廷軍をそこに誘い込んだのであろう。大海人軍はついに息長横河を地盤内に持つ息長氏を味方につけたものと思われる。

　最初の主力軍同士の激突という、壬申の乱全体のなかでも、もっとも戦略的な意味の大きかったこの戦闘であったが、いざはじまってみると、あっけない決着を見た。近江朝廷軍の方は、司令部が崩壊していたことに加えて、兵力や兵器の差も、この時点では歴然としていたのであろう。近江朝廷軍の将である境部薬《さかいべのくすり》が斬られているということは、陣の中枢部にまで大海人軍が進撃してきたわけであり、近江朝廷軍にとっては大敗を意味する。前衛部隊における緒戦で敗退した近江朝廷軍が総崩れとなり、将も見捨てて逃走をはじめたといったところであろうか。

大倭・河内最終戦

大倭・河内戦線においては、七月七日、近江朝廷の河内方面軍が大坂道に集結して大倭に向かっているとの報を得て、吹負は大坂道と石手道が交差する当麻《たぎま》の衢《ちまた》（現奈良県葛城市當麻）に兵を集中させた。大海人軍は葦池《あしいけ》の畔《ほとり》で近江朝廷軍と戦って勝利を収め、飛鳥宮の本営に還った（『日本書紀』）。これが河内方面における最終戦となった。

七月七日から八日にかけて、紀阿閉麻呂の率いる大倭方面派遣軍の本隊が、続々と到着してきた。吹負はこれを上中下の三道に分けて駐屯させ、置始菟の率いる大倭救援軍の本隊と三輪高市麻呂を上《かみ》つ道に配置し、みずからは中つ道にあたった（『日本書紀』）。

廬井鯨《いおいのくじら》の率いる近江朝廷大倭方面軍の精兵が、村屋《むらや》（現奈良県磯城郡田原本町蔵堂）から中つ道を南下して吹負の営を衝いたところ、少数の兵しか配していなかった吹負は苦戦を強いられたが、何とか持ちこたえた（『日本書紀』）。

同じ頃、上つ道沿いにおいては、箸陵《はしはか》（現桜井市箸中の箸墓古墳）の近辺、おそらくは後円部の北あたりで戦

箸陵

闘がくりひろげられた（『日本書紀』）。高市麻呂の率いる大倭豪族軍と置始菟の率いる大倭救援軍本隊とが合力した大海人軍と、犬養《いぬかいの》五十君《いきみ》の率いる近江朝廷大倭方面軍本隊との戦闘であったが、弓射騎兵《きゅうしゃきへい》を擁した大海人軍は近江朝廷軍を破った。

彼らは、苦戦している吹負たちを救援するために、急ぎ中つ道に向かい、廬井鯨の背後を衝いた。少数の精兵で戦っていた鯨は、挟撃に戦闘を支えきれず、総崩れとなって敗走をはじめた（『日本書紀』）。この戦闘において、大倭方面での戦闘はすべて終わった。

近江路の戦い

息長横河の戦いから二日後の七月九日、鳥籠《とこ》山（現彦根市大堀町の大堀山）において、芹《せり》川を渡河しきれなかった近江朝廷軍将兵の掃討《そうとう》がくりひろげられた（『日本書紀』）。これで最初に和蹔をめざして進撃した近江朝廷軍は、ほとんど壊滅状態となったはずである。

鳥籠山の掃討戦から四日をへた七月十三日、息長横河につづく二回目の決戦がおこなわれた。場所は安《やす》河（現在の野洲川）の畔である。近江朝廷軍本隊は次なる防衛線を敷くため、大津宮の方向に向かって退却をつづけ、大津宮から発遣された増援軍を合わせて、近江最大の河川である安河の畔に第二の本営を築いたのである。

しかし、二回目の決戦も、結果は近江朝廷軍の大敗であった（『日本書紀』）。増援軍とはいっても、大倭・河内・伊賀などの戦線で敗戦を重ねた敗残兵が多かったであろうから、騎虎《きこ》の勢いの大海人軍に対抗できるはずもなかった。

安河の決戦から四日後の七月十七日、壬申紀は栗太《くるもと》（現滋賀県栗東市から草津市と守山市・大津市の一部）における敗残兵の掃討作戦を記している。

この後は、大津宮までのあいだには、もはや瀬田川しか防衛線は残っていない。近江朝廷としては、残った兵力をすべて繰り出し、最終決戦をおこなうしかなくなったわけである。

瀬田川の最終戦

近江朝廷軍は残存する全勢力を糾合《きゆうごう》して、三回目、そして最後の結集をおこなった。左右大臣に加えて、大友王子も最前線にまで出馬してきた（『日本書紀』）。場所は瀬田橋の西。現在の瀬田唐橋《から》より約八〇メートル下流である。ただ、大海人軍は、壬申紀の語るように瀬田橋だけから渡河を試みたわけではあるまい。あちこちで困難な渡河作戦と、それにともなう激戦がくりひろげられたに相違ない。

七月二十二日におこなわれた最終戦において、近江朝廷軍の先鋒《せんぽう》となって最前線の指揮を執った将は、智尊《ちそん》という人物である。亡命百済人、あるいは還俗《げんぞく》した僧だったのであろ

大津宮から瀬田川河口

う。智尊は、橋の途中を三丈（約九メートル弱）ほど切り断って長板を置き、板を踏んで渡る者があれば板を引いて川に落とそうとしたという奇策を弄したとある（『日本書紀』）。

しかしこれも、大分稚臣《おおきだのわかみ》を先鋒とする大海人軍によって破られ、近江朝廷軍は壊滅状態に陥った。橋よりも西側（瀬田橋から約二キロメートル弱西にある園《その》山あたりか）、つまり後方に陣取っていた本隊の方も、大海人軍の瀬田川突破を見るや、大友王子や左右大臣をはじめとして、皆、散り散りに逃走をはじめた（『日本書紀』）。

大友王子の最期

瀬田川の戦いに敗れた大友王子と近江朝廷首脳部は、わずかな供回りだけを引き連れて逃走をはじめた。逃げた方向は西。鎌足の別業《べつぎょう》のあった山科《やましな》（現京都市山科区）から、中臣金の地盤のある摂津《せっつ》をめざしていたのだろうか、それともさらに西国、白村江の捕虜を留めていた筑紫に落ちのびるつもりだったのであろうか。

しかし、それくらいのことは、すでに大海人軍にはお見通しであった。まず別将たちが山前《やまさき》の河の南（現京都府八幡市の男山《おとこ》近辺、桂川《かつら》・宇治川《うじ》・木津川《きづ》合流地点の南）に駐屯し、ついで吹負が淀川《よど》下流の難波《なにわ》で待ち構えるという、二段構えの捕捉線を敷いていたのである。ここに一行は進退に窮まり、大友王子は山前（現京都府乙訓郡大山崎町大山崎、天王山《てんのう》の南東山麓あたり）に隠れて自経《じけい》した。

壬申の乱の戦後処理

すべてが終わった。後は延々とつづく戦後処理、そして天武「天皇」による、国家という名の新しい機構作りが残されたのである。その際、壬申の乱後の処分において、右大臣中臣金と各戦線における実戦の将のみ八人を極刑に処し、他の近江朝廷首脳を比較的軽微な処罰に、群臣層や実務官人を不問に、それぞれ処するという、きわめて政治的な決着をおこなった点は、特筆すべきであろう。大海人王子としても、乱後に律令《りつりょう》国家建設を推進していくに際しては、当時唯一の中央政府であった近江朝廷の実務官人を自己の掌中に結集させる必要があったし、各氏族の私的な権益を削減することになる律令制建設に際して、近江朝廷を構成していた有力氏族の支持を取りつけ、彼らをそれに従事させるためには、寛大な処置を施しておく必要があったのであろう。

律令国家の建設

天武は、大臣を置かず、皇后鸕野や、草壁・大津・高市などの皇子、諸王などの、皇族・皇親《こうしん》を重く用いることによって（「皇親政治」）、律令体制国家の早急な建設をめざした。「政《まつりごと》の要は軍事なり」と詔した（『日本書紀』）天武にとっては、畿内《きない》を武装化した「軍国」体制の下、国家という機構的な権力体を組織し、皇族や諸豪族をそのなかに再編成することが、最大の目標となったのである。それはいわば、二度と「壬申の乱」を勃発させない体制の構築をめざすものであった。

天武は、律令制定・国史《こくし》編纂・都城《とじょう》建設という諸事業の完成を見ぬまま、朱鳥《しゅちょう》元年（六八六）に死去した。跡を嗣いだ皇后鸕野（持統）は、持統三年（六八九）に飛鳥浄御原令《あすかきよみはらりょう》を施行し、その「戸令」に基づいて戸籍の作成を命じた。

これは庚寅年籍《こういんねんじゃく》として、翌持統四年（六九〇）に完成したが、五十戸を一里として国―郡―里―戸の制を確立したのも、この戸籍の時であった。戸には成年男子を平均四丁含むように編成され、一戸から一人の兵士を徴発することと定めたが、この時期には、すでに直接的な対外戦争の危機は去っていたのである。

第三章　律令国家と内戦

持統《じとう》天皇は、持統十一年（六九七）に天皇位を孫の珂瑠《かる》（軽）王に譲ったが（文武《もんむ》）、その後も天皇の後見《こうけん》として政治の実権を握った。このようにして、「大化改新《たいかのかいしん》」以来進められてきた、天皇制と官僚制を軸とする、中央集権的律令《りつりょう》国家体制の建設は、ようやく完成へと近づいたのである。

律令国家が完成すると、貴族層のなかでの藤原《ふじわら》氏の優位が確定した。持統にとって、皇位継承権を持った危険な存在である皇親《こうしん》をそれまでどおり国政の中枢に置いておくことは、自己の皇統《こうとう》の存続に対して危険な要因が内在してしまうことを意味した。その結果、皇親は徐々に国政の中枢からは遠ざけられ、代わって、皇位継承権のない、安全な母方のミウチとしての藤原氏が王権の輔政《ほせい》にあたったのである。

文武天皇夫人《ぶにん》の宮子《みやこ》や聖武《しょうむ》天皇皇后となった安宿媛《あすかべひめ》（光明子《こうみょうし》）、また房前室《ふささき》となった牟漏《むろ》女王など、王権との相互の姻戚《いんせき》関係によるミウチ的結合の強化、王権の側から認めた准皇親化《じゅんこうしんか》、不比等《ふひと》・房前・仲麻呂《なかまろ》など律令官制に拘束されない立場で王権と結びついて内外の輔政にあたった権臣《ごんしん》の輩出などによって、藤原氏が歴代の王権の輔政にあたり、持統系皇統の後見者とされた。

不比等は律令に通暁《つうぎょう》し、唐《とう》制を改変して、鎌足《かまたり》が賜わったという大織冠《だいしょくかん》を正一位と解釈し、その孫に至るまで、高い蔭階《おんかい》を得られるようにした。歴代藤原氏の高い地位と他氏族の没落は、律令制制定の時点で、約束されていたのである（倉本一宏『藤原氏』）。

しかしながら、盤石であるかのように見えた藤原氏の覇権《はけん》も、武智麻呂《むちまろ》をはじめとする不比等の四子が揃って議政官《ぎせいかん》に任じられた六年後の天平九年《てんぴょう》（七三七）、猛威を振るった疫病《えきびょう》（天然痘《てんねんとう》）が四子を斃《たお》すことによって、最大の危機を迎えてしまった。その後の政権は、知太政官事《ちだいじょうかんじ》鈴鹿王《すずか》、大納言《だいなごん》橘諸兄《たちばなのもろえ》、中納言《ちゅうなごん》多治比広成《たじひのひろなり》という、皇親と元皇親によって構成され、藤原氏では武智麻呂嫡男《ちゃくなん》の豊成《とよなり》がわずかに参議《さんぎ》に補されるのみとなってしまった。

天平十年（七三八）正月、光明子が産んだ阿倍《あべ》内親王が皇太子に立てられ、諸兄が右大臣《うだいじん》に任じられて政権首班の座に就いた。

支配者層から皇嗣《こうし》とは認められていなかった阿倍内親王の立太子は、諸兄が近親である安積《あさか》親王（母は県犬養広刀自《あがたのいぬかいのひろとじ》）を皇嗣とすることを怖れた光明皇后《こうみょうこうごう》の意思が、強くはたらいたことによるものであろう。

1　藤原広嗣の乱

橘諸兄政権下の藤原氏官人

当時、藤原《ふじわら》氏の官人は、南家《なんけ》では武智麻呂《むちまろ》一男の豊成《とよなり》が三十五歳で従四位下、参議《さんぎ》兵部《ひょうぶ》卿《きょう》、二男の仲麻呂《なかまろ》が三十三歳でようやく従五位下、四男の乙麻呂《おとまろ》も従五位下に過ぎなかった。北家《ほっけ》では房前《ふささき》二男の永手《ながて》が二十五歳で従五位下。式家《しきけ》では宇合《うまかい》一男の広嗣《ひろつぐ》が和銅《わどう》年間の生まれであるから、二十五歳から三十一歳、天平《てんぴょう》九年（七三七）に従五位下に叙された。ほどなく式部少輔《しきぶのしょう》に任じられ、翌天平十年（七三八）四月に大養徳守《やまとのかみ》を兼任していた。

という、以上五人が、従五位下以上の官人のすべてであった。せっかく不比等《ふひと》が四家を独立させて高位の官人を多数輩出できるようにしたのに、早くも氏族としての危機に瀕してしまっていたのである（倉本一宏『藤原氏』）。

橘諸兄のブレインと政策

対する橘諸兄《たちばなのもろえ》は、大王敏達《びたつ》の曾孫である美努《みぬ》王と県犬養橘三千代《あがたのいぬかいのたちばなのみちよ》とのあいだに生まれた、元葛城《かずらき》王である。三千代は後に不比等とのあいだに安宿媛《あすかべひめ》（光明子《こうみょうし》）を産んでいるから、諸兄は光明皇后《こうみょうこうごう》の異父兄《いふけい》ということになる。葛城王は、不比等四女で三千代所生の異父妹多比能《たびの》と結婚し、天平八年（七三六）に高級官人をめざすために王名を捨てて臣籍《しんせき》に降下し、母方の姓を賜わって橘諸兄となっていた。

その翌年に藤原四子が揃って死去したというのは、諸兄にとっては願ってもない僥倖《ぎょうこう》だったことになる。天平元年（七二九）に左大弁《さだいべん》、天平三年（七三一）に参議に任じられたに過ぎなかった葛城王は、こうして橘諸兄として政権の座に就いたのであった。なお、同時に橘氏を賜わった同母弟《どうぼてい》の佐為《さい》は天平九年に死去しており、諸兄は橘氏ただ一人の官人として権力を振るうことができたのである。

諸兄は、ブレインとして地方豪族《ごうぞく》出身の下道《しもつみち》（後の吉備《きびの》）真備《まきび》と僧玄昉《げんぼう》を重用した。いずれも遣唐使《けんとうし》に随って入唐《にっとう》した留学生《るがくしょう》と学問僧である。天平七年（七三五）に帰国した二人は、大量の礼書《らいしょ》・暦・経巻といった唐《とう》の文物を日本にもたらした。諸兄は聖武天皇や光明皇后の意思に沿って仏教政策を進めていく一方で、最新の統治技術を基にした現実的な政策を展開していった。

地方から上京した労働者である仕丁《じちょう》の帰国に際して食料を支給すること、種籾を公民《こうみん》に強制的に貸与する正税出挙《しょうぜいすいこ》の利稲《りとう》を免除すること、飢饉《ききん》の際などの備蓄用であった不動穀《ふどうこく》

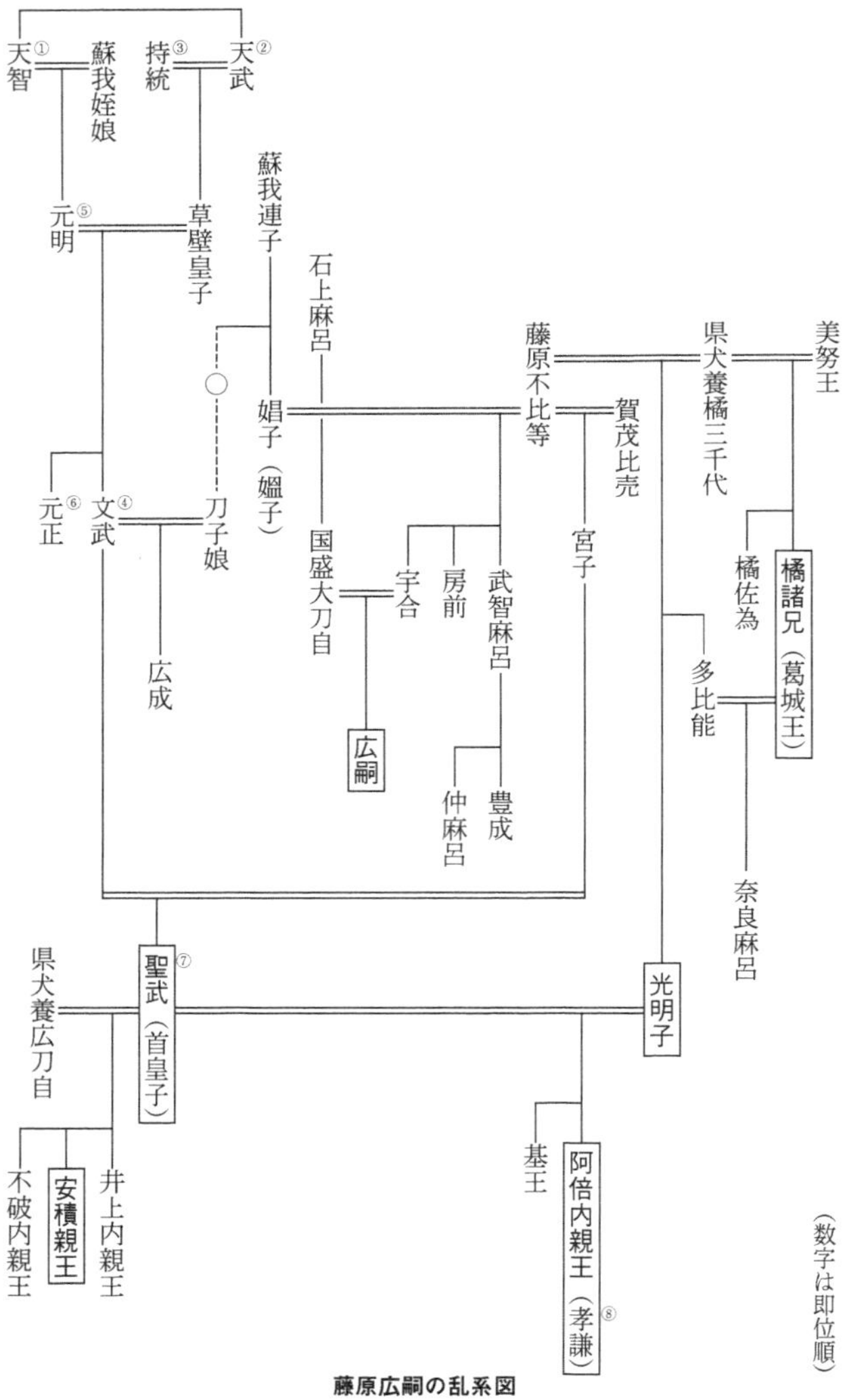
天智①
蘇我姪娘
持統③
天武②
元明⑤
草壁皇子
蘇我連子
石上麻呂
藤原不比等
県犬養橘三千代
美努王
娼子（媼子）
賀茂比売
元正⑥
文武④
刀子娘
国盛大刀自
宇合
房前
武智麻呂
宮子
橘佐為
橘諸兄（葛城王）
多比能
広成
広嗣
仲麻呂
豊成
奈良麻呂
県犬養広刀自
聖武⑦（首皇子）
光明子
不破内親王
安積親王
井上内親王
基王
阿倍内親王（孝謙）⑧
（数字は即位順）

藤原広嗣の乱系図

の使用を認可すること、地方行政組織を繁雑にしていた郷里《ごうり》制を廃止することなど、地方行財政改革や公民の疲弊に対して配慮した多くの政策が出されている（渡辺晃宏『平城京と木簡の世紀』、西宮秀紀『奈良の都と天平文化』）。

なかでも、天平十一年（七三九）五月には、三関《さんげん》国（伊勢《いせ》・美濃《みの》・越前《えちぜん》）と辺要《へんよう》諸国（陸奥《むつ》・出羽《でわ》・越後《えちご》・長門《ながと》）、そして大宰府《だざいふ》管内諸国を除いた国々の兵士を停止するという勅《ちょく》を奉じた太政官符《だいじょうかんぷ》が兵部省《ひょうぶしょう》に下され、兵部省が諸国に下知した（『類聚三代格《るいじゅうさんだいきゃく》』）。ようやく律令《りつりょう》国家の持っていた軍国的性格の非現実性に気づいたかというと、そういうわけではなく、疫病《えきびょう》の流行による公民の疲弊にともなう措置であった。事実、天平十八年（七四六）には旧に復している。

ともあれ、これらの現実的な新政策は、かつて不比等が確立した、律令制主導者としての藤原氏の存在の否定につながるものである。律令に通暁していることが藤原氏の地位の源泉の一つであったが、新たな勢力によってそれが更新されようとしているのである。藤原氏官人の不安と焦燥は、想像に余りある。

それよりも何より、聖武・光明子のミウチの地位の移動が目の前で起こっているのである。ほとんどが廟堂《びょうどう》に参画できないどころか、いまだ従五位や六位程度の中級官人に過ぎなかった藤原氏官人の危機感は、沸騰しかかっていたことであろう。

藤原広嗣の左遷と大宰府

そして諸兄政権の政策に対して、もっとも鮮明に反対の意を表明していたと思われるのが、式家の嫡男《ちゃくなん》である広嗣であった。

諸兄はさておき、聖武と光明子にとっては、広嗣もミウチにあたる。反対勢力を排除しようとした諸兄や真備の思惑と、ミウチである藤原氏の広嗣が大それた行動を起こすことを未然に防ごうとした聖武・光明子、特に光明子の思惑が合致して、天平十年十二月になって、広嗣は大宰少弐《だざいのしように》に任じられ、都から遠ざけられた。

後に聖武が発した勅では、「広嗣は小さいときより凶悪で、成長するに及んでよく人を詐《いつわ》り陥れるようになった。そのため、父の故式部卿《しきぶきょう》宇合はつねに広嗣を朝廷から排除しようと願っていた。朕（聖武）はその願いを聞き入れることができずに、今までかばい保護してきた。ところが京内でしきりに親族を誹《そし》り仲が悪いので、遠くに遷して彼が心を改めるようにと願っていた」と言っている（『続日本紀《しょくにほんぎ》』）。広嗣が誹謗《ひぼう》した「親族」が光明皇后であった可能性も指摘されている（佐々田悠「奈良時代の争乱」）。もちろん、謀反《むへん》が明らかになってからの説明であり、広嗣の性情や左遷の背景を正確に語っているわけではない。

大宰府というのは、筑前国《ちくぜん》にあり（政庁《せいちょう》は現福岡県太宰府市観世音寺）、対外的には軍事（「兵士・器仗《きじょう》・鼓吹《こすい》・郵駅《ゆうえき》・伝馬《てんば》・烽候《ほうこ》・城牧《じょうぼく》」）と外交（「蕃客《ばんきゃく》・帰化《きか》・饗讌《きょうえん》」）、内政的には西海道《さいかいどう》の九国三島を総管《そうかん》する、特別な地方官庁である。長官《かみ》の帥《そち》（時に権帥《ごんのそち》）、次官《すけ》の大・少弐、判官《じょう》の大《だい》・少監《しょうげん》、主典《さかん》の大《だい》・少典《しょうてん》といった四等官以下五十人の長上官《ちょうじょうかん》に、事力《じりき》・使部《しぶ》らの番上官《じょうかん》を加えると五百八十四人の官人を擁した。

管内の九国三島の調《ちょう》・庸《よう》・贄《にえ》・雑物《ぞうもつ》などは大宰府に貢《こう》進《しん》し、蔵司《くらつかさ》の監検《かんけん》のもと府庫《ふこ》に納められ、府官人の俸《ほう》禄《ろく》、兵器など手工業生産の材料、内外使節の接待費・旅費、貿易の支払対価などの府用《ふよう》にあてられ、残りの一定額を京進《きょうしん》した。

また、管内九国三島に対し、その国司《こくし》・郡司《ぐんじ》の考課《こうか》・銓擬《せんぎ》・任用に、大宰府は一定の権限を有していた。

つまりは「遠《とお》の朝廷《みかど》」という言葉が象徴するように、「もう一つの律令政府」であったのである。七世紀後半には、伊予《いよ》・周防《すおう》・吉備《きび》など複数の地に「総領《そうりょう》（大宰《だざい》）」が置かれていたのに、律令国家の成立とともに筑紫《つくし》の地のみを存続させ、このような巨大な権力体を残したの

大宰府政庁跡

は、もちろん、軍事・外交上の要請によるものであろうが、いま一つ、弥生《やよい》時代以来の北部九州の独立性と優位性に配慮したためとも考えられよう。

ここで広嗣が赴任した天平十年十二月から、乱の起こった天平十二年（七四〇）九月までの大宰府官人の顔ぶれを見てみると、天平九年に藤原宇合が死去して以来、帥が空席となっており、大弐《だいに》が高橋安麻呂《たかはしのやすまろ》（右中弁《うちゅうべん》と兼任）、少弐が広嗣と多治比伯《たじひのおおじ》、大監《だいげん》が阿倍子島《あべのこじま》、少監が不明、大典《だいてん》が楢原東人《ならはらのあずまひと》、少典が朝明老人《あさけのおきな》というものであった。

帥が空席、大弐がおそらくは現地に赴任していないであろうこと、律令の原則では、大弐は「掌《つかさど》ることは帥と同じ」、少弐は「掌ることは大弐と同じ」と規定されていたことを考えると、広嗣は実質上、大宰府という巨大組織の長官であったことになる。左遷とはいっても、広嗣は巨大な政治力と兵力、財力を掌中に収めたのである。父である宇合が西海道節度使《さいかいどうせつどし》や大宰帥として築いた人脈や声望も残っていたことであろう。

藤原広嗣の挙兵

その広嗣が、天平十二年八月二十九日、上表《じょうひょう》して時政《じせい》の得失《とくしつ》を示し、玄昉と下道真備を除くことを訴えた。もちろん、諸兄や聖武そのものを批判したものである。

この後につづく戦乱は、壬申《じんしん》の乱以来、六十八年ぶりの内戦であり、しかも首謀者が藤原氏の、権力の中枢に連なる高官であったという点、戦闘が両軍ともかなりの大軍を動員したという点、戦場が北部九州という独立性の高い地域であったという点において、古代史上、特筆すべき出来事なのであった。

しかし、この内戦の経緯を語る『続日本紀』の記事が、出来事が現地で起こった日付、それを現地で文書《もんじょ》にまとめた日付、それが平城《へいじょう》京《きょう》に到着した日付と、さまざまな日に係けられており、まことに錯綜《さくそう》してわかりにくい。『続日本紀』編纂《へんさん》過程での編集もおこなわれたはずである。先学が、「編纂上の操作による誤りがある」（坂本太郎「藤原広嗣の乱とその史料」）とか、「別の奏言によって報告されたものが『続日本紀』編纂時に合叙《ごうじょ》された」（栄原永遠男「藤原広嗣の乱の展開過程」）とか考えられた所以《ゆえん》である。

以下、『続日本紀』の記載を整理した『新 日本古典文学大系 続日本紀』の補注に従いながら、この内戦の経緯をたどっていくこととしたい。

先ほど述べた、広嗣が八月二十九日に発した上表は、以下のようなものであった。

大宰少弐従五位下藤原朝臣《あそん》広嗣が天皇に上表し、時の政治の得失を指摘し、天地の災害や異変について陳《の》べ、災異《さいい》の起こる原因である僧正《そうじょう》の玄昉法師と右衛士督《うえじのかみ》従五位上の下道朝臣真備を追放するようにと言上《ごんじょう》した。

律では、「乗輿《じょうよ》を指斥《ししゃく》す」という罪があり、これは天子を指さして非難することで、職《しき》制律《せいりつ》・指斥乗輿条では情状が過激にわたった場合には斬刑《ざんけい》と規定されている。天皇のおこなった政治を批判するのみならず、天皇の専権《せんけん》事項である人事を批判しているのであるから、これは立派に「乗輿指斥」に該当する。

また、広嗣は九月には大軍を擁していることから、この上表に対する朝廷の返事が到着するのを待たずに、九州管内の兵を徴発《ちょうはつ》し、進軍をはじめていたはずである。広嗣の上表文《じょうひょうぶん》は、九月三日に平城京に到着した。諸兄政権は、ただちにこれを謀反と断定した。『続日本紀』には、「広嗣が遂に兵を動かして反乱した」とあるが、この時点では、まだ広嗣の武力動員は知らないはずであるから、内乱の結果をさかのぼらせて、ここに記事を置いたものである。

諸兄政権はすぐさま、大野東人《おおののあずまひと》を大将軍《だいしょうぐん》、紀飯麻呂《きのいいまろ》を副将軍《ふくしょうぐん》に任じ、東海《とうかい》・東山《とうさん》・山陰《さんいん》・山陽《さんよう》・南海《なんかい》五道の軍一万七千人を徴発し、東人に節刀《せっとう》を授けて、広嗣を討たせることを決定した。翌四日には畿内《きない》に居住していた隼人《はやと》二十四人を聖武の御在所に召し、諸兄が勅を宣して位階《いかい》を授け、位服《いふく》を下賜して発遣《はっけん》した（『続日本紀』）。広嗣軍に隼人が参加していることを見抜き、それを宣撫《せんぶ》・懐柔《かいじゅう》させようとしたのであろう。ここからは、真備の水

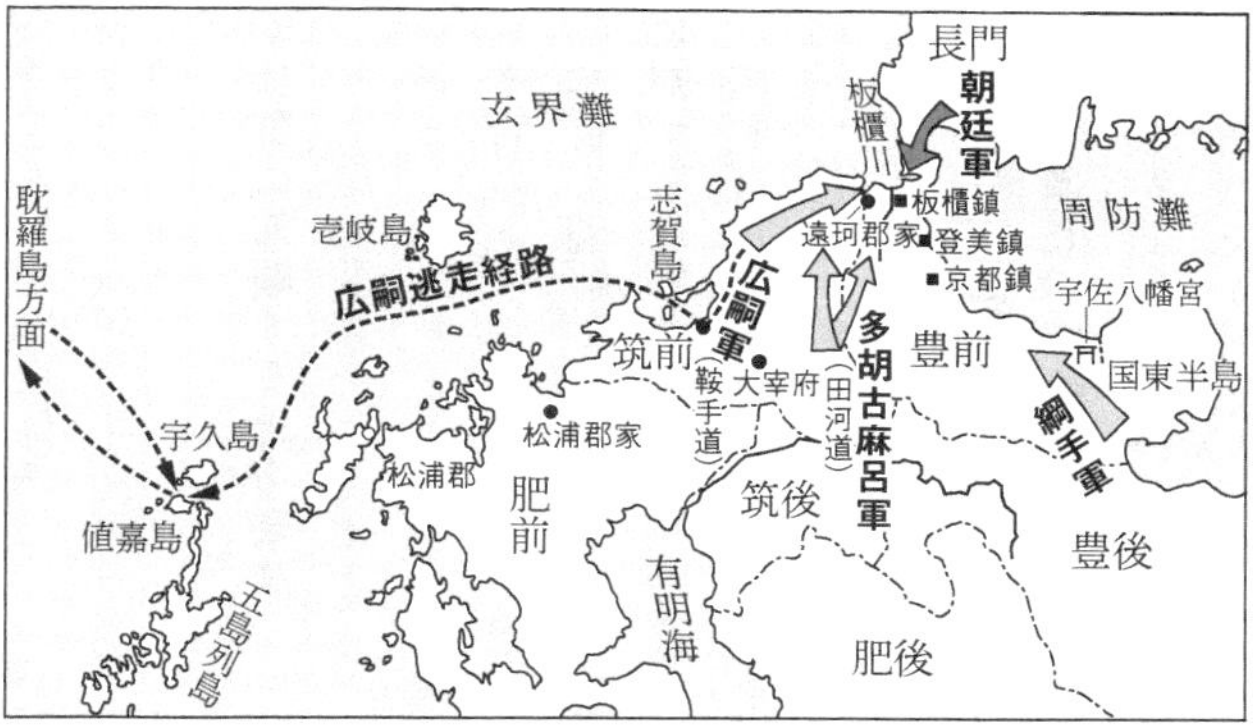

藤原広嗣の乱地図（渡辺晃宏『平城京と木簡の世紀』を基に、加筆して作成）

際だった用兵の妙が読み取れる。それは次の恵美《えみの》押勝《おしかつ》の乱でも発揮されることになる。

なお、疫病で前年に兵士制は停止されていたが、大宰府管内諸国と長門国は除外されていた。朝廷軍は長門以下の諸国、広嗣軍は大宰少弐として大宰府管内諸国の兵士を徴発したのであろう（西宮秀紀『奈良の都と天平文化』）。両軍とも、現地における郡司の動員力によった点も大きかった（横田健一「天平十二年藤原広嗣の乱の一考察」）。

五日には佐伯常人《さえきのつねひと》と阿倍虫麻呂《むしまろ》を、軍事を担当する勅使《ちょくし》として発遣した。十一日には伊勢大神宮《いせだいじんぐう》に奉幣《ほうべい》し、十五日には諸国に命じて、「不軌《ふき》の臣」を討伐するため、観世音菩薩像《かんぜおんぼさつぞう》を顕造《けんぞう》し、観《かん》世音経《ぜおんきょう》を書写《しょしゃ》することを命じている（『続日本紀』）。

この頃にはすでに、東人たちは進発していたのであろう。二十一日には長門から、東人の上奏《じょうそう》が到着した。長門に停泊している遣新羅使《けんしんらし》を軍事的に任用することを請うてきたのだが、政府はそれを裁可《さいか》した（『続日本紀』）。

朝廷軍に帰順する地方豪族

この頃、間諜《かんちょう》の報告によると、広嗣は筑前国遠珂郡家《おかぐうけ》（現福岡県遠賀郡から中間市）に軍営《ぐんえい》を造って弩《いしゆみ》などの武器を準備し、烽火《とぶひ》を挙げて国内の兵を徴発していた（『続日本紀』）。大宰府のトップとしての、律令に基づく軍事行動である。九州の軍団《ぐんだん》や郡司たちは、内戦の本質も理解しないまま、何も考えずに徴発に参画したのであろうか、それとも中央政府に対する反感から、九州勢力の結集をめざしていたのであろうか。

広嗣は軍を三手に分け、豊前《ぶぜん》国の京都《みやこ》鎮（現福岡県京都郡から行橋市）・企救《きく》郡板櫃《いたひつ》鎮（現福岡県北九州市小倉北区下到津）・登美《とみ》鎮（現北九州市小倉北区富野）という三つの鎮（営所《えいしょ》）に配置するという軍略を立てた。

それは、広嗣自身が率いる大隅《おおすみ》・薩摩《さつま》・筑前・豊後《ぶんご》の兵五千が北廻りに玄界灘《げんかい》沿いの鞍《くら》手道《てじ》を通り、広嗣の弟綱手《つなて》が率いる筑後《ちくご》・肥前《ひぜん》の兵五千が東廻りに周防灘沿いの道を通り、多胡古麻呂《たごのこまろ》が率いる兵（人数不明）が南廻りに遠賀《おんが》川沿いの田河《たかわ》道《じ》を通って、それぞれ進撃するというものであった（『続日本紀』）。いずれも長門方面から豊前に来襲する朝廷軍を迎え撃つつもりだったのであろう。疫病で大きな被害を出しているにもかかわらず、これだけの大軍を広嗣が動員したというのは、驚くべきことである。

ところが、九月二十一日には早くも、長門国豊浦《とゆら》郡少領額田部広麻呂《しょうりょうぬかたべのひろまろ》が率いる精兵《せいへい》四十人が関門《かんもん》海峡を渡った。橋頭堡《きょうとうほ》を確保しようとしたのであろう。翌二十二日には、勅使の佐伯常人と阿倍虫麻呂が率いる隼人二十四人と軍士《ぐんし》四千人が渡海し、板櫃鎮に陣取っている。東人は後から来る兵を率いて渡海することとなった（『続日本紀』）。

二十四日には、広麻呂が率いる追討軍は京都鎮長で大宰史生《だざいのししょう》の小長谷常人《おはつせのつねひと》と板櫃鎮の小《しょう》長《ちょう》凡河内田道《おおしかわちのたみち》を殺害した。ただし板櫃鎮大長《だいちょう》の三田塩籠《みたのしおこ》は、箭《や》を二本、身に受けたまま原野に逃げ隠れた。そして登美・板櫃・京都三鎮の営兵千七百六十七人を捕虜《ほりょ》とし、武器十七種類を捕獲した（『続日本紀』）。広嗣が全軍を配置する予定であった三鎮は、あっという間に朝廷軍の手に落ちてしまったのである。

いくら精兵とはいえ、たった四十人でこれだけの戦果をあげるというのは、広嗣軍が事の実情を知らないまま徴発され、ただ単に鎮に集結して指示を待っていたところに追討軍が現われ、事情を説明するや、ほとんどの兵は投降《とうこう》した、ということなのであろう。広嗣の下で反乱に参加する予定であった三人だけが攻撃を受けたということであろうか。

三鎮が朝廷軍に帰順《きじゅん》したという情報は、あっという間に各地に拡散したのであろう、二十五日には、京都郡大領《たいりょう》 楉田勢麻呂《しもとたのせまろ》が兵五百騎、仲津《なかつ》郡擬少領《ぎしょうりょう》 膳 東人《かしわでのあずまひと》が兵八十人、下 毛《しもつみけ》郡擬少領勇山伎美麻呂《いさやまのきみまろ》・築城《ついき》郡擬少領佐伯豊石《とよいわ》が兵七十人を率いて、それぞれ「官《かん》軍《ぐん》」に帰順してきた。また、逃隠していた塩籠も、百 姓豊国秋山《ひゃくせいとよくにのあきやま》によって殺された。上《かみつ》毛《みけ》郡擬大領《ぎたいりょう》紀乎麻呂《おまろ》ら三人は、共謀して賊徒《ぞくと》の首四つを斬って献上した（『続日本紀』）。

このように、もともと朝廷に歯向かうつもりもなかった北部九州の地方豪族たちは、戦乱の実状を知るや、続々と朝廷軍に帰順してきたのである。逆に言えば、このような軍兵を、大宰府の正規の手続きさえ踏めば、大量に徴発できるという制度が、律令体制の持つ一面なのであった。

二十九日、朝廷軍はふたたび聖武の勅符《ちょくふ》を数千（数十か）枚、大宰府管内諸国に「散《さん》擲《てき》」した。一度目は広嗣方に阻止されて（「広嗣方の謀反人が勅符を送る人を捕えて殺害し、広く勅符をいきわたらせないようにしている」とある）、思うようにばらまけなかったのであろう。ここに至って、九州の地方豪族たちは、広嗣がおこなっている軍事行為が「謀反」にあたることを知り、さぞや動揺したことであろう。まさか不比等の孫で光明皇后の甥にあたる人物、そして彼らにとっての「朝廷」である大宰府の頂点にいる人物が、このような行動に出るとは、想像すらできなかったはずである。

それは北部九州としては、磐井《いわい》の乱以来、およそ二百年ぶりの「反乱」であったが、九州に強い地盤を持つ伝統豪族の筑紫磐井とは違って、中央から左遷されてきた律令官人では、これへの支持は質量ともに比べものにならなかったはずである（こういう人物の命令であっても従うのが律令制の本質なのであるが）。

その勅符では、広嗣の幼少児からの性質を糾弾し、その滅亡は目前に迫っているとしたうえで、

もし、もとから広嗣と心を同じくして謀反を起こした人であっても、今、心を改めて過ちを悔い、広嗣を斬殺《ざんさつ》して百姓の生活をやすらかにさせたならば、白丁《はくてい》（庶人）の場合は五位以上を賜い、官人の場合には地位の等級に応じてさらに高い官位《かんい》を加給しよう。もし、自身が殺されたなら、その子孫に下賜しよう。忠臣・義士は、速やかにこの勅の趣旨を実行せよ。大軍が引き続き出発して、反乱の地に進入するであろう。汝らはこの状態をよくわきまえるべきである。

と、行賞を約している。偏狭《へんきょう》凶暴《きょうぼう》な広嗣、寛大慈悲《かんだいじひ》あふれる聖武という対比を前面に打ち出した見事な情報操作と称すべきである（渡辺晃宏『平城京と木簡の世紀』）。こうして、両軍は板櫃《いたひつ》川の決戦を迎えることになったのである。

決戦と瓦解

十月九日、広嗣軍と、佐伯常人・阿倍虫麻呂の率いる朝廷軍が、板櫃川に到着した（『続日本紀』）。現在の北九州市小倉北区下到津あたりと推定されている。

広嗣はみずから隼人軍を率いて前鋒《ぜんぽう》となり、木を組んで筏《いかだ》とし、河を渡ろうとしたが、虫麻呂が弩を発射したので、渡河することができなかった。こうして、河の西に広嗣軍一万余騎、東に朝廷軍六千余人が、河をはさんで対峙《たいじ》したのである（『続日本紀』）。

常人たちは、ここでも巧みな情報戦を展開した。帯同《たいどう》していた隼人たちに命じ、（おそらくは隼人言葉で）広嗣軍の隼人に降服を呼びかけたのである。「反逆人の広嗣に随って官軍に背き、抵抗すれば、ただその身を滅ぼすだけでなく、罪は妻子や親族に及ぶぞ」というものである。これを聞いた広嗣軍の隼人や兵たちは、箭を射ることができなくなったという（『続日本紀』）。

ついで常人が広嗣に呼びかけること十度であったが、広嗣が答えることはなかった。長い時間を経て広嗣が馬に乗って出て来て、「勅使が到来したと承ったが、勅使とは誰か」と聞いた。ここにいるのは常人と虫麻呂であると答えると、勅使が旧知の二人であることを知った広嗣は（広嗣の後任の式部少輔が虫麻呂）、馬から下り、両段再拝《りょうだんさいはい》して、

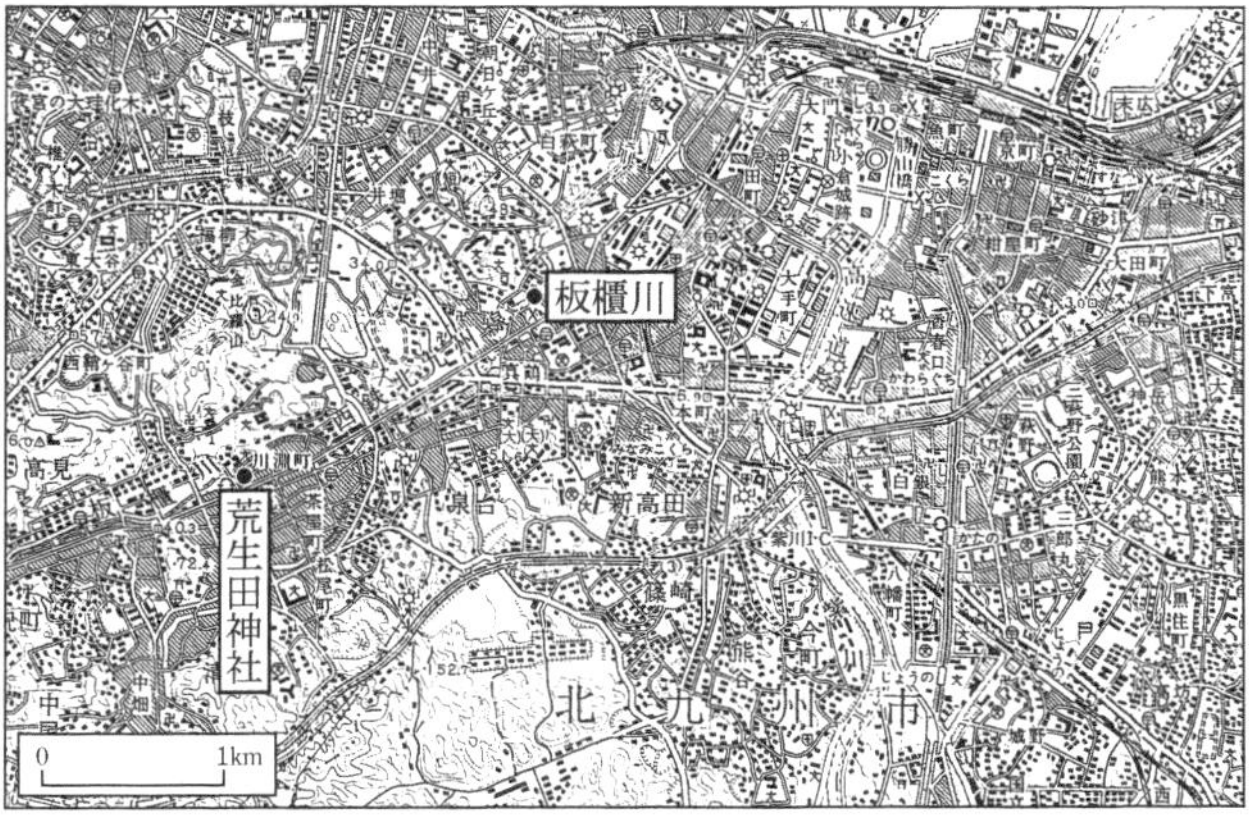

板櫃川周辺地図（国土地理院発行1/50,000地形図「小倉」を基に、縮小・加筆して作成）

「自分は敢えて朝廷の命令を拒《こば》むものではない。ただ朝廷を乱している人物二人（真備と玄昉）の引き渡しを要請しているだけである。もし自分がなおも朝廷の命令を拒めば、天神地祇《てんしんちぎ》は自分を罰して殺すであろう」

と答えた。朝廷（天皇）の命令を拒むのは職制律では詔使対捍《しょうしたいかん》にあたり絞刑《こうけい》となるのみならず、名例律《めいれいりつ》では八虐《はちぎゃく》の大不敬《だいふけい》にあたる重罪である。このあたり、広嗣の律令官人としての限界が如実に表われている。常人が、「勅符を下賜するために大宰府の典以上を召喚《しょうかん》したのに、何故、兵を発して押し寄せて来たのか」と問うと、広嗣は答えることができず

板櫃川

に、馬に乗って却《しりぞ》き還っていった（『続日本紀』）。

大将がこのような体たらくでは、とても軍の士気を維持できるものではない。まず隼人三人が直ちに河を泳いで来て降服した。朝廷の遣わした隼人が扶《たす》け救ったので、岸に着くことができた。その後、降服した隼人二十人と、広嗣軍の兵十騎ほどが官軍に帰順した。

降服した隼人の贈唹多理志佐《そおたりしさ》が、先述の三道から攻め寄せるという広嗣軍の軍略を自白し、広嗣は鎮所に到来したものの、綱手と古麻呂は未だ到着していないことを述べた（『続日本紀』）。三道の軍を糾合《きゅうごう》させることができなかった広嗣軍ではあるが、それでも一万余騎もの兵を集めていることに注目しなければならない。大宰府の軍事力の卓越性を示すものであろう。なお、贈唹というのは大隅国曾於《そお》郡、かつての熊襲《くまそ》の襲の地方を本拠とする隼人である。

この頃、このような九州の状況をまったく知らない聖武は、平城京を棄てて東国《とうごく》への行幸を開始しようとしていた。

朕（聖武）は、思うところが有るので、今月の末よりしばらくの間、関東《かんとう》（三関の東）に往こうと思う。行幸に適した時期ではないが、事態が重大でやむを得ない。将軍（大野東人）らはこのことを知っても、驚いたり怪しんだりしないようにせよ。

というのが、十月二十六日に聖武が東人に与えた勅である。聖武は二十九日に伊勢に向かって進発し、四年半にも及ぶ彷徨《ほうこう》をはじめた。

広嗣の敗走と処刑

広嗣は西に向かって敗走し、十月十九日に値嘉島《ちか》（現在の長崎県五島《ごとう》列島の福江島《ふくえ》か）から出航した。東風に乗ること四日、耽羅島《たんら》（現在の韓国済州島）の近くに到った。その時、東風がまだ吹いていて接岸できず、船は海中に留まった。進行することができずに漂蕩《ひょうとう》すること一日一夜、突然に西風が吹き、船を吹き還した（『続日本紀』）。

広嗣はもっていた駅鈴《えきれい》を捧げて、「自分は大忠臣である。なぜ神霊《しんれい》は我を棄てるのか。どうか神力によって風波をしばらく静かにさせてください」と言って鈴を海に投じたが、なおも風波はますます強くなって、ついに遠値嘉島《とおちか》の色都島《しこつ》（現五島列島の宇久島《うく》か）に漂着してしまった（『続日本紀』）。

いったい広嗣は、どこをめざして逃走をはじめたのであろうか。耽羅島か、新羅《しんら》か、それともさらに先の唐だったのであろうか。当時の国際情勢のなかで、これらの地域が自分を受け入れてくれるとでも、広嗣は考えていたのであろうか。

二十三日に広嗣は肥前国松浦《まつら》郡値嘉島長野《ながの》村（現宇久島の小浜郷長野か）で、進士《しんし》無位《むい》阿倍黒麻呂《くろまろ》によって捕えられた。この日は新暦の十一月二十日にあたり、冬型気圧配置が強まって西寄りの季節風に押し戻されたのであろう（渡辺晃宏『平城京と木簡の世紀』）。

この報は、長野村→肥前国松浦郡家→大宰府→大将軍東人とわたり、東人が十月二十九日付の奏を作成して言上し、十一月三日に、伊勢国一志《いちし》郡の河口頓宮《かわぐちのかりみや》（現三重県津市白山町川口）に滞在している聖武の許に届いた。聖武は、「逆賊広嗣を捕えたと知った。その罪は明白で、疑う余地がない。法の規定のとおり処罰し、終わってから奏聞《そうもん》せよ」と命じた（『続日本紀』）。節刀を与えた東人の専決《せんけつ》を認めたのである。

しかし、広嗣は大宰府に護送される途中、すでに十一月一日に松浦郡家で、綱手とともに斬殺されていた（『続日本紀』）。『肥前国風土記《ひぜんのくにふどき》』によると、現佐賀県唐津市原から久里あたりに松浦郡家が所在したと推定される。有名な褶振《ひれふり》の峰（鏡山《かがみ》）の西にあたる。八世紀前半から中頃の大型建物群が確認された千々賀古園《ちちかふるぞの》遺跡（唐津市千々賀古園）も注目される。

大宰府にいた東人が十月二十九日に広嗣の処刑を命じる使者を派遣し、十一月一日に松浦郡家で広嗣は処刑されたのであろう。三日に大宰府から、朝廷軍の軍曹《ぐんそう》（第四等官）海犬《あまのいぬ》養五百依《かいのいおえ》を発遣し、広嗣の従者三田兄人《えひと》ら二十余人を連行させた。その従者たちが、広嗣の漂流を自白したのである。この報は五日に大宰府の東人に届いた。東人は従者を大宰府に監禁するとともに、全員の名簿《みょうぶ》を作成して中央に提出した（『続日本紀』）。

松浦郡家故地（鏡山から）

この報告を受けた聖武は、十二日に河口を発ち、伊勢から美濃を経て、十二月十五日に恭仁《くに》に到着した。そして翌天平十三年（七四一）正月、広嗣与党の処分が決定した。死罪二十六人、没官《もつかん》（官に没収して奴婢《ぬひ》とするもの）五人、流罪《るざい》四十七人、徒罪《ずざい》三十二人、杖罪《じょうざい》百七十七人であった（『続日本紀』）。広嗣の弟たちも、清成《きよなり》（浄成）・菅《すが》成《なり》・七男某は死罪となり、良継《よしつぐ》（本名は宿奈麻呂《すくなまろ》）は伊豆《いず》に流され、田麻呂《たまろ》は隠岐《おき》に流された。

ただ、現地で広嗣に従った兵のほとんどは責任を問われることなく、出身地に戻ったことであろう。彼らは本質的には、律令国家にとって大切な公民だったのである。

律令国家に対する九州の敗北

こうして、壬申の乱以来の大規模内戦は、あっけなく終わってしまった。直接の敗因は、軍勢の数では優位にあったにもかかわらず、勅使を前にして何らの抵抗もできずに敗走したという、所詮は律令官人としての広嗣の退嬰《たいえい》的な態度によるものである。しかし、さらに根本的な問題として、大宰府の下級官人や現地の郡司層に対する、律令政府の圧倒的に的確迅速な対応であった。

その意味では、律令国家に対する在地の豪族たちの敗北であり（渡辺晃宏『平城京と木簡の世紀』）、特に隼人も含めた九州勢力の敗北は、深刻なものであった。乱後の天平十四年（七四二）から十七年（七四五）までのあいだは大宰府も停止され、代わって軍事的色彩の強い鎮西府《ちんぜいふ》が置かれている。

また、藤原氏、とりわけ式家は壊滅的な打撃を受けた。式家が立ち直って権臣《ごんしん》を輩出し、専権を振るうようになるのは、奈良時代末期を待たなければならなくなったのである（倉本一宏『藤原氏』）。死罪とならずに流罪に処され、後に復活した広嗣の弟たちであった。

聖武は広嗣の処刑を知っても彷徨をつづけ、長らく平城京には戻らなかった。以後六年間、恭仁京・難波《なにわ》京・紫香楽《しがらき》宮のあいだを転々としたのも、広嗣の乱の影響なのであった。さらにはその際、仲麻呂がその政治力を上昇させ、諸兄と仲麻呂との角逐《かくちく》が顕在化したのも、「奈良朝の政変劇」につながる伏線となった。

なお、玄昉は天平十七年（七四五）十一月に筑紫《つくし》観世《かんぜ》音寺《おんじ》別当《べっとう》に左遷され、翌天平十八年六月に任地で没した。『続日本紀』の略伝は「世間では、藤原広嗣の霊の為に害されたと伝えている」と語るが、実際には広嗣の残党によって殺害されたものと思われる。真備のその後については、また触れる機会があろう。

2　恵美押勝の乱

藤原仲麻呂の権力掌握

広嗣《ひろつぐ》の乱の後、藤原仲麻呂《ふじわらのなかまろ》が左大臣《さだいじん》橘　諸兄《たちばなのもろえ》や兄の右大臣《うだいじん》豊成《とよなり》をしのぐ専権《せんけん》を手に入れていた。それは譲位《じょうい》した聖武《しょうむ》天皇に代わって天皇大権を行使している光明皇太后《こうみょうこうたいごう》と結んだものであった。光明子《こうみょうし》は、もともとは阿倍《あべ》皇太子（後の孝謙《こうけん》天皇）と仲麻呂を結婚させ、新たな皇統《こうとう》を作ろうと願っていたように考えているのだが、仲麻呂が徐々に孝謙天皇から距離を置きはじめたことによって、それが実現することはなかった。

そして聖武は、天平勝宝《てんぴょうしょうほう》七歳（七五五）十月、またもや重病に陥った。ちょうどその時、諸兄の政治生命を断つ密告《みっこく》が、天平勝宝八歳（七五六）二月になされた。諸兄が宴席において、反状《はんじょう》に及んだ言辞を発したというのである。諸兄はそれを知って、あわてて致《ち》仕《し》した。この件は光明皇太后の要請によって沙汰《さた》止みになっている（『続日本紀《しょくにほんぎ》』）。

聖武は天平勝宝八歳五月、ついに死去した。以後は「光明子―仲麻呂」体制が名実ともに確立することになる。致仕していた諸兄も、天平宝字《てんぴょうほうじ》元年（七五七）正月に死去した。仲麻呂は舎人《とねり》親王の子である大炊《おおい》王を新しい皇太子に決定した（『続日本紀』）。仲麻呂の長子の寡婦《かふ》の婿《むこ》として仲麻呂の田村《たむら》邸に迎えられていた人物であった。

天平宝字元年七月に橘奈良麻呂《ならまろ》の「謀反《むへん》」を鎮圧《ちんあつ》し、仲麻呂は独裁権力を手に入れた。翌天平宝字二年（七五八）八月に、孝謙は皇位を大炊王に譲り、ここに淳仁《じゅんにん》天皇（淡路《あわじ》廃《はい》帝《てい》）が即位した。高齢と病悩によって天皇大権を行使し得なくなった光明皇太后に代わって、自己の意思に忠実な天皇を即位させ、それに大権を委譲したいという仲麻呂（そして光明子）の思惑に対して、天皇大権を手に入れることのないまま位を譲らねばならなくなった孝謙の思いは、推して知るべきであろう。

淳仁に天皇大権が委譲されたことは、押勝《おしかつ》の乱に際して鈴印《れいいん》（駅鈴《えきれい》と天皇御璽《ぎょじ》）が淳仁の

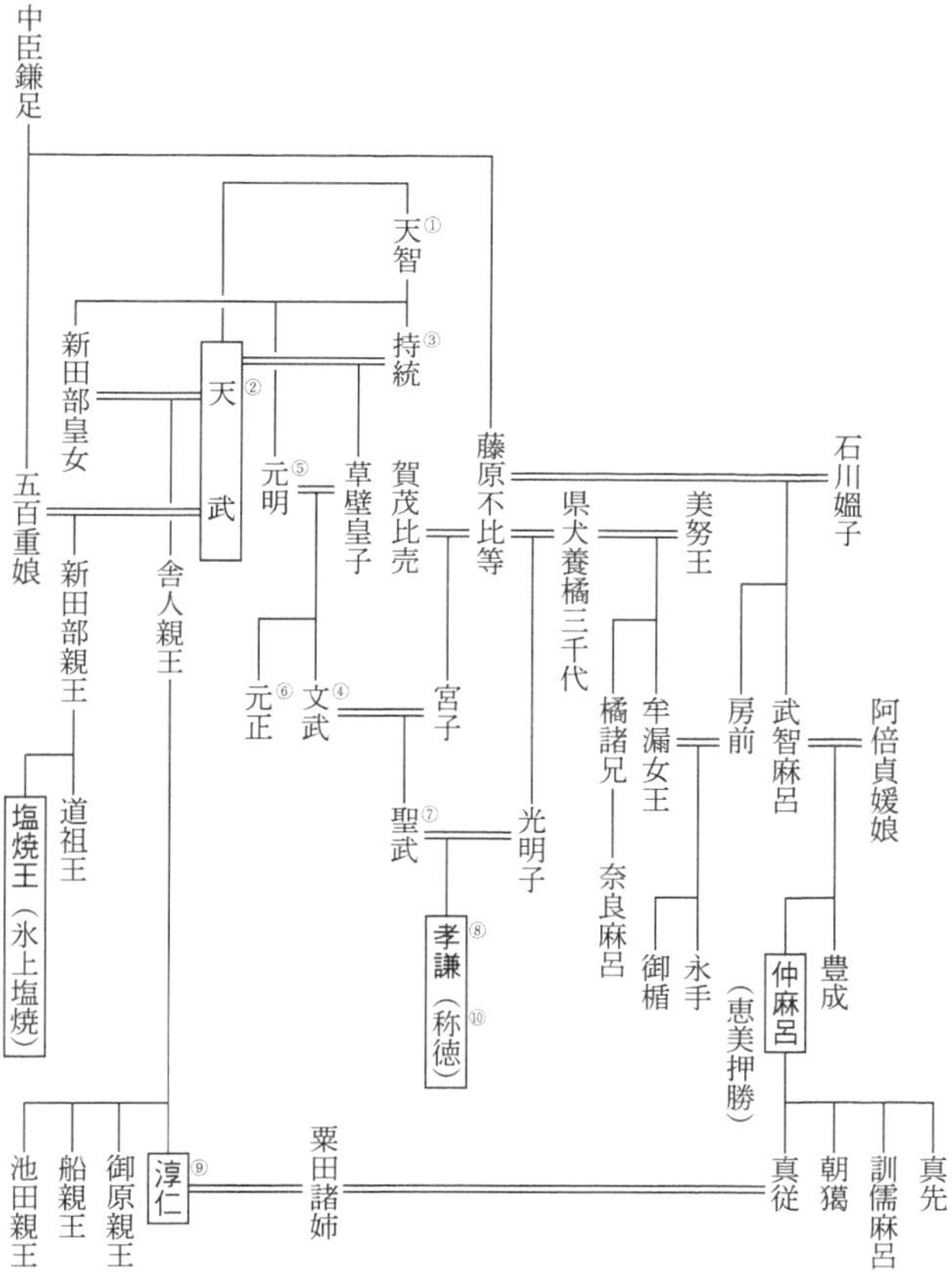

恵美押勝の乱系図（数字は即位順）

在所である中宮院《ちゆうぐういん》（内裏）に保持されていたことから、明らかである。太上天皇《だいじようてんのう》となった孝謙は、淳仁に対して親権《しんけん》を行使できる立場にはなく、孝謙が太上天皇としての政治権力を発揮しようとした場合に、淳仁や仲麻呂とのあいだに引き起こされるであろう鋭い対立は、もともと内包されていたことであった。

この月、仲麻呂は右大臣（大保《だいほう》）に任じられて、ついに太政官《だいじようかん》（乾政官《げんじようかん》）をも制覇《せいは》した。同日、恵美《えみ》の姓、押勝の名を淳仁から賜わり、自己の家（恵美家）のみを藤原氏からも分離し、天皇家との一体化をはかって准皇親《じゆんこうしん》化するという指向を示しはじめている。

新羅征討計画

光明子の病悩という状況のなか、権力基盤の弱体化に焦燥感を強めた押勝は、新羅《しんら》征討計画を推進し、国内の不満分子の目を海外に向けようとした（倉本一宏『戦争の日本古代史』）。

唐《とう》における安禄山《あんろくさん》、ついで史思明《ししめい》の反乱の報を得た押勝は、渤海《ぼつかい》と連携した新羅征討計画を表明した。まず天平宝字三年（七五九）六月、新羅を伐《う》つためとして大宰府《だざいふ》に行軍式《こうぐんしき》を造らせ、八月に大宰帥《だざいのそち》を仲哀《ちゆうあい》天皇と神功《じんぐう》皇后の霊を祀《まつ》る香椎廟《かしいびよう》（現福岡市東区）に遣わして新羅征討を奉告《ほうこく》している。そして九月、新羅を伐つためと称して、北陸道《ほくりくどう》諸国に八十九艘《そう》、山陰道《さんいんどう》諸国に百四十五艘、山陽道《さんようどう》諸国に百六十一艘、南海道《なんかいどう》諸国に百五艘、計五百艘の船を三年以内に造るよう命じているのである（『続日本紀』）。「国内における政治的混乱を排除するために軍事的な権力を天皇を擁する実力者の下に集中するという要因が基本で、それに国際的契機・新羅との敵対的関係が利用された」（鬼頭清明「敵・新羅・天皇制」）と評価すべき戦争計画である。

光明皇太后の死去と王権分裂

天平宝字四年（七六〇）正月、押勝は諸臣としてははじめて太政大臣《だいじょうだいじん》（大師《だいし》）に任じられたが、それもつかの間、その権力は決定的な打撃を蒙《こうむ》った。三月以来、光明皇太后が病悩し、六月に死去してしまったのである（『続日本紀』）。約二十年間にもわたり、仲麻呂の権力を支えてきた「天皇家の長」の死は、その独裁権力の基盤をも突き崩してしまった。

そして天平宝字五年（七六一）十一月、兵士の動員・訓練、兵船《へいせん》の徴発《ちょうはつ》にあたる節度使《せつどし》を置き、計三十三国一島から船三百九十四隻、兵士四万七百人、子弟二百二人、水手《かこ》一万七千三百六十人を動員・配置する計画が発表された（『続日本紀』）。これらは外征軍の陣容を整備しようとしたものと推定されている（岸俊男『藤原仲麻呂』）。

こうして着々と外征軍の派遣に向けて準備が進んだかのように見えるのだが、天平宝字七年（七六三）八月には山陽・南海道節度使、天平宝字八年（七六四）七月には東海道《とうかいどう》節度使が廃止され（『続日本紀』）、新羅征討計画はいつの間にか立ち消えとなった。

じつは押勝は、新羅征討どころではなくなる事態に陥ってしまっていたのである。光明皇太后の死によって、それまで天皇大権の行使を抑えられてきた孝謙太上天皇が「天皇家の長」の立場に立ち、傍流《ぼうりゅう》である（と孝謙が考えた）淳仁天皇と衝突し、天皇権力が分裂してしまったのである。加えて孝謙は、天平宝字五年十月以来、道鏡《どうきょう》を「寵幸《ちょうこう》」して押勝＝淳仁とは一線を画し、天平宝字六年（七六二）六月に決定的な分裂を迎えた（『続日本紀』）。

光明皇太后の在世中は微妙なバランスを保っていた孝謙と押勝（そして淳仁）との関係が、ここに至って破綻したのである。今後の政局は、剝《む》き出しの権力を獲得しはじめた押勝と、太上天皇としての恣《し》意《い》の発現を隠そうとしなくなった孝謙との、陰湿な綱引きによって左右され、淳仁と道鏡がそれに踊らされるということになったのである。

押勝の反乱計画と相次ぐ密告

天平宝字八年九月二日、押勝は都《と》督《とく》四《し》畿《き》内《ない》三《さん》関《げん》近江《おうみ》丹波《たんば》播磨《はりま》等《など》国《のくにの》兵事使《ひょうじし》という職に就いた。これは、畿内・三関国・軍事上の要衝《ようしょう》の軍兵を総督する職で、押勝が孝謙に遠回しに言って就いたものである。本来は兵士を掌握して自衛するために、諸国の試兵の法に准拠して、管内の兵士を国毎に二十人、五日交替で都《と》督《とく》衙《が》に集めて武芸を簡閲《かんえつ》することになっていた。ところが、兵士の数を改竄《かいざん》して、太政官印《だいじょうかんいん》を用いて諸国に下達し、大軍を都に集結させようとしたのである。文書《もんじょ》の作成にあたった高丘比良麻呂《たかおかのひらまろ》は、累《るい》の及ぶのを恐れて、そのことを密奏《みっそう》した（『続日本紀』）。

押勝は大軍を集結させた後には、淳仁とその兄の船《ふね》親王・池田《いけだ》親王が「朝庭《ちょうてい》の咎《とが》」（道鏡を重用する孝謙の政治姿勢のことか）を並べ立てた文書を進上しようとしていたらしい（『続日本紀』）。草壁皇統嫡流《ちゃくりゅう》を標榜《ひょうぼう》する孝謙にとっては、淳仁を旗頭とする舎人系皇親の結集こそは、もっとも憎むべき敵対勢力と認識されたであろう。

次に、舎人親王長子の御原《みはら》王の男である和気《わけ》王も、押勝が兵備を整えていることを、孝謙に密奏した（『続日本紀』）。皇親としての保身によるものであろう。

決定的な密告は、陰陽師大津大浦《おんみょうじおおつのおおうら》によるものであった。押勝に依頼された占いの内容が「逆謀《ぎゃくぼう》に渉《わた》る」ことを知り、「禍《わざわい》の己《おのれ》に及」ぶことを恐れて、密告に及んだのであった（『続日本紀』）。ここに至って、孝謙側は、押勝の計画を知ることになったのである。

恵美押勝の乱

先手を取ったのは、孝謙側であった。十一日、孝謙は少納言山村王《しょうなごんやまむら》を遣わして、中宮院の淳仁の在所にあった鈴印を回収しようとしたのである（『続日本紀』）。皇権のシンボルをまず奪取しようとした孝謙の思いは、彼女が即位以来十六年間、ほとんど天皇大権を手中にすることがなかっただけに、容易に察することができる。

これを聞いた押勝は、息男の参議《さんぎ》訓儒麻呂《くすまろ》に待ち伏せさせ、鈴印を奪わせようとしたが、孝謙は坂上苅田麻呂《さかのうえのかりたまろ》や牡鹿島足《おしかのしまたり》といった授刀衛《じゅとうえ》の官人を遣わして、訓儒麻呂を射殺させた。押勝はまた、中衛府《ちゅうえふ》の矢田部老《やたべのおゆ》に甲《よろい》を着させ、騎馬で山村王を脅かしたが、これ

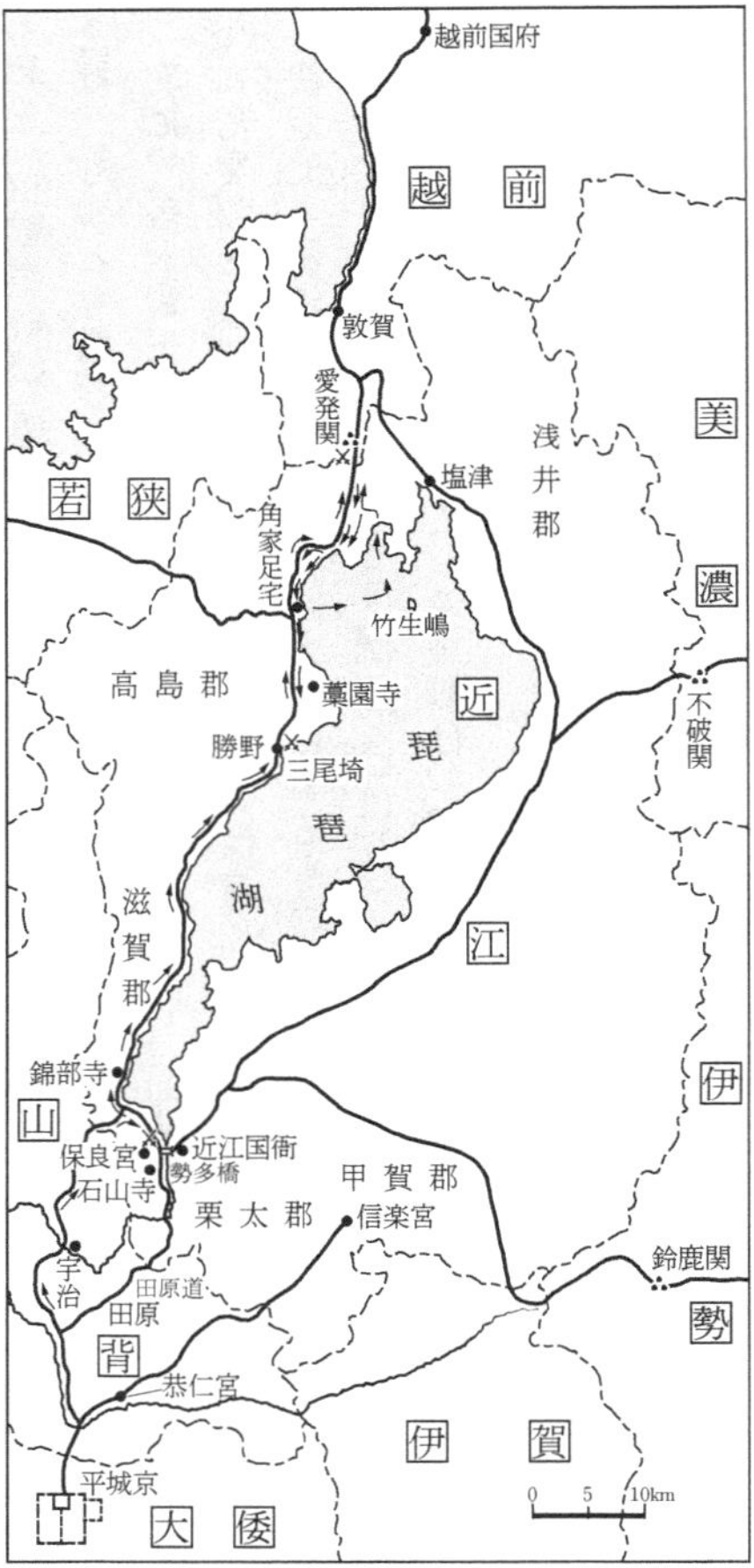

恵美押勝の乱地図（岸俊男『藤原仲麻呂』を基に、加筆して作成）

も授刀舎人《じゅとうとねり》の紀船守《ふなもり》によって射殺された（『続日本紀』）。

ここに至って孝謙は、「大師正一位藤原恵美朝臣《あそん》押勝とその子や孫が、兵を起こして反逆した。そこで彼らの官位《かんい》を剝奪《はくだつ》し、藤原という姓の字を除くことをすでに終えた。またその職分田《しきぶんでん》・食封《じきふ》、功封《こうふう》等から徴収された雑物《ぞうもつ》は、すべて没収せよ」との勅《ちょく》を下し、伊勢《いせ》国鈴鹿《すずか》・美濃《みの》国不破《ふわ》・越前《えちぜん》国愛発《あらち》の三関を固く守らせた（『続日本紀』）。具体的な武力を行使しようとしたことで、押勝は謀反へと踏み込んでしまったのである。この勅以降、押勝はふたたび、「仲麻呂（仲満）」と記載されるようになる。

また、仲麻呂（押勝）の勢力を三関から畿外《きがい》に出すことを阻止しようとした孝謙、というより、押勝の乱の開始と同時に召し出されて参謀《さんぼう》となった吉備真備《きびのまきび》の戦略的見通しは、まさに壬申《じんしん》の乱を逆手《さかて》に取ったものである。律令制《りつりょう》成立以前の壬申の乱と、律令制下における恵美押勝の乱との対比が、やがてきわめて鮮明に現われることになる。なお、この時に固関使《こげんし》に内応《ないおう》したのが、かつて壬申の乱の際に不破道を塞いだ村国男依《むらくにのおより》の孫にあたる美《み》濃少掾《ののしょうじょう》村国島主《しまぬし》であったのは、因縁と称すべきであろう。

この夜、仲麻呂は淳仁の身柄を確保できないまま、すでに手許にあった太政官印だけをともなって、仲間を呼び招いて近江に逃走し、「官軍《かんぐん》」はこれを追討した（『続日本紀』）。この時、淳仁を同行させることができなかったのは、孝謙側の授刀衛兵にでも軟禁《なんきん》されていたのか、それとも仲麻呂に見捨てられたのかは、知る由もないが、突然の開戦に動揺した仲麻呂が、淳仁の身柄を確保し得ないまま、「玉」を抛擲《ほうてき》して近江に走ってしまったと考えるのが妥当であろう。これでは、いくら太政官印や中衛府の兵を擁していたとしても、臣下の皇権に対する謀反としかみなされない。文書行政の象徴である鈴印の確保に執着するあまり、彼の専権の根源であるはずの生身の天皇を等閑視《とうかんし》してしまったことになる。本格的な戦闘がはじまる以前に、すでに勝敗は決していたとしか言いようがない。

　ここに押勝の乱がはじまったのであるが、すでにその逃走経路は、真備にとっては予測済みであった。それは、宇治《うじ》（現京都府宇治市）から山科《やましな》を経て近江に逃走し、ここを本拠としようというものであった。しかし、山城守《やましろのかみ》の日下部子麻呂《くさかべのこまろ》と衛門少尉《えもんのしょうじょう》の佐伯伊多智《さえきのいたち》が先に田原道《たはらみち》（現京都府綴喜郡宇治田原町）を通って近江に入り、勢多《せた》橋（現滋賀県大津市瀬田）を焼いていた（『続日本紀』）。勢多橋の東には近江国衙《こくが》（現大津市大江）があり、ここに拠ろうとしたのか、それ

勢多橋

ともさらに東に走り、不破関を越えて東国《とうごく》に向かおうとしたのであろうか。発掘調査によって、三関は都から畿外に逃走する勢力の阻止を目的として造られていることが明らかになっているが、仲麻呂はまさにその配置に向かって走っていたことになる。

勢多橋が焼かれていたことを見た仲麻呂は色を失った。孝謙側の参謀に真備が就いていることを直感したであろうか。すぐに琵琶《びわ》湖の西岸を通って北に向かい、高島郡《たかしま》（現滋賀県高島市）に逃走し、前高島郡少領角家足《つののいえたり》の宅に宿した（『続日本紀』）。現在の高島市今津町のあたりであろうか。

翌十二日、孝謙は、仲麻呂を討滅《とうめつ》した者には手厚い恩賞《おんしょう》を与えるとの勅を下し、また仲麻呂の持っている太政官印の通用を禁じた。佐伯伊多智の方は、琵琶湖の東岸を通って北に向かい、越前国に到って、越前守《えちぜんのかみ》で仲麻呂八男の辛加知《からかち》を斬った（『続日本紀』）。これらの迅速な対応が、仲麻呂の前途を狭めていったのである。

今帝の擁立

その間の過程において、画期的な措置が執られた。九月十五日のことかと思われるが、仲麻呂が帯同《たいどう》していた氷上塩焼《ひかみのしおやき》（元塩焼王）を天皇に「偽立《ぎりつ》」して今帝《きんてい》としたのである。また、自分の息男である真先《まさき》と朝獦《あさかり》を親王の品位《ほんい》である三品《さんぼん》に叙させたという（『続日本紀』）。

おおよそ日本の歴史において、臣下が自己の擁する皇親を、（皇嗣《こうし》ではなく）天皇そのものに立てるということは、この時以外にはなかったはずである。仲麻呂は、その最後期において、日本国家史上、画期的な行動を取ったことになる。その後、

また皇位を掠《かす》めとろうとして、先に（孝謙によって）捨て退けられた道祖《ふなど》王の兄塩焼王を「皇位に定めた」と言って、太政官印を押して天下の諸国に文書をばらまいて告げ知らせ、また言うには、「今から下す勅を承って用いるように。先に詐《いつわ》って勅と言っているものを、承って用いてはならない」と言って、諸人の心を惑わせて、三関に使者を遣わして、密かに関を閉め、一、二の国に兵士を差し出すことを乞い、兵士を徴発させた。

とあるように、その効力はともかく、「今帝」は天皇大権を行使し、それに「惑乱《わくらん》」された者も存在したのである（『続日本紀』）。

また、真先と朝獦を三品に叙したことは、仲麻呂がみずからの息男を親王として扱ったことになる。以前に淳仁と自己の息男を擬制《ぎせい》的な兄弟関係になぞらえた発想と、軌を一にするものと考えるべきであり、仲麻呂の准皇親化政策が、ここに極まったものと言えよ

う。ただ、親王品位を帯するとなると、皇族ということになり、その意義は過小に評価されるべきではない（倉本一宏『奈良朝の政変劇』）。

しかしながら、彼らに残された時間は、ほとんどなかった。創出したばかりの新皇統の行く末を案ずるいとまもなく、三日後には全員、湖上の露と消えてしまったのである。

仲麻呂の最期

仲麻呂は、精兵《せいへい》数十人を遣わして、愛発関に入ろうとしたが、授刀舎人の物部広成《もののべのひろなり》が拒《こば》んで、仲麻呂軍を退却させた。仲麻呂は進退の拠り所をなくして、そのまま船に乗り、浅《あざ》井《い》郡の塩津《しおづ》（現滋賀県長浜市西浅井町塩津浜）に向かおうとしたが、突然逆風に遭い、船が漂流して沈みそうになった（『続日本紀』）。

そのため、上陸してさらに山道を通り、直接に愛発関をめざした。しかし、伊多智がこれを拒み、仲麻呂軍の八、九人が箭《や》に当たって死んだ。仲麻呂は、そこからすぐにまた来た道を戻って、高島郡三尾埼《みおのさき》（現高島市勝野の明神崎）に到着し、佐伯三野《みの》や大野真本《おおののまもと》と戦った（『続日本紀』）。

戦いは午剋（十一時から十三時）から申剋（十五時から十七時）に及んで、「官軍」は疲れがはなはだしくなった。その時、討賊将軍の藤原蔵下麻呂《くらじまろ》（宇合《うまかい》の九男）が兵を率いて突然、

勝野鬼江故地

戦場に到着した。真先は手勢を引きつれて退却し、三野がこれに乗じて、仲麻呂軍を多数、殺傷した（『続日本紀』）。

　仲麻呂は手勢の敗れるのを遠くから見て、船に乗って逃げた。「官軍」の諸将は水陸の両方からこれを攻め、仲麻呂は勝野鬼江《かちののおにえ》（現高島市勝野の乙女ヶ池）に拠って、精鋭の兵力を尽くして防ぎ戦った。「官軍」はこれを攻撃し、仲麻呂の軍勢は敗れて散り散りになり、仲麻呂は妻子三、四人と船に乗って鬼江に浮かんだ（『続日本紀』）。

　石村石楯《いわれのいわたて》がこれを捕えて、斬った。またその妻子と徒《と》党《とう》三十四人も、皆、鬼江のほとりで斬った。第六子の刷《よし》雄《お》のみは、年少の頃から仏道修行《しゅぎょう》をしていたというので、死罪を免除して、隠岐《おき》に流した（『続日本紀』）。九月十八日のことであった。

　この後、仲麻呂の与党の者として斬られた者は、六人とも（『続日本紀』）、十三人とも（『日本霊異記』）、四十四人とも（『公卿補任』）伝えられる。平城宮《へいじょうきゅう》から「仲万呂支党除名《じょみょう》」と記された木簡《もっかん》も出土している。「官軍」に内応したはずの村国島主も、誤って逆党《ぎゃくとう》として誅《ちゅう》されている（『続日本紀』）。

仲麻呂の挫折という負の教訓

この戦乱は、臣下が王権に対して組織的な軍事力を直接行使した、奈良時代における唯一の事例であるという点において、国家史上、画期的な意義を持つ事件であった。

勝野の鬼江周辺地図（国土地理院発行1/50,000地形図「彦根西部」を基に、縮小・加筆して作成）

しかし、その結末は、いかに独裁的な権力を掌中に収めた専権貴族といっても、その野望は、王権の意思の前には、容易に崩れ去るものであることを示してしまった。元来、日本の古代貴族は、王権を血縁的に構成する有力皇胤《こういん》との結合を通じてしか自己の氏族の利害を貫き得ない存在であった（荒木敏夫『日本古代の皇太子』）。日本古代における政変が、皇位そのものではなく、皇嗣をめぐっての争いのなかで起こったことは、このような古代氏族層の脆弱《ぜいじゃく》さによるものである。

仲麻呂が最終的に何をめざして内戦を起こしたのかはわからないにしても（何もめざしていなかった可能性が高いが）、仲麻呂の蹶起《けっき》と挫折は、藤原氏をはじめとする日本の支配者層の内部で、以後の歴史における負の教訓として、長く記憶に刻まれることとなったであろう（倉本一宏『藤原氏』）。

また、笹山晴生氏が述べられたように、貴族層は蹶起して押勝の専制《せんせい》を倒したが、その後に現われたのは、またしても道鏡と結合した称徳《しょうとく》女帝（孝謙が重祚《ちょうそ》したもの）の専制政治であった（笹山晴生「奈良朝政治の推移」）。こうして混迷の奈良朝末期を迎え、その後に桓武《かんむ》天皇という新皇統と平安京《へいあんきょう》という新都を擁した新しい時代を迎えることとなるのである。

第四章　平安時代の内戦

称徳《しょうとく》天皇が皇嗣《こうし》を決定しないまま、宝亀《ほうき》元年（七七〇）に死去すると、皇位を継ぐべき天武《てんむ》系皇親《こうしん》は底を突いてしまっていた。「奈良朝の政変劇」によって、あれほどいた天武の子孫は、ことごとく斃《たお》されたか、みずから臣籍《しんせき》に降下して、王権からの危険視を回避していたのである（倉本一宏『奈良朝の政変劇』）。

藤原百川《ふじわらのももかわ》をはじめ、藤原永手《ながて》や藤原良継《よしつぐ》は、文室浄三《ふんやのきよみ》や大市《おおち》（ともに長《なが》親王の子）という天武系元皇親を推した右大臣吉備真備《きびのまきび》の意見を退け、宣命《せんみょう》を偽作《ぎさく》して、天智《てんじ》天皇の孫にあたる白壁《しらかべ》王を立てて皇太子とした（『日本紀略《にほんきりゃく》』所引「百川伝」）。

白壁王は、聖武《しょうむ》皇女の井上《いのうえ》内親王と結婚し、すでに他戸《おさべ》王を儲けていたことを考えると、それへの中継ぎの男帝として、即位したものと言えよう（光仁《こうにん》天皇）。

ところが、宝亀三年（七七二）三月に、皇后井上内親王が巫蠱《ふこ》に連坐《れんざ》して廃されるという事件が起こった。専権を手に入れることをめざした式家《しきけ》の百川を中心とした陰謀であると推定されている。ついで五月、他戸皇太子が、その地位を追われた。井上内親王と他戸とは、後に同日に死去している（『続日本紀《しょくにほんぎ》』）。

翌宝亀四年（七七三）正月、山部《やまべ》親王が皇太子に立てられ、天応《てんおう》元年（七八一）四月に即位して桓武《かんむ》天皇となり、翌日、同母弟《どうぼてい》の早良《さわら》親王が皇太子とされた（『続日本紀』）。百済《ひゃくさい》系の高野新笠《たかののにいがさ》から生まれた山部と早良が天皇と皇太子に即くという王権は、きわめて危ういものであった。他戸への中継ぎという性格を持っていた光仁とは異なり、天智孫王と百済系の女性から生まれた桓武の即位は、まったくの新皇統《こうとう》の誕生を意味していたのである。

日本ではじめて、郊祀《こうし》（中国において天子が郊外で天地を祀る祭）をおこなうなど、皇統創始者としての意識が強かった桓武が推進した事業は、建都《けんと》と「征夷《せいい》」であった。

もともと、律令の規定では、中国に倣《なら》った中華思想を基軸に据え、唐と新羅《しんら》を一様に「外蕃《げばん》」と称していたが、「隣国は大唐、蕃国《ばんこく》は新羅なり」とあるように（『令集解《りょうのしゅうげ》』公式《くしき》令《りょう》・詔書式《しょうしょしき》条所引「古記《こき》」）、新羅（後に渤海《ぼっかい》も加わる）を「我が藩屏《はんぺい》」と観念し、これに東北地方の蝦夷《えみし》と九州南部の隼人《はやと》、奄《あま》美《み》以北の南西諸島である南島《なんとう》、それに畿内《きない》に居住させて律令官人としている百済王族を「夷《い》狄《てき》」として加え、「東夷《とうい》の小帝国」世界を構築していたのである（石母田正「天皇と『諸蕃』」）。

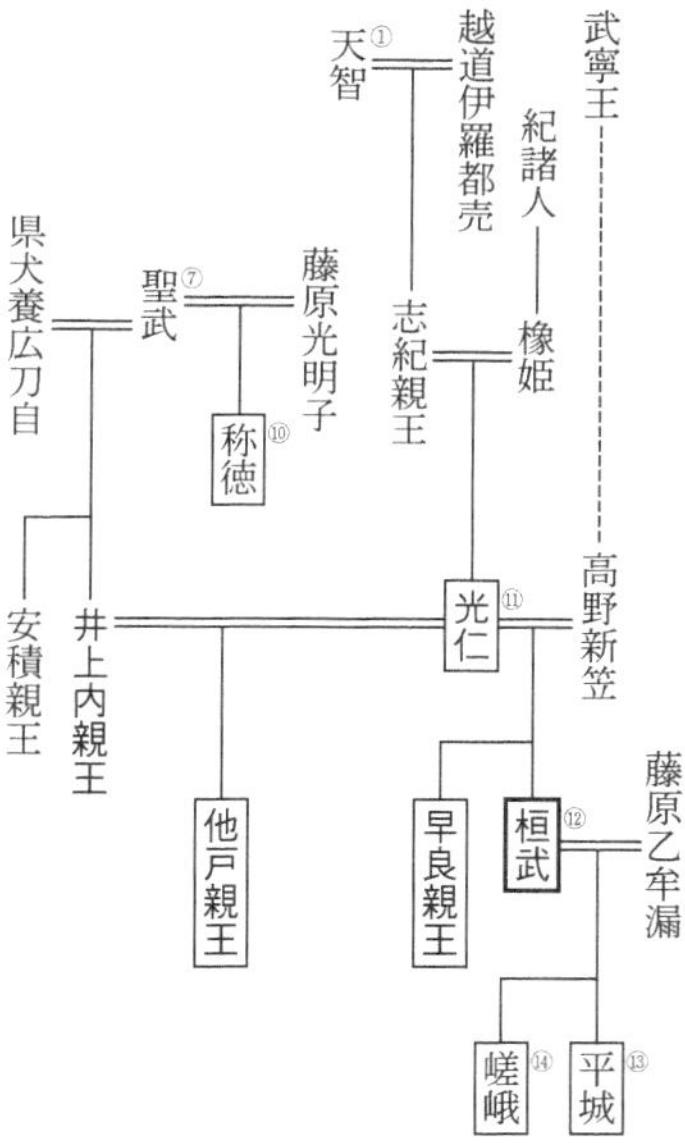

桓武皇統系図（数字は即位順）

それらのなかでは、「化外《けがい》の民」としての蝦夷が、その最重要の構成要素であったことは、言うまでもない。
新皇統の創始者である桓武によって、ここに新たな「小帝国」の再構築がはかられ、東北地方の「蝦夷征伐《えみしせいばつ》」が国家的事業として推進されていくことになったのである。

1 蝦夷征討（「三十八年戦争」）

蝦夷とは何か

そもそも、蝦夷《えみし》とは何だったのであろうか。律令《りつりょう》国家の蝦夷観を表わす史料として、ここでは斉明《さいめい》五年（六五九）の第四次遣唐使《けんとうし》の記録として、『日本書紀《にほんしょき》』に引かれた「伊吉連博徳書《いきのむらじはかとこのしょ》」に見える、唐《とう》の高宗《こうそう》と倭《わ》国の遣唐使との会話を引いておこう。

天子（高宗）がさらに、「ここにいる蝦夷の国は、どちらの方角にあるのか」とおたずねになった。使人は謹んで、「東北の方角にございます」とお答えした。天子が、「蝦夷には幾種類あるのか」とおたずねになると、使人は謹んで、「三種類ございます。遠いものを都加留《つかる》、次を麁蝦夷《あらえみし》、近いものを熟蝦夷《にきえみし》と申します。いまここにおりますのは熟蝦夷で、毎年、本国の朝廷に入貢《にゅうこう》してまいります」とお答えした。天子は、「その国には、五穀《いつつのたなつもの》（稲・麦などの主要な農作物）はあるのか」とおたずねになった。使人は謹んで、「ございません。肉を食べて生活しております」とお答えした。

天子は、「その国には、家屋はあるのか」とおたずねになった。使人は謹んで、「ございません。深い山の中で、樹木の根もとを住みかとしております」とお答えした。天子は重ねて、「自分は、蝦夷の身体や顔の奇異な様子を見て、大変嬉しく、また驚いた。使人たちよ。遠くから来て疲れていることであろう。退出して館《むろつみ》（宿泊施設）におるがよい。また後に会うこととしよう」といわれた。

この第四次遣唐使は、前年の阿倍比羅夫《あべのひらふ》の北方遠征の成果を得て、蝦夷の男女二人を唐の天子に見せ、倭国の支配領域が広大であったこと、そして倭国が東辺・北辺の蝦夷を服属させていることを唐に示すために派遣されたと見られている（森公章『遣唐使の光芒』）。倭国の「東夷《とうい》の小帝国」志向の表われであろう（それにしても、この熟蝦夷の男女二人は、ほんとうはどこから連れてこられたのであろうか。また、この後、この人たちはどうなってしまったのであろう）。

もう一つ、『日本書紀』で景行《けいこう》天皇が日本武尊《やまとたけるのみこと》に蝦夷征討を命じたとされる部分には、次のように蝦夷のことが語られている。

その東方の鄙《ひな》の国のなかでも、蝦夷が最も強い。男女は雑居し、父子の区別もない。冬は穴のなかに寝、夏は樹上の家に住む。毛皮を着、生血をすすり、兄弟は互いに疑い合っている。山に登るのは飛ぶ鳥のごとくであり、野を行くのは疾駆する獣のごとくである。恩を受けても忘れてしまい、怨敵《おんてき》を見れば必ず報いる。そうして、矢を結んだ髪のなかに隠し、刀を衣のなかに帯び、あるいは徒党《ととう》を組んで辺境《へんきょう》を侵し、あるいは収穫の時をうかがって人民を掠《かす》め取っている。討てば草に隠れ、追えば山に逃げてしまうということだ。そこで、昔より今に至るまで、まだ王化《おうか》に従うということがない。

こちらは漢籍《かんせき》を引用して記されたもので、実際に語られた言葉ではない（刀を衣のなかに隠していたのは日本武尊の方だし）。むしろ、『日本書紀』編纂《へんさん》時の律令国家の認識を示すものである。問題なのは最後の部分で、「王化（君主の徳）に従うということがない」と記された箇所である。「律令国家の支配に服さない化外の民」というのが、蝦夷に対する基本的な認識だったことがうかがえる。

その居住範囲は、日本海側は現在の新潟市、内陸部は米沢《よねざわ》盆地、太平洋側は仙台《せんだい》平野を南限としたと考えられている。それより北には蝦夷支配の拠点としての城柵《じょうさく》が設置され、南には大化《たいか》前代に倭王権によって任命された国造《くにのみやつこ》が分布したことが、その根拠である（鈴木拓也『蝦夷と東北戦争』）。

「征夷」の摩擦

宝亀《ほうき》五（七七四）年にはじまる、いわゆる「三十八年戦争」より以前にも、律令国家は六回の「征夷《せいい》」をおこなっている。和銅《わどう》二年（七〇九）、養老《ようろう》四年（七二〇）、神亀《じんき》元年（七二四）、天平《てんぴょう》九年（七三七）、天平宝字《てんぴょうほうじ》二年（七五八）、神護景雲《じんごけいうん》元年（七六七）である。

ただし、これらのうちで、蝦夷の反乱に起因するものは、養老四年と神亀元年の二回のみであり、それ以外の「征夷」は、支配の根拠地としての城柵と郡の設置をおこなうに際して、蝦夷の抵抗によってそれが困難な場合に、先行しておこなわれた示威《じい》行動であった。律令国家の東北支配は、城柵による支配が基本であって、「征夷」は副次的な方法だったのである（鈴木拓也『蝦夷と東北戦争』）。

まず和銅元年（七〇八）、現在の山形県北西部の庄内《しょうない》平野に出羽柵《でわのき》（現山形県酒田市城輪か）を設置し、越後《えちご》から柵戸《さくこ》を移住させて出羽郡を置いた。それにともない、和銅二年に東《とう》海《かい》・東山《とうさん》・北陸道《ほくりくどう》の十箇国から徴兵をおこない、出羽に「征夷」を敢行した（『続日本《しょくにほん》紀《ぎ》』）。当時、平城京《へいじょうきょう》の造営をおこなっていた時期であったことから、天皇の権威を示すために、征夷と造都《ぞうと》を同時におこなったと考える説もある（笹山晴生「桓武天皇と東北支配」）。

日本海側の出羽方面に「征夷」がおこなわれたのはこれが唯一の例である。しかも、大規模な戦闘がおこなわれたことを示す史料はなく、実際には出羽の蝦夷の抵抗はほとんどなかったものと考えるべきであろう。出兵も、建郡を目的とした示威行為に過ぎなかったものと考えられよう。この結果、和銅五年（七一二）には出羽国が成立することになる。

これに対して、養老四年の「征夷」は、九月に蝦夷が反乱して按察使《あんさつし》（陸奥《むつ》・石城《いわき》・石背《いわせ》国を統轄する地方官）を殺害したことが発端となった「征夷」であるという点において、はじめての大規模反乱の例である。現在の宮城県北部の大崎《おおさき》平野における官衙《かんが》の設置、郡の建置、大規模な移民に対する抵抗と考えられている（鈴木拓也『蝦夷と東北戦争』）。

養老四年八月の藤原不比等《ふじわらのふひと》の死を承けて発足したばかりの長屋《ながや》王政権は、九箇国から徴兵をおこない、「征夷」軍を進発させた。この「征夷」軍は翌養老五年（七二一）の四月に帰還しているから（『続日本紀』）、案外と短期間に鎮圧《ちんあつ》したものと考えられる。有功の蝦夷にも勲位《くんい》が授けられていることから、蝦夷の反乱鎮圧に蝦夷の武力も用いられたことがわかる。

多賀城（政庁跡）

　この事件の結果、律令国家は蝦夷支配体制の全面的な立て直しをおこなったとされる。戦乱によって疲弊した民衆の負担を軽減するための陸奥按察使管内における調庸《ちょうよう》制の停止と新税制の施行、軍事力の向上をはかるための鎮守府《ちんじゅふ》および鎮兵《ちんぺい》制（東国兵士から選ばれて派遣されたもの）の成立、玉造《たまつくり》など五柵と黒川《くろかわ》以北十郡（現宮城県北部）の建置、新たな国府《こくふ》としての多賀《たが》城（現宮城県多賀城市）の創建、石城・石背国の併合などの措置が執られた。これらによって、陸奥国が一国で蝦夷支配をおこなうという新体制が構築されたと評価される（熊谷公男「養老四年の蝦夷の反乱と多賀城の創建」）。

　これらの措置が進展していた神亀元年三月、海道《かいどう》（牡鹿《おじか》郡、現宮城県北部の北上《きたかみ》川下流域）の蝦夷が国司《こくし》の陸奥大掾《むつのだいじょう》を殺害するという事件が起こった。四月には坂東《ばんどう》八国に陸奥国を加えた範囲から三万人もの兵を集め、不比等の三男である宇合《うまかい》を持節大将軍《じせつだいしょうぐん》とする「征夷」軍を進発させた。この「征夷」軍は十一月に帰還している（『続日本紀』）。

　十三年後の天平九年正月、辺境支配の安定を踏まえて、多賀城から、天平五年（七三三）に庄内から北進して造営されていた出羽柵（現秋田市寺内焼山）に達する道路の建設が計画された。その際、途中の男勝《おかち》（現秋田県湯沢市）を制圧するため、不比等四男の麻呂《まろ》が持節大使《じせつたいし》として発遣《はっけん》された。この使節は一度も軍事行動を起こすことなく、任を果たした。七月に帰京した麻呂は、折から流行していた疫病《えきびょう》に罹り、死去した（『続日本紀』）。藤原四子体制の崩壊である。

その後、仲麻呂政権下の天平宝字二年から三年（七五九）にかけて桃生城《ものう》（現宮城県石巻市飯野）・雄勝城《おがち》（現秋田県大仙市払田か）の築城、道鏡《どうきょう》政権下の神護景雲元年に伊治城《いじ》（現宮城県栗原市築館）の築城に際して、それぞれ陸奥守《むつのかみ》が鎮守将軍《ちんじゅしょうぐん》を兼ねたが、軍事行動を起こすことはなかった。しかし、新たな支配領域の拡大は現地の蝦夷とのあいだに大きな摩擦を生むこととなり、これが「三十八年戦争」につながっていくことになる（鈴木拓也『蝦夷と東北戦争』）。

陸奥では栗原《くりはら》・桃生以北、出羽では雄勝以北の諸郡は、それ以南との政治的・文化的差異が著しく、それらに国家の支配がおよんだ時、蝦夷の大きな反発を生んだのである（今泉隆雄「律令国家とエミシ」）。

「三十八年戦争」の開始

宝亀元年八月、白壁王《しらかべ》が立太子した（後の光仁《こうにん》天皇）。その六日後、蝦夷の宇漢迷宇屈波《うかんめのうくつは》宇《う》が一族を率いて「賊地」、つまり栗原・桃生以北に逃げ還るという事件が起こった。宇屈波宇は使者の呼びかけにも応じず、「一、二の同族を率いて必ず城柵を侵略しよう」と言い放った（『続日本紀』）。そして四年後の宝亀五年（七七四）、「三十八年戦争」が開始されるのである。

それに先立つ宝亀三年（七七二）、大伴駿河麻呂《おおとものするがまろ》が陸奥按察使に任じられ、翌年には陸奥守と鎮守将軍も兼ねた。駿河麻呂は宝亀五年に征夷の実施を言上《ごんじょう》し、七月二十三日、光仁はこれを裁可《さいか》した。「愚かな蝦狄《えみし》は、人を害する心を悔い改めようとせず、しばしば辺境を侵し、天皇の命令を拒《こば》みつづけているという。事はもはや止むを得ない。すべては送って来た奏状に依り、早く軍を発して時機《じき》に応じて討ち滅ぼすようにせよ」というものである（『続日本紀』）。後に駿河麻呂は参議《さんぎ》も兼ねている。

ところが二日後の七月二十五日、海道の蝦夷が蜂起《ほうき》し、橋を焚《や》いて道を塞ぎ、桃生城を襲撃し、その西郭を破壊するという事件が起こった。国司がこれを討伐したものの、殺傷された人数はわからないという（『続日本紀』）。国家側の戦争準備に対して、蝦夷側が先手を打って攻撃に出たものと考えられる（鈴木拓也『蝦夷と東北戦争』）。発掘調査でも桃生城の炎上が裏づけられており、これ以降、桃生城が復興されることはなかった。

駿河麻呂は八月二十四日に征夷の中止を言上してきた。現地における事態の沈静化を承けたものであろうが、光仁はこれに激怒し、駿河麻呂を譴責《けんせき》した。駿河麻呂は仕方なく、十月に陸奥国遠山村《とおやまむら》（後の登米《とよま》郡、現宮城県登米市）に進撃し、これを制圧した（『続日本紀』）。翌宝亀六年（七七五）に千七百九十余人が論功行賞《ろんこうこうしょう》に預かっていることから、とてつもない大軍で進軍したものであろう。

宝亀七年（七七六）二月には、陸奥国が、四月上旬に軍士《ぐんし》二万人を発して山道《せんどう》（内陸の胆《い》沢《さわ》・志波《しわ》といった北上盆地）・海道の賊を伐つことを言上した。光仁は、加えて、出羽国の軍士四千人を発して、雄勝から西辺を伐つことも命じている（『続日本紀』）。じつに合わせて二万四千人の大軍が進撃することになったのである。そしてこれ以降、律令国家は海道蝦夷から山道蝦夷へ攻撃の重点を移していくのである（熊谷公男「平安初期における征夷の終焉と蝦夷支配の変質」）。

ところが五月には、志波村（現岩手県盛岡市から紫波郡）の賊が叛逆《はんぎやく》して、出羽国の「官《かん》軍《ぐん》」と戦ったが、「官軍」に利がないとして、下総《しもうさ》・下野《しもつけ》・常陸《ひたち》国の騎兵《きへい》を徴発《ちようはつ》することとなった。しかも七月には駿河麻呂が現地で死去してしまった。陸奥《むつの》介《すけ》兼鎮守副将軍《ちんじゆふくしようぐん》の紀《きの》広純《ひろずみ》が代わって指揮を執り、十一月には陸奥国の軍三千人を発して胆沢（現岩手県奥州市）の賊を伐っている（『続日本紀』）。

これらの「征討」が一段落した宝亀九年（七七八）六月、紀広純以下の有功者二千二百六十七人に論功行賞がおこなわれている。そのなかには吉弥侯伊佐西古《きみこのいさせこ》と伊治呰麻呂《これはりのあざまろ》の名が見えるが（『続日本紀』）、これらは服属した蝦夷で、蝦夷（俘軍《ふぐん》）を率いて国家軍に従軍したものであろう。呰麻呂は伊治城が置かれた陸奥国栗原郡を地盤とした蝦夷の族長で、後に陸奥国上治郡《かみはり》の長官である大領《たいりょう》にも任じられ、外従五位下という高位にも叙されている。上治郡というのは服属した蝦夷を編成した蝦夷郡の一つと見られている（熊谷公男「平安初期における征夷の終焉と蝦夷支配の変質」）。やがてこの二人が反旗を翻すことになる。

伊治呰麻呂の乱

宝亀十一年（七八〇）二月二日、陸奥国司は、胆沢の地を攻略するためとして、覚鱉城《かくべつ》の造営を言上してきた（『続日本紀』）。この頃、いまだ陸奥守の後任は任じられておらず、陸奥按察使兼鎮守副将軍の紀広純によるものであった。広純は二月一日に参議を兼帯されており、まさに得意の絶頂にあったはずであるが、そううまくはいかなかった。

三月二十二日、呰麻呂が反乱を起こし、伊治城で広純を殺害してしまったのである。『続日本紀』は、牡鹿郡大領の道島大楯《みちしまのおおたて》（上総《かずさ》からの移民）が、つねに呰麻呂を夷俘《いふ》として凌辱《りょうじょく》していたので、呰麻呂がこれを深く怨んだという、個人的な怨恨《えんこん》による反乱として扱っているが、もちろん、そのような単純な動機によるものではなかった。

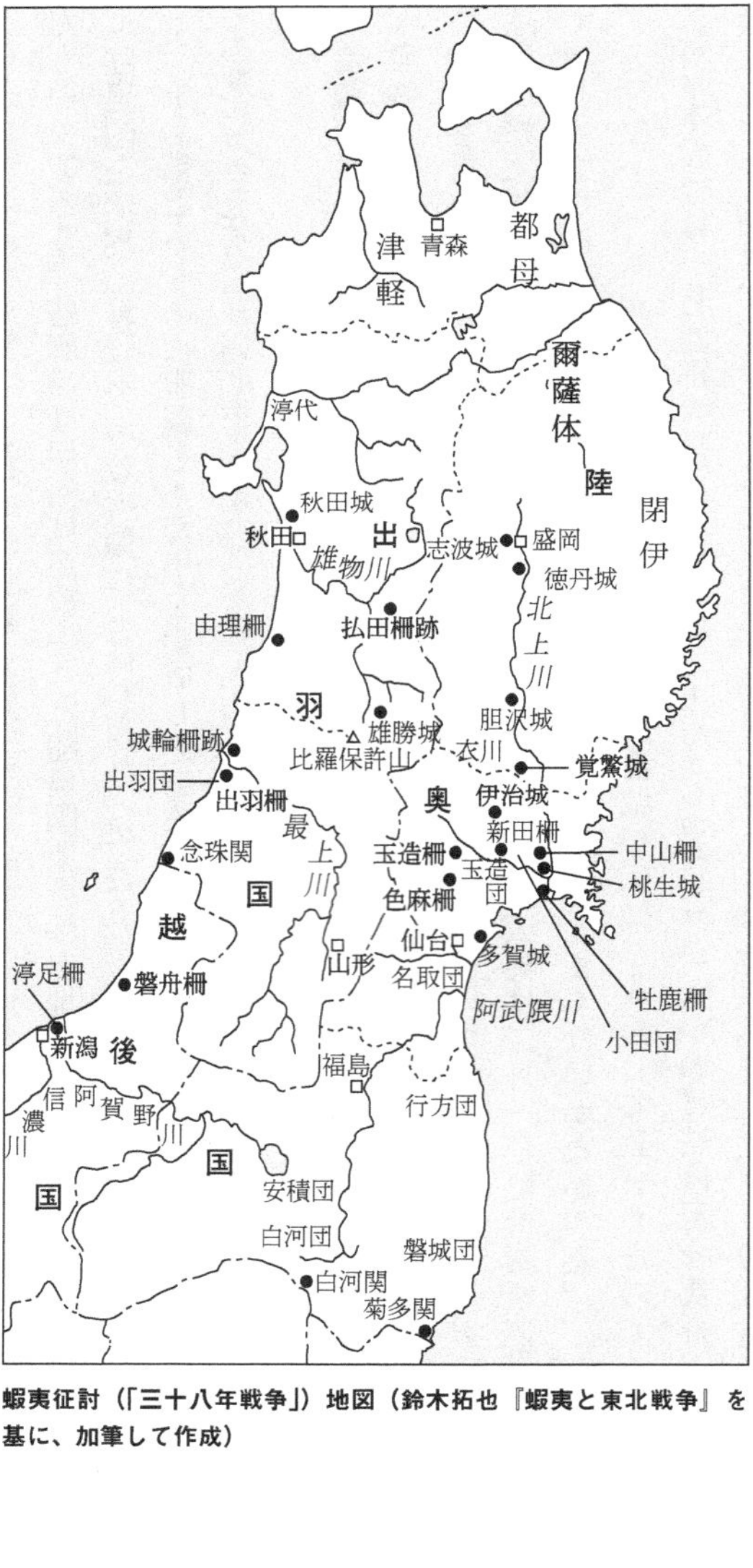

蝦夷征討（「三十八年戦争」）地図（鈴木拓也『蝦夷と東北戦争』を基に、加筆して作成）

呰麻呂は大楯とともに伊治城に入ると、城外の俘軍を唱誘《しょうゆう》してまず大楯を殺し、ついで広純を包囲して、これを殺したのである。その後、陸奥介の大伴真綱《まつな》を国府の置かれた多賀城に護送した。城下の百姓《ひゃくせい》は競って城中に逃げ込んでいたが、真綱や陸奥掾《むつのじょう》の石川浄足《いしかわのきよたり》が密かに逃走したので、百姓たちも逃散《ちょうさん》してしまった（『続日本紀』）。

数日後、呰麻呂や伊佐西古たちは多賀城に入り、争って府庫《ふこ》に備蓄されていた兵器や食粮を掠奪《りゃくだつ》し、遺《のこ》りは火を放って焼き尽くした（『続日本紀』）。発掘調査でも、伊治城や多賀城が大規模な火災で焼失したことが確認されている。

伊治城（政庁域）

征討軍の編制

律令政府はすぐさま、征討軍を編制した。三月二十八日、中納言《ちゅうなごん》の藤原継縄《つぐただ》を征東大使《せいとうたいし》、大伴益立《ましたて》・紀古佐美《こさみ》を副使《ふくし》とし、判官《じょう》・主典《さかん》各四人を任じた。また、翌二十九日には、先に逃走した大伴真綱を陸奥鎮守副将軍、安倍家麻呂《あべのいえまろ》を出羽鎮狄将軍《でわちんてきしょうぐん》とし、軍監《ぐんげん》・軍曹《ぐんそう》各二人を任じるとともに、大伴益立に陸奥守を兼ねさせている。なお、真綱は六月に解任され、百済《くだらの》王俊哲《こにきししゅんてつ》に代わっている（『続日本紀』）。

さて、華々しく編制された征討軍であったが、大使の継縄は結局、下向することはなかった。また、陸奥に進発した副使の益立も、五月八日に至ってようやく奏上をおこない、「且つは兵粮《ひょうろう》を準備し、且つは賊の様子をうかがい、今月下旬を期して国府に進み入り、その後、機を見て乱れに乗じ、恭《つつし》んで天誅《てんちゅう》をおこなおうと思います」と言上してきた（『続日本紀』）。

その後はまた、何も報告してこなくなった。光仁はこれに怒り、「俘虜《ふりょ》を連行して献上してくるのを待ちかねているのに、一向にそのことがない」として、状況を申上することを求めている（『続日本紀』）。もちろん、戦闘を開始しなかったのは、軍士・軍粮《ぐんりょう》・武具が不足していたからであって、益立たちはそれらが集積されるのを待っていたのである（鈴木拓也『蝦夷と東北戦争』）。

しかし、光仁はそれを待てなかった。九月二十三日、参議の藤原小黒麻呂《おぐろまろ》を持節征東大使に任じ、陸奥に進発させた。ところがその小黒麻呂も、なかなか軍を動かそうとはしなかった。十月二十二日、小黒麻呂が「今年は征討ができません」と上奏《じょうそう》してきたのを承けて、二十九日、光仁は「夏は草が茂っていると称し、冬は襖《おう》（防寒着）が乏しいと言い、さまざまに言を巧みにし、遂に逗留《とうりゅう》したままである」と激怒し、「何月何日に賊を誅殺《ちゅうさつ》し、伊治城を回復するのか。将軍は賊に欺《あざむ》かれたために気持が緩《ゆる》み怠り、この逗留を招いたのである」と譴責した（『続日本紀』）。

仕方なく小黒麻呂は二千人の兵を進め、十二月十日には「鷲座《わしくら》・楯座《たてくら》・石沢《いさわ》・大菅屋《おおすがや》・柳沢《やなぎさわ》等の五道」を塞いだことを奏上している。いずれも陸奥国、現在の宮城県北西部から岩手県南西部にかけての地名であろうと思われる。これに対し光仁は、出羽国の大室塞《おおむろのき》（現山形県尾花沢市丹生か）の方も防御させるよう命じている（『続日本紀』）。

宝亀の征討の終焉

ところが不可解なことに、この征討の結末は『続日本紀』に記されていない。呰麻呂の行く末も不明であるし、伊佐西古は次の桓武《かんむ》の時代になってもなお、追討の対象として名指しされているが、その行方は杳《よう》として知られない。

そして戦乱の結果、疲弊した陸奥・出羽、それに坂東諸国を舞台として、これ以降、律令国家対蝦夷の全面戦争の様相を呈することになるのである（鈴木拓也『蝦夷と東北戦争』）。

なお、光仁の死を承けて桓武が即位した直後の天応《てんおう》元年（七八一）五月二十四日、小黒麻呂は入京を請うてきた。それに対し桓武は、六月一日、「伊佐西古をはじめとする一騎当千の首領の首を一つも斬らないまま軍を解散してしまった。賊軍は四千余人であるが斬った首はわずかに七十余人に過ぎず、どうして戦勝を報告して入京を願うのか」と叱責《しっせき》し、副使の内蔵全成《くらのまたなり》か多犬養《おおのいぬかい》のうち一人を入京させ、軍中の子細を報告させたうえで、処分を待つようにと命じた（『続日本紀』）。

しかし結局、八月二十五日になって小黒麻呂たちは入京し、叙位に預かっている。副使の報告を承け、現状で止むなしという認識に、桓武も至ったのであろう。その一方で、征東副使大伴益立の怠慢を責め、その位階《いかい》を奪っている（『続日本紀』）。責任を一人に押しつけて事を済ますという、いつに変わらぬ宮廷社会の実像である。

延暦三年の「征夷」計画

先にも述べたように、新王朝《おうちょう》の創始者を自任した桓武は、「軍事と造作」、つまり三度の「征夷」と二度の造都（長岡京《ながおかきょう》と平安京《へいあんきょう》）に専念した天皇であった。実際の蝦夷征討は延暦《えんりゃく》八年（七八九）にはじまり、数えて三回に及ぶが、じつは五年前の延暦三年（七八四）と桓武最晩年の延暦二十三年（八〇四）にも、「征夷」が計画されたことがあった。

すでに延暦元年（七八二）六月に桓武は、大伴家持《やかもち》を陸奥按察使・鎮守将軍、入間広成《いるまのひろなり》を陸奥介、安倍猿島墨縄《あべのさしまのすみなわ》を鎮守権副将軍《ちんじゅごんのふくしょうぐん》に任じていたが（『続日本紀』）、これが「征夷」の準備であることは明らかであった。
二年後の延暦三年二月、中納言に上っていた家持が持節征東将軍《じせつせいとうしょうぐん》、文室与企《ふんやのよき》が副将軍、広成と墨縄が軍監に、それぞれ任じられた（『続日本紀』）。この年は十一月に長岡京への遷都が強行された年であるが、讖緯説《しんいせつ》（中国の未来予言説）で革令《かくれい》の年に当たる甲子《かっし》年のこの年、桓武は自己の皇位の正統性を「征夷」と造都に求めたことになる。
しかし、翌延暦四年（七八五）八月に家持が死去し、九月に長岡京造営を推進していた藤原種継《たねつぐ》が暗殺されて家持の関与が発覚し、皇太子早良《さわら》親王が廃されるに及んで、この年の「征夷」は中止とされた。こうして桓武は、他戸《おさべ》親王・井上《いのうえ》内親王につづいて早良親王の怨霊《おんりよう》に悩まされることになる。それがその後の「征夷」にどのような影響を与えたかは、定かでない。

延暦八年の「征夷」

桓武は怯《ひる》むことはなかった。すでに延暦五年（七八六）から軍士と武器の点検、延暦七年（七八八）三月には兵糧の備蓄をはじめ、東海・東山道の坂東諸国から歩兵《ほへい》・騎兵五万二千八百人を徴発して明年三月までに多賀城に集結させることを命じた。同じ三月に多治《たじ》比浜成《ひのはまなり》・紀真人《まひと》・佐伯葛城《さえきのかずらき》・入間広成を征東副使、七月に参議の紀古佐美を征東大使に、それぞれ任じている（『続日本紀』）。坂東からだけでもこの人数なのであるから、陸奥・出羽国の兵士を合わせれば、とてつもない大軍を集結させようとしていたにちがいない（樋口知志「延暦八年の征夷」）。

古佐美は十二月に桓武に辞見《じけん》（将軍や使者が、出退と来還の際に天皇と対面する儀礼）して、「坂東の安危《あんき》は、この一挙にかかっている」との勅《ちょく》を承け、陸奥に向けて進発した。翌延暦八年三月には多賀城に集結したようであるが、またもやなかなか進軍しようとはせず、わずかに四月六日に、衣川《ころもがわ》（現岩手県西磐井郡平泉町付近）を渡って前軍《ぜんぐん》・中軍《ちゅうぐん》・後軍《こうぐん》の軍営《ぐんえい》三箇所を設置したことを奏上してきた。桓武は五月十二日に、ただちに進撃するよう戒めている。

これを承けて、古佐美たちはすぐさま進撃を開始した。五月下旬、中軍・後軍各二千人の兵が、それぞれ別将《べっしょう》に率いられて北上川を渡った（『続日本紀』）。現在の岩手県奥州市、胆沢段丘が北上川に落ち込むあたりであろう（『岩手県の歴史』）。ただし、別将というのは征東大使や副使たちとは別の下位の指揮官であり、古佐美たちは多賀城や衣川の軍営などの後方で指揮を執っていたのである。

阿弖流為登場

四千人の兵士が賊帥《ぞくすい》である阿弖流為《あてるい》の居所に近づいたところ、賊徒《ぞくと》三百人ほどが応戦した。「官軍」の勢いは強く、賊衆《ぞくしゅう》は退却した。「官軍」は村を焼き払いながら進軍し、巣伏《すふせ》村（現奥州市水沢佐倉河か奥州市江刺愛宕か）で前軍と合流しようとしたが、じつはこれは阿弖流為の仕掛けた罠《わな》であった。

前軍は賊に阻まれて北上川を渡ることができず、そこに賊衆八百人ほどが来襲した。

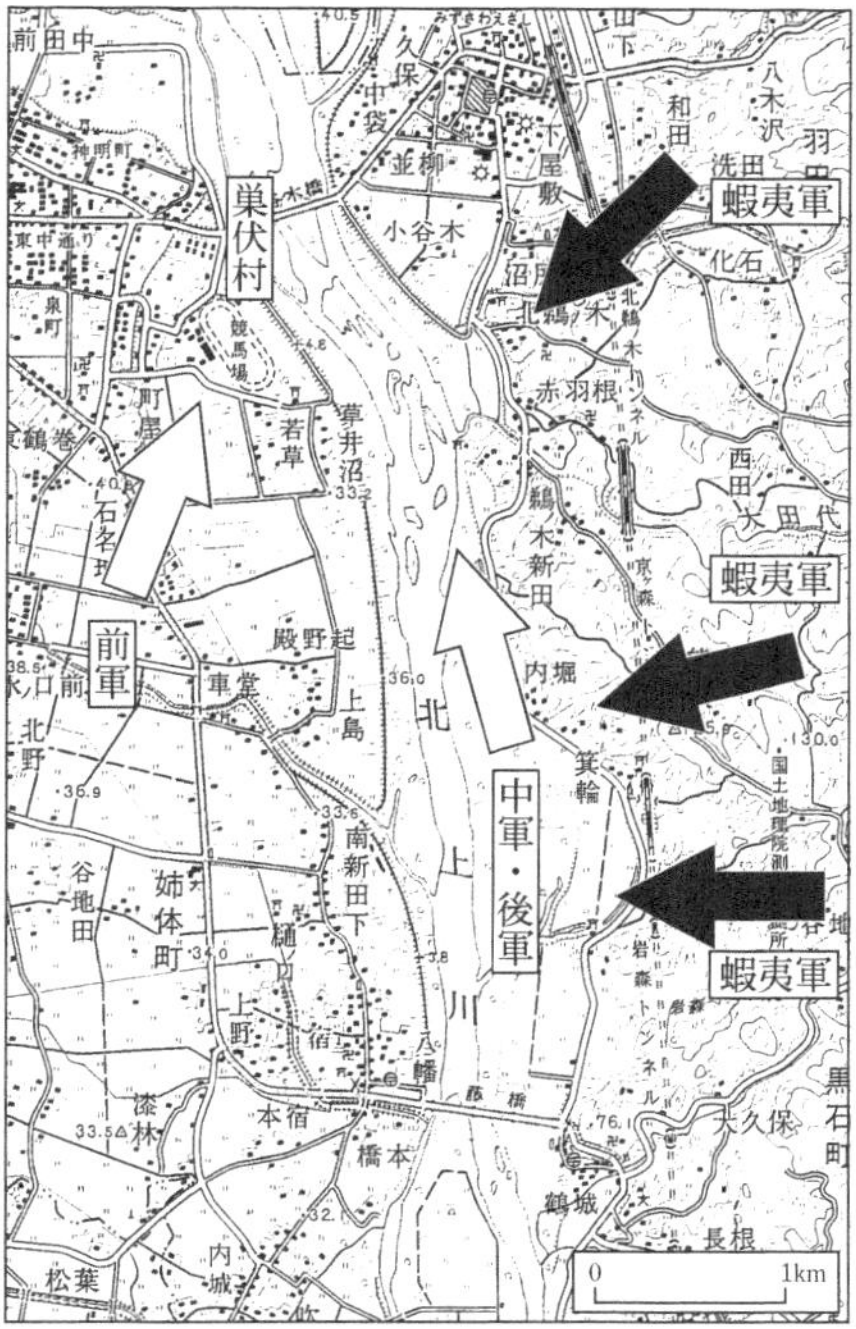

胆沢周辺地図（国土地理院発行1/50,000地形図「水沢」を基に、縮小・加筆して作成）

「官軍」が少し退却したところに、今度は東の山から賊衆四百人ほどが出てきて「官軍」の背後の道を断ち、前後から攻撃して、別将丈部善理《はせつかべのぜんり》以下を戦死させた（『続日本紀』）。

結局、焼亡した賊の住居十四村、宅八百烟《えん》ほど、「官軍」の戦死二十五人、矢に当たって負傷した者二百四十五人、河に飛び込んで溺死《できし》した者千三十六人、裸身で泳いで来た者千二百五十七人という「戦果」を得て、遺った別将たちは帰還した（『続日本紀』）。

この報告を受けた桓武は、六月三日、作戦の誤りや、指揮官の地位の低さを弾劾《だんがい》し、後方に留まった副将たちを激しく非難した（『続日本紀』）。たしかに、総勢数万人というのならば、この時に進撃した前軍・中軍・後軍合わせて六千人以外の膨大な数の兵士たちは、いったいどこで何をしていたのであろうか。

しかし、この叱責が現地に届く前の六月九日に、古佐美は征討軍の解散と敵地離脱を決定していた。その長々とした理由（理屈）は、要約すると、賊の残党が潜伏《せんぷく》している子波《しわ》（志波、現盛岡市）や和我《わが》（現岩手県和賀郡と北上市）の地は遠く離れた奥深い僻地《へきち》なので、軍粮の運搬に日数がかかる。また、軍士は一日に二千斛《こく》も食するので、とても補給が追いつかない。さらには、征軍（兵士）も輜重《しちょう》（運搬人）もともに疲弊していて、進軍しても危うく、利がない、というものである。そして、奏上して裁可を待っていても、それが届くまで無駄な軍粮を消費するであろうから、十日までに征討軍を解散して兵士を賊地の外に出す、と桓武に事後承諾を求めた。これに桓武が激怒したことは、言うまでもない。桓武は七月十七日にも、古佐美の奏上の内容の矛盾を衝いて、怒りを露わにしている（『続日本紀』）。

なお、これらとは別に、多治比浜成の率いる船団が三陸《さんりく》海岸沿いを征討したと考えられており、そちらは気仙《けせん》郡（現宮城県北東部から岩手県南東部）の設置につながる一定の戦果を得たようである（樋口知志「延暦八年の征夷」）。

こうして九月八日、古佐美たちは入京し、節刀《せっとう》を桓武に返却した。十九日には征東将軍たちは逗留して敗軍したことについて勘問《かんもん》を受け、いずれも罪を認めて承伏《しょうふく》した。しかし、結局、処罰を受けたのは鎮守副将軍の池田真枚《いけだのまひら》と安倍猿島墨縄のみであり、しかもいずれも刑を軽減されている（『続日本紀』）。

翌延暦九年（七九〇）十月に、有功者四千八百四十余人への叙位をおこなうという論功行賞によって、桓武にとってはじめての「征夷」は幕を閉じた。

延暦十三年の「征夷」

長岡遷都と軌を一にしておこなわれた延暦八年の「征夷」は、たいした戦果を挙げることができずに終了した。長岡遷都も、種継暗殺と早良廃太子を乗り越えて強行したものの、桓武は早良の怨霊に苦しむこととなった。新都では洪水や疫病にも悩まされた。

この間の延暦十一年（七九二）、陸奥・出羽・佐渡《さど》・西海道《さいかいどう》諸国を除く諸国の軍団《ぐんだん》・兵士を廃止し、代わって郡司《ぐんじ》の子弟と武芸の鍛錬を積み弓馬に秀でた百姓を選抜した健児《こんでい》の制を定めた。これによって、公民が負担していた兵役は、ほぼ解消されることとなった。

それでも桓武は軍事と造作を中止することはなかった。それどころか、両政策をさらに推進すべく考えられたのが、延暦十三年（七九四）の「征夷」と平安京の造営であった。この両者が同じ年におこなわれたことは、けっして偶然ではない。平安京の造営は延暦十二年（七九三）正月にはじめられたが、長岡京の廃都と平安京の造営が立案された後に、「征夷」の実施時期を繰り下げ、遷都と組み合わせておこなう方向で日程の修正がはかられたと考えられている（鈴木拓也『蝦夷と東北戦争』）。前回の「征夷」と造都の失敗をともにリセットし、新たな都と新たな「征夷」をおこなうことで、桓武は自己の権威の確立を期したのであろう。

延暦九年（七九〇）から兵器製造や軍粮備蓄など「征夷」の準備をはじめた桓武は、延暦十年（七九一）七月に大伴弟麻呂《おとまろ》を征夷大使、百済王俊哲・多治比浜成・坂上田村麻呂《さかのうえのたむらまろ》・巨勢野足《こせののたり》を副使に任じた（『続日本紀』）。ここに後の「征夷」の「英雄」田村麻呂の名が挙がってきたのである。恵美押勝《えみのおしかつ》の乱を鎮圧した坂上苅田麻呂《かりたまろ》の子で、渡来《とらい》系の東漢《やまとのあや》氏の出身。この年、三十四歳で、田村麻呂のみ、これまで「征夷」の経験がない。

彼らは延暦十二年に征東使から征夷使《せいいし》に名を改められ、平安京の造営と時期を合わせて、延暦十三年の元旦に節刀を賜わり、十万と号される「征夷」の軍が進発したものと思われる。

「思われる」というのは、『続日本紀』は延暦十年十二月の記事で終わり、つづけて『日《に》本後紀《ほんこうき》』が編纂されたが、『日本後紀』は全四十巻のうちで現存するのは十巻に過ぎず、諸書に引用された逸文《いつぶん》を合わせても、その全容を知ることはできないのである。

延暦十三年六月には、「征夷副将軍《せいいふくしょうぐん》坂上大宿禰《おおすくね》田村麿以下の者が蝦夷を征討した」という記事があり（『日本紀略《にほんきりやく》』）、この頃、戦闘、あるいは交渉がくりひろげられていたことが推測できる。そして十月二十二日に平安京遷都がおこなわれたのに合わせるかのように（偶然ではあるまい）、二十八日、征夷将軍大伴弟麻呂が、「斬首《ざんしゅ》四百五十七級、捕虜《ほりょ》百五十人、獲馬八十五匹、焼落七十五処」という戦果を奏上してきた。これで今回の「征夷」は成功したということになったのであろう。同じ日、遷都詔を発している（『日本紀略』）。

翌延暦十四年（七九五）正月に「征夷」軍は捕虜とともに入京し、二月に叙位に預かっている（『日本紀略』）。連行された捕虜は諸国に移配《いはい》されたものと思われる。

（上）北上川（胆沢周辺）
（中）胆沢城（復元外郭築地）
（下）志波城（復元外郭南門）

延暦二十年の「征夷」

桓武は延暦十六年（七九七）に還暦《かんれき》を迎え、二月の『続日本紀』撰進《せんしん》に際しては、「天皇陛下（桓武）の仁は渤海《ぼっかい》の北まで覆い渤海人を心服させ、威勢《いせい》は日河《ひかわ》（日高見《ひたかみ》川＝北上川）の東方にまで振い蝦夷・狄人《てきじん》らを鎮圧しています。前代の天皇が教化《きょうか》できなかった者たちを教化し、不臣《ふしん》の者たちを臣従《しんじゅう》させました」と讃《たた》えられている（『日本後紀』）。しかしながら、阿弖流為はまだ健在で、蝦夷支配の拠点としての城柵も設置していないというのが現状であった。

そこで三度目の「征夷」が企画され、十一月に陸奥按察使・陸奥守兼鎮守将軍となっていた田村麻呂が征夷大将軍《せいいたいしょうぐん》に任じられた。田村麻呂は延暦二十年（八〇一）二月に節刀を賜わっているので（『日本紀略』）、ほどなく進発したのであろう。

この「征夷」の詳細はわからないが、九月に至って、「夷賊を討伏した」という戦勝報告があり、十月に入京している。十一月には、「陸奥国の蝦夷らは以前の天皇の代から長期にわたり、辺境を侵犯して百姓を殺したり奪うことをおこなってきているので、従四位上坂上田村麻呂大宿禰らを遣わして、討ち平げ掃治《そうじ》することにした」として、従三位を授けている（『日本紀略』）。これまでよりも短期間で終結したことに、不審を抱かなかったのであろうか。

これで胆沢・志波の蝦夷は完全に制圧されたものと思われる。翌延暦二十一年（八〇二）には田村麻呂を派遣して胆沢城（現奥州市水沢佐倉河）を造営し、延暦二十二年（八〇三）にはさらに六〇キロメートル北に志波城（現盛岡市中太田・下太田）を造営している（『日本後紀』）。

阿弖流為の降服

そのような状況のなか、延暦二十一年四月に、蝦夷の族長である阿弖流為と母礼《もれ》が、同類五百余人を率いて降服してきた。田村麻呂はこれを受け容れ、阿弖流為に大墓公《たものきみ》、母礼に盤具公《ばんぐのきみ》という姓を授けた（『日本後紀』）。田村麻呂との政治的妥協によるものであろう。

田村麻呂は七月、阿弖流為と母礼をともなって入京したが、二人は八月に斬刑《ざんけい》に処されてしまった。田村麻呂は、「今回は二人の希望を認めて郷里へ戻し、帰順《きじゅん》していない賊類を招き懐《なつ》かせようと思います」と言って二人の助命《じょめい》を請うたが、公卿《くぎょう》たちは「夷《えびす》らの野性《やせい》は獣心《じゅうしん》のようで、反覆《はんぷく》して定まることが無い。たまたま朝廷の威厳により捕えた賊の長を、もし願いどおりに陸奥の奥地に放還《ほうかん》すれば、いわゆる虎を養って災いをあとに遺すのと同じである」と執論し、二人は河内《かわち》国杜山《もりやま》（植山《うえやま》、もしくは椙山《すぎやま》か）で斬られたのである。山崎《やまさき》橋の南の南海道《なんかいどう》沿いの幹線ルート上という人通りの多い場所での公開処刑であったと推定されている（今泉隆雄「三人の蝦夷」）。

未服属の蝦夷支配に二人の持つ権威を利用しようとした田村麻呂の思惑に対し、国家の威信を重視した桓武の意向が反映されたものと考えるべきであろう（鈴木拓也『蝦夷と東北戦争』)。

四度目の「征夷」計画

志波城の造営を承けて、桓武はさらに北方への「征夷」を計画した。延暦二十三年(八〇四)正月、ふたたび田村麻呂を征夷大将軍に任じたのである(『日本後紀』)。しかし、田村麻呂は進発することはなかった。

そして翌延暦二十四年(八〇五)十二月の「徳政相論《とくせいそうろん》」を承け、「征夷」と造都はともに中止となった。

「徳政相論」というのは、桓武が側近参議の藤原緒《お》嗣《つぐ》と菅野真《すがののま》道《みち》に「天下の徳政」を相論させ、「現在、天下の人民が苦しんでいるのは軍事と造作ですので、両者を停止すれば、百姓を安楽にすることができるでしょう」と言った緒嗣の意見を容れ、両者を停廃《ていはい》したというものである。もちろん、これは桓武自身の意向を踏まえた意見である。

桓武は三箇月後の大同《だいどう》元年(八〇六)三月に死去する。「即位すると政治に務め、内には平安京の造営をおこない、外に向かっては蝦夷を征討した。これらは当年の財政負担となったが、後世はこの恩恵に与かった」と評されたものの、その最期まで怨霊に苦しめられた生涯であった。

「征夷」の終結

弘仁《こうにん》二年（八一一）、最後の「征夷」がおこなわれたが、これは「征夷終結のための征夷」と称されている（熊谷公男「平安初期における征夷の終焉と蝦夷支配の変質」）。二月に陸奥出羽按察使の文室綿麻呂《わたまろ》らが、陸奥・出羽両国の兵二万六千人で、爾薩体《にさったい》・幣伊《へい》の二村を征討したいと奏上してきた（『日本後紀』）。正月に置かれたばかりの和我・薭縫《ひえぬい》・斯波《しわ》三郡の安定化のための軍事行動であったと推定されている（樋口知志「志波城・徳丹城と蝦夷」）。爾薩体は現在の岩手県二戸市仁左平から青森県南部にかけて、幣伊は岩手県上閉伊郡・下閉伊郡に比定《ひてい》されている。

嵯峨《さが》天皇は三月にこれを裁可し、四月に綿麻呂を征夷将軍に任じている（『日本後紀』）。嵯峨は「征夷」に消極的であったとされるが、「薬子《くすこ》の乱（平城上皇《へいぜいじょうこう》の乱）」を制圧して平安京を「万代宮《よろずよのみや》」の帝都として確立した直後であってみれば、その権威の確立に「征夷」も活用するというのは、あながち悪い選択肢ではなかったはずである。

ところが、五月になって、嵯峨は「征夷」を翌年の六月まで延期するよう命じている（『日本後紀』）。軍士・軍粮・武器の調達を陸奥・出羽両国のみに頼っていたという現実を踏まえての決定であろう。

綿麻呂らは七月に、俘軍を用いて征討をおこなうことを要請し、裁可された。綿麻呂は「征夷」軍を四道に分けて進撃させたが、十月になって、新たに捕虜とした者や帰降《きこう》した者が巨多《きょた》であるとして、戦勝を報告した。これに対し嵯峨は、それらを諸国に移配することを命じ（『日本後紀』）、結局は双方とも決定的な勝利を収められないまま、ここに三十八年にわたる「征夷」は終結したのである。弘仁四年（八一三）には、政府は「中外無事《ちゅうがいぶじ》」を公言している（『類聚三代格《るいじゅうさんだいきゃく》』）。

「小帝国」と「征夷」

先にも述べたが、「征夷」という事業は律令国家の標榜《ひょうぼう》した「東夷の小帝国」という国家観と密接に関連したものであった。「征夷」が律令国家の建設過程と軌を一にしてはじめられ、それが本格化したのは「東夷の小帝国」の再編がはかられた時期、終結したのも律令国家が「東夷の小帝国」という自己認識を放棄した時期と一致したものであった。

たしかに、異民族を従えることが帝国の重要な構成要件であってみれば、律令国家が蝦夷や隼人を異民族として支配したいという願望を持つのも、国家史的には理解できる発想である。

しかしながら、縄文《じょうもん》時代以来、独自の社会と文化を維持して平和に暮らしていた蝦夷

（と律令国家から呼ばれた人びと）にとっては、これはまことに迷惑千万な話で、国家の侵攻に対して抵抗をおこなったのも、当然のことであった。それは国家と辺境というものが内包する、必然的な軋轢《あつれき》と称すべきであろうか。

　とはいえ、「征夷」とはいっても、そのほとんどは軍事力行使をともなわない制圧であることが多かった（それは日本武尊《やまとたけるのみこと》以来の伝統である）。大軍を編制して行軍したとはいっても、それは「蝦夷」を威圧するための装置に過ぎなかったであろうし、ほとんどの兵士は戦意も低く、実際の戦闘を想定していなかったであろう。

　ただし、抵抗すれば武力行使もしばしばおこなわれたし、「官軍」に屈服すれば俘囚《ふしゅう》として強制的に移住させられ、国司や軍団の監視の下、農業を営むことを義務づけられたのである。元蝦夷たちの思いの火種は、やがて関東《かんとう》各地における群盗《ぐんとう》問題や俘囚の反乱として燃え広がることになる。

　私はかつて、テレビのドキュメンタリー番組で岩手県に伝わる「鬼ごっこ」を見て、強い衝撃を受けたことがある。それは鬼が縄を持って子どもたちを追いかけ、捕まえると腰を縄で結ぶ。捕まった子どもは鬼の手先となり、一緒に他の子どもを追いかける。そして多数となった鬼の集団が最後の子どもを囲んで捕まえるまで、この遊びはつづくのである。何とその遊びは「ちんじゅふ」と呼ばれていた。最初の鬼こそ、田村麻呂だったのである。

2　天慶の乱

王朝国家体制

律令《りつりょう》国家が行き詰まりを見せ（もともと無理があっただけなのだが）、十世紀初頭には、王朝《おうちょう》国家と呼ばれる新しい国家体制に移行しはじめていた。

それは強大な権限を付与された受領国司《ずりょうこくし》が国内支配をおこない、名田《みょうでん》という課税単位の経営と租税《そぜい》（官物《かんもつ》・臨時《りんじ》雑役《ぞうやく》）納入を現地の富豪《ふごう》層（田堵《たと》・負名《ふみょう》）が請け負う、そして租税の一部は私物化できるという体制であった。

また、律令軍団《ぐんだん》制、および郡司《ぐんじ》層に依存した健児《こんでい》制が崩壊すると、軍事警察権も受領国司に委任されるようになった。こうして各国に国衙《こくが》軍《ぐん》制が成立し、全国で軍事力が編制されていったのである。最初期の武士である。

私はこの王朝国家こそが日本的古代国家の完成形であると考えているのであるが、それはまた同時に、自力救済を旨とする中世《ちゅうせい》社会の胎動も意味するものであった。

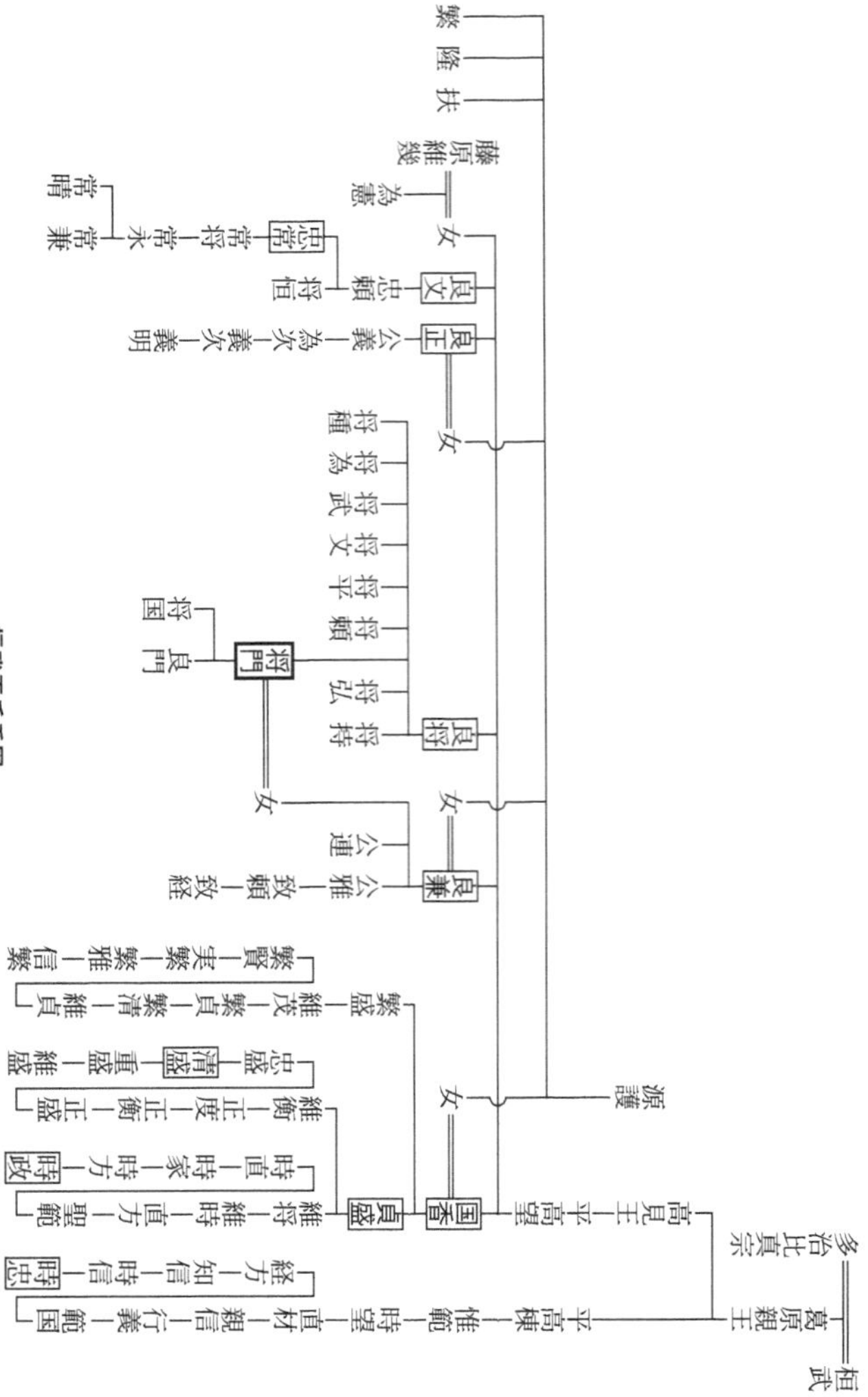
桓武
葛原親王
多治比真宗
高見王
平高望
平高棟
惟範
時望
直材
親信
行義
範国
経方
知信
時信
時忠
国香
貞盛
維将
維時
直方
聖範
時直
時家
時方
時政
維衡
正度
正衡
正盛
忠盛
清盛
重盛
維盛
繁盛
維茂
繁貞
繁清
維貞
繁賢
実繁
繁雅
信繁
源護
女
良兼
公雅
致頼
致経
公連
女
良将
将持
将弘
将門
良門
将国
将頼
将平
将文
将武
将為
将種
女
良正
公義
為次
義次
義明
良文
忠頼
将恒
忠常
常将
常永
常兼
常晴
女
藤原維幾
為憲
扶
隆
繁

桓武平氏系図

その頃、坂東《ばんどう》諸国では俘囚《ふしゅう》の反乱が頻発《ひんぱつ》し、俘囚のなかには群盗《ぐんとう》となる者も出てきた。一方、受領国司のなかには任期が終わっても留住《りゅうじゅう》（都でも政治的地位を保持した状態）し、郡司や任用国司《にんようこくし》などの在地《ざいち》豪族《ごうぞく》と結んで、在地で勢力を扶植する連中が増えてきていた。彼らはいずれも、「営所《えいしょ》」と呼ばれる拠点を中心に、直営方式の農業経営をおこなっていた。また、馬を飼養すると同時に、製鉄にも関与していたと見られている（福田豊彦『平将門の乱』）。

平将門《たいらのまさかど》の乱に登場する人びとは、いずれもこのような都出身の「貴種《きしゅ》」と在地勢力たちであった。舞台は常陸《ひたち》国南部から下総《しもうさ》国北部（いずれも現在の茨城県南部）にかけての、筑波《つくば》山を見上げる巨大な湖沼地帯である。

将門の父祖は、桓武《かんむ》天皇の皇子である葛原《かずらはら》親王にはじまる。葛原親王は一品《いっぽん》・式部卿《しきぶきょう》に至った有力な皇族であったが、その子には高棟《たかむね》王と高見《たかみ》王がいた。高棟王は天長《てんちょう》二年（八二五）に平朝臣《たいらのあそん》として臣籍《しんせき》に降下して正三位・大納言に上り、その子孫もしばらくは公卿《くぎょう》を出したほか、後には弁官《べんかん》や蔵人《くろうど》を勤めて日記を記す「日記《にき》の家」として、後世まで貴族社会で繁栄した。

一方、高見王は無位無官で終わっているから、早世《そうせい》したようである。その子の高望《たかもち》王は平朝臣を賜わり、従五位下・上総介《かずさのすけ》に任じられている。治安の悪化している坂東に、武勇に優れた国司を任命して下向させるための措置と見られている（高橋昌明「将門の乱の評価をめぐって」）。なお、上総《かずさ》国はいわゆる親王任国《しんのうにんごく》で、長官である守《かみ》（太守《たいしゅ》）は現地に赴任せず、次官の介《すけ》が受領として現地の支配にあたった。

高望の子のうち、おそらく三男にあたる良将《よしもち》（良持とも）が、将門の父となる。良将は鎮《ちん》守府将軍《じゅふしょうぐん》に任じられるなど、武勇に優れた人物であった。良将の兄弟である国香《くにか》・良兼《よしかね》・良正《よしまさ》・良文《よしぶみ》は、それぞれ常陸大掾《ひたちのだいじょう》・下総介《しもうさのすけ》・下野介《しもつけのすけ》・陸奥守《むつのかみ》兼鎮守府将軍に任じられ、また国香・良兼・良正は、常陸大掾を勤めた後に留住していた源護《みなもとのまもる》の女《むすめ》と結婚していた。

つまり、良将の兄弟たちは、一家を挙げて嵯峨源氏《さがげんじ》の源護家と姻戚《いんせき》関係を結んでいたものの、良将家は源護との姻戚関係を持っていなかった。このことが、良将家を一族のなかで孤立させ、やがて将門の乱の発端となる一族の紛争につながる要因となる。

一族の紛争

将門と一族との紛争の発端は、将門の乱を描いた『将門記《しょうもんき》』の現存する二つの写本（真《しん》福寺《ぷくじ》本と楊守敬《ようしゅけい》旧蔵本）とも、巻首《かんしゅ》部を欠いているため、明らかではない。

しかし、『将門記』を抄出した『将門記略《しょうもんきりゃく》』には、将門が承平《じょうへい》元年（九三一）に良兼と「女論《にょろん》」によって不和になったと記されている。将門は良兼の女を妻としており、その結

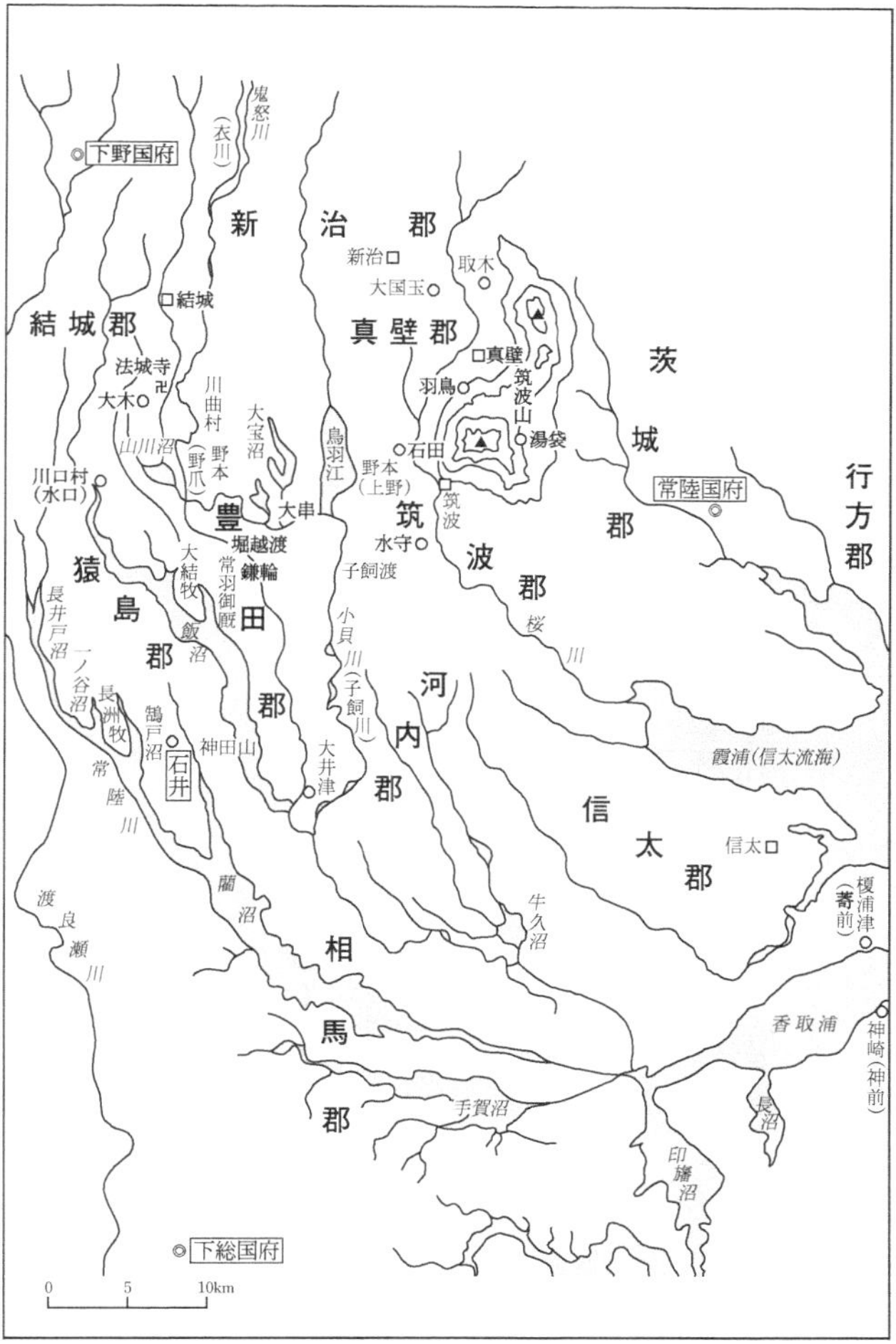

平将門の乱地図（岩井市史編さん委員会『平将門資料集』を基に、加筆して作成）

婚をめぐる争いがあったと推測できる。なお、かつては『将門記』は乱後間もなく記されたと思われてきたが、近年では、早くても十一世紀をさかのぼらないと考えられている。

また、『今昔物語集《こんじやくものがたりしゅう》』に収められた「平将門、謀反《むへん》を発し誅《ちゅう》せらるる語」という説話の冒頭では、

はじめ、将門の父良持（良将）の弟に下総介良兼という者がいた。将門は、父の死後、その伯父良兼とささいなことで行き違いがあり、仲が悪くなった。ついで、父の故良持の「田畠ノ諍《あらそい》」から、ついに合戦にまで立ち至ったが、良兼は道心深く、仏法を尊んでいたので、合戦はなんとか避けようとした。

とある。もともと将門は都に上って、後に摂政《せっしょう》・関白《かんぱく》・太政大臣《だいじょうだいじん》になる藤原忠平《ふじわらのただひら》の許に出仕し、官位《かんい》を得ようとしていたのだが（『尊卑分脈《そんぴぶんみゃく》』では「滝口小二郎《たきぐちこじろう》」と注しているから、滝口に何らかの地位を得ていたのかもしれない）、父良将の死去にともなって、将門の伯父や叔父にあたる国香・良兼・良正たちとのあいだに、良将の遺領《いりょう》をめぐる所有権争いが起こったのであろう。将門は急ぎ帰郷し、この紛争のなかに身を置くこととなったのである。

合戦の開始

『歴代皇記《れきだいこうき》』が引く「将門合戦状」によると、承平五年（九三五）二月二日、将門は、常陸国野本《のもと》（現茨城県筑西市赤浜・向上野・寺上野）に陣を布いて待ち伏せしていた源扶《たすく》・隆《たかし》・繁《しげる》といった源護の子の三兄弟と合戦し、勝利した。三兄弟を討ち取り、野本・石田《いしだ》（現筑西市東石田）・大串《おおぐし》（現茨城県下妻市大串）・取木《とりき》（現茨城県桜川市本木）にあった敵の本拠を焼き尽くし、さらに筑波《つくば》・真壁《まかべ》・新治《にいはり》三郡に広がる伴類《ばんるい》（傭兵《ようへい》的に付き従う小集団の長）たちの舎宅《しゃたく》五百余軒も、ことごとく焼き払った（『将門記』）。この過程で、国香は石田営所で討ち死にした（『和漢合図抜萃《わかんごうずばっすい》』）。

そこで国香の嫡男《ちゃくなん》で、やはり都に上って左馬允《さまのじょう》の官にあった貞盛《さだもり》は、休暇を申請して故郷に戻ってきた。貞盛は坂東でも都でも将門と交流があったと思われるが、「将門は本来の敵というわけではない」と考え、互いに懇《ねんご》ろにして親睦を結ぼうとした（『将門記』）。

ところが、高望の妾《しょう》の子で、将門の叔父にあたる良正が、源護との関係から将門を討つ執念を燃やした。『将門記』は、「一途に外戚《がいせき》の源氏の憂いばかりを気にかけて、たちまち平氏間の肉親の深いつながりを忘れてしまった」と非難している。将門はこれを伝え聞き、承平五年十月二十一日に常陸国新治郡川曲《かわわ》村（現茨城県結城郡八千代町野爪）に向かって良正と戦い、射取った敵兵六十余人という勝利を挙げた（『将門記』）。

敗れた良正は兄の良兼に兵力の不足を訴え、良兼の出馬を願った。良兼は兵を集めて上総国を進発し、貞盛も説得して軍に組み入れ、下野国《しもつけ》へと進撃した。将門は従類《じゅうるい》（主人との関係が密接な精鋭の部下）百余騎を率い、承平六年（九三六）十月二十六日に下野国境に向かった。良兼の軍勢は数千の大軍であったが、将門は敵がまだ近づかぬうちに先手を打って歩兵《ほへい》を出し、合戦に決着をつけた。この襲撃で射とめた人馬は八十余に及んだ（『将門記』）。百余騎というのは騎兵《きへい》の数であって（川尻秋生『平将門の乱』）、それに数倍する歩兵が従っており、あわせると数百人の兵士が将門傘下で戦ったことになる。

注目すべきは、下野国府《こくふ》（現栃木県栃木市田村町・宮ノ辺）に逃げ込んだ良兼を、将門が国《こく》庁《ちょう》の西方の陣を解いて逃がしたということである（『将門記』）。将門はこの時点では、国衙《こくが》に象徴される国家権力に対して、まったく対抗する意思がなかったことを示している。その後、将門は、良兼の方から合戦をしかけてきたということを周辺の国々に触れまわり、その経緯を国庁の日記に記録させて後日の証しとした（『将門記』）。一般的なイメージとは異なり、将門が案外に冷静な人物であることを示している。

都に召喚

源護は告発状を朝廷に提出していたが、それを承けて原告の護と被告の将門を召喚《しょうかん》せよとの官符《かんぷ》が承平六年九月七日に届き、常陸・下野・下総などの国々に通達された。このあたりの『将門記』の日付は誤りがあると思われるのだが、ともあれ将門は護よりも早く、承平六年十月十七日に京に上り、検非違使庁《けびいしちょう》で事件の顚末を弁明した。

もともと将門はこうした実務的な仕事には向かなかったとあるが、理路整然と陳述することができた。そして天子（朱雀《すざく》天皇）のあわれみと百官の恩顧もあり、処罰も重くはなく、かえって畿内《きない》一帯に武勇の誉れを広め、都中に面目を一新した（『将門記』）。主君であり、摂政として朱雀天皇の大権を代行していた忠平の主導であったにちがいない。

しかも承平七年（九三七）四月七日（実際は正月七日）の恩赦《おんしゃ》によって無罪となり、五月十一日に、都を辞して坂東の家に帰ってきた（『将門記』）。

良兼との戦い

将門の帰郷を待ち受けていた良兼は、八月六日に常陸・下総国境の子飼《こかい》の渡し（現下妻市〈旧結城郡千代川村〉からつくば市〈旧筑波郡大穂町〉のあいだの小貝大橋付近）に陣を布き、しかも陣の先頭に霊像《れいぞう》（高望王と平良将の肖像）を押し立てるという心理作戦をおこなって、将門に襲いかかった。将門軍の伴類は逃げ散ってしまい、良兼は大きく迂回して将門の本拠で

子飼の渡し

ある下総国豊田《とよだ》郡栗栖《くるす》院《いん》常羽御厩《いくはのみまや》（現結城郡八千代町栗山）、および百姓《ひゃくせい》の家々を焼き払った（『将門記』）。将門の軍馬の供給地をたたいて、戦闘能力を低下させる戦法だったのであろう（林陸朗『古代末期の反乱』）。

これに対し将門は、多くの鉾《ほこ》や楯《たて》を準備し、兵士の数も倍に増やして、八月十七日に豊田郡下大方《しもおおかた》郷の堀越《ほりこし》の渡し（現八千代町仁江戸）に陣地を構築して、良兼勢の来襲を待ち伏せした。ところがその日、将門は脚の病（脚《かっ》気《け》か）に見舞われ、またもや敗北を喫した。残っていた人家もすっかり焼き尽くされ、将門は妻子を連れて、猿《さ》島《しま》郡葦津江《あしづのえ》（現八千代町芦ケ谷）の辺りに身を隠すことになった（『将門記』）。

九月十九日、将門は良兼の本拠の一つである常陸国真壁郡の服織《はとり》の宿（現桜川市真壁町羽鳥）を千八百余人の兵士で急襲し、これを焼き払ったが、良兼は取り逃がしてしまった（『将門記』）。

その後、十一月五日に、将門が良兼とその子の公雅《きんまさ》・公連《きんつら》、源護、貞盛らを追捕《ついぶ》せよとの官符が、武蔵《むさし》・安房《あわ》・上総・常陸・下野国に下された。しかし、諸国の国司は官符を手にしても、進んで追捕しようとはしなかった（『将門記』）。この時点では、将門が朝廷の側に立って、私闘を公的な武力で解決する立場にあったことになる。このまま事態が推移していれば、将門と貞盛の行く末は、まったく逆のものとなっていたはずである。

良兼は、将門の駈使《くし》（走り使い）である丈部子春丸《はせつかべのこはるまる》の手引きによって、十二月十四日、将門の石井《いわい》の営所（現茨城県坂東市岩井）に八十余騎の精兵《せいへい》で夜討ちをかけた。営所には十人に足らない兵しかいなかったが、奮闘して良兼軍を撃退し、四十余人を殺害した（『将門記』）。

この後、天慶《てんぎょう》元年（九三八）二月中旬、貞盛はふたたび上京して官途《かんと》をめざすことを決意し、東山道《とうさんどう》を経て京都へ上ろうとした。それを伝え聞いた将門は、百余騎の軍兵で後を追い、二月二十九日に、信濃《しなの》国国分寺《こくぶんじ》（現長野県上田市国分）の付近で追いついた。千曲《ちくま》川辺り一帯で戦ったが勝負はつかず、何とか入京した貞盛は、将門を太政官《だいじょうかん》に訴え、糾問官《きゅうもんかん》符《ぷ》を得ることができ、これを携えて天慶二年（九三九）六月中旬に東国《とうごく》に下ってきた（『将門記』）。

その頃、六月上旬に良兼が死去した。庇護者を失った貞盛は、以前、左馬寮《さめりょう》の上司であった新任の陸奥守《むつのかみ》平維扶《これすけ》に従って陸奥国に下ろうとしたが、これも将門に察知されて果たせず、常陸国に潜伏《せんぷく》することを余儀なくされた（『将門記』）。

以上が、将門と一族の内紛のあらましである。これで私闘が終息していれば、将門は国家に対する謀反を起こさずにすみ、その子孫も関東《かんとう》各地で武士団《ぶしだん》を形成して繁栄していたことであろう。貞盛の子孫が伊勢平氏《いせへいし》として政権を取ったり、貞盛・良正・良文の子孫が関東平氏として源頼朝《よりとも》を押し立てて鎌倉幕府《かまくらばくふ》を作ったりすることもなかったはずである。

武蔵国府への介入

将門の運命の潮目《しおめ》が変わったのは、天慶元年二月、将門が貞盛を追って信濃国に向かっていた頃のことであった。武蔵国府（現東京都府中市宮町）において、国司である武蔵権守《むさしのごんのかみ》興世王《おきよ》・武蔵介《むさしのすけ》源経基《つねもと》と郡司兼在庁官人《ざいちょうかんじん》である足立郡司判官代武蔵武芝《あだちぐんじはんがんだいむさしのたけしば》とのあいだに紛争が起こっていたのである（『将門記』）。

事件の発端そのものは、正任《しょうにん》の武蔵守《むさしのかみ》が任地に到着しないうちに、武蔵権守と武蔵介が強引に足立郡（現埼玉県南東部から東京都東部）に立ち入り、武芝の所々の舎宅や民家を襲撃して略奪をおこない、残った舎宅を検封《けんぷう》（財産を差し押さえ、住居を封印すること）したというものであった（『将門記』）。武蔵守が下向してくるというのに、その前に権守と介が現地にいたというのは不審なのであるが、要するに国司と在地の豪族との租税貢進《そぜいこうしん》をめぐる争いなのであった。
国府の書生《しょしょう》（文書《もんじょ》事務官）たちが失政を指摘した勧告書を作成して庁舎の前に落としたり、武芝が私財を返済するよう文書で願い出たが、興世王と経基は顧みることなく、比企《ひき》郡の狭服山《さやき》（現埼玉県比企郡吉見町の岩殿山《いわどの》か）に上って合戦の準備を進める有り様であった（『将門記』）。

武蔵国府（国衙中枢建物跡）

この興世王というのは系譜《けいふ》不明の皇親《こうしん》、経基は清和《せいわ》天皇皇子貞純《さだずみ》親王（あるいは陽成《ようぜい》天皇皇子元平《もとひら》親王）を父とする二世の賜姓《しせい》源氏で、後世の武家源氏の祖となる人物である。武芝は、もとは丈部直氏で神護景雲《じんごけいうん》元年（七六七）に武蔵宿禰《すくね》を賜わった武蔵氏の人物である。稲荷山《いなりやま》古墳出土鉄剣銘の「乎獲居臣《おわけのおみ》」や、後の『更級日記《さらしなにっき》』の竹芝《たけしば》伝説にもつながる、伝統的な地方豪族である。

ともあれ、このような国府における紛争は、日本各地で起こり得る性格の問題であって、もともと武蔵国と深い関係を持っていない将門がこれに介入する謂《い》われはないのであった。

しかし、将門は、「あの武芝たちは、血縁関係のある近親者ではない。また、守や介も兄弟の血筋に当たる者ではない。縁者ではないが、しかし、武蔵国へ赴きかれら双方の争いを鎮めるために、ひと働きしようと思う」などと語り、この紛争に介入した（『将門記』）。

すでに坂東を武力で制覇し、追捕《ついぶ》官符《かんぷ》も得ていたという自負から、関係のない国の紛争にも介入してしまったのであろうか。それとも、このような紛争を処理できないようでは、坂東に覇《は》を唱えることができないとみなされていたのであろうか。

ともあれ将門は、まず手兵を率いて、武芝が隠れた野に行き、ともに国府をめざして出発した。先に国庁に来ていた興世王と二人は和解したものの、武芝の後陣《ごじん》が、用心して狭服山の山陰に留まっていた経基の営所をとり囲んでしまい、経基配下の軍兵も分散した。そこで興世王は国府に留まり、将門は本拠に戻った（『将門記』）。

経基は、興世王と将門が武芝に誘われて、自分を殺そうと図ったのではないかという疑いを持ち、京都に逃げ上って、興世王と将門が謀叛《むほん》を図っていると太政官に奏上した。京中は大いに驚き、都の辺りは大騒動となったとある（『将門記』）。

なお、この天慶元年二月の時点まで、将門は国家権力に対する反逆行為はおこなっていないのであるから（後に述べるが純友《すみとも》も同様）、この戦乱を「承平・天慶の乱」と呼称するのは不適切で、「天慶の乱」と呼称すべきであるという下向井龍彦氏の提言（下向井龍彦『純友追討記』）に従い、この本では「天慶の乱」と称することとする。

密告《みっこく》があったこと自体は史実だったようで（この段階では誣告《ぶこく》なのだが）、忠平の日記である『貞信公記抄《ていしんこうきしょう》』の天慶二年三月三日条に、「源経基が武蔵の事を告言《こくげん》した」とある。その後も、四日に坂東兵乱の平定を神祇官祭主《じんぎかんさいしゅ》に祈らせ、九日に十一社に祈禱《きとう》、延暦寺《えんりゃくじ》に修《しゅ》法《ほう》をおこなわせ、二十二日に陰陽師《おんみょうじ》に太一式祭《たいいちしきさい》をおこなわせるなど、矢継ぎ早の宗教的措置を執っている（『貞信公記抄』）。

将門の方にも、太政大臣（忠平）家に事の実否を申上せよとの忠平の御教書《みぎょうしょ》が三月二十五日に下され、やがて将門の許に到着している。将門は、常陸・下総・下野・武蔵・上野《こうずけ》五箇国の解文を集め、謀叛は事実無根であることを証明させて、五月二日付で言上《ごんじょう》した（『将門記』）。忠平は私的に調査をおこない、できればイエ内部の出来事として、大事件になることを回避しようとしたのであろう（川尻秋生『平将門の乱』）。

五月十五日、新任の武蔵守が任命された（『貞信公記抄』）。それは百済王《くだらのこにきし》貞連《さだつら》であり（『類聚符宣抄《るいじゅうふせんしょう》』）、興世王とは姻戚関係にある者であった。ところが貞連は、武蔵国に下向すると興世王を国務に関与させず（守が赴任したら権守は不要になるから、当然である）、世を怨《うら》んだ興世王は公務を捨てて、下総国の将門の許に身を寄せることとなった（『将門記』）。

一方、六月十六日の除目《じもく》（天皇が諸官を任命する儀式）で、相模《さがみ》・武蔵・上野三国の権介《ごんのすけ》が任じられた（『本朝世紀《ほんちょうせいき》』）。相模の橘《たちばなの》是茂《これもち》、武蔵の小野諸興《おののもろおき》、上野の藤原惟条《これつな》はいずれも武勇に優れた人物で、御牧別当《みまきべっとう》の経験者である。彼らが将門鎮圧《ちんあつ》に利用されたという推測（福田豊彦「日本中世の政治形態と内乱」）は、的を射ているものと言えよう。

『将門記』では、「諸国からの善状《ぜんじょう》によって、宮中では、将門に対してその功績を認め賞すべき旨が議論された。幸いにも将門は恩沢《おんたく》を国内に受けて、その威勢《いせい》を国外にまで広く振るうことができた」などと気楽なことを記しているが、実際にはその「議論」とは、六月七日に経基の密告に基づく問密告使《もんみつこくし》（推問使《すいもんし》）の発遣《はっけん》を決定したものであった（『日本紀《にほんき》略《りゃく》』『本朝世紀』）。

二十一日には追捕官符が発給され（『本朝世紀』）、二十八日には経基の告訴が正式に受理されている（『貞信公記抄』）。先に述べた、貞盛が坂東に携えてきた官符とは、これのことなのであろう。ただし、ここまで事態を拡大させず、弁明に努めていれば、武蔵国府での紛争も不問に付されたことであろう。

常陸国府との紛争

その頃、常陸国府（現茨城県石岡市総社）を舞台に、もう一つの紛争が起こっていた。もともと国の乱人《らんじん》（無法者）で群盗でもあった常陸国の住人藤原玄明《はるあきら》と、受領の藤原維幾《これちか》およびその子息の為憲《ためのり》（母は高望の女）とのあいだに、官物（公領からの貢納物《こうりょう》）の弁済《べんさい》をめぐる紛争が起こった。

維幾は玄明を追捕しようとして太政官に追捕官符を出させたが、玄明は下総国豊田郡に逃れ、その途中で行方《なめかた》・河内《かわち》両郡の不動倉《ふどうそう》の米穀や糒《ほしいい》（乾飯）などを奪った。維幾は玄明を捕えて身柄を送り返すようにという通達を下総国と将門に送りつけたが、将門はその都度、玄明は逃亡したと答えていた（『将門記』）。

『将門記』では、「将門には、元来が失意の人をたすけて意気を示し、寄《よ》る辺《べ》なき者の面倒をみて元気づけるという風格があった」とその義侠心《ぎきょうしん》を賞揚《しょうよう》しているが、このような者を保護しない限り、坂東の在地社会における権力を維持できなかったのであろう。将門と玄明は合戦の打合せを整えた（『将門記』）。国衙権力の衰退している坂東なればこそ、一族内部の私闘と、国家権力の牙城《がじょう》である国府に対する武力行使との区別がつけにくかったのであろう。太政官符《だいじょうかんぷ》に逆らうことも同様である。

将門たちは国外からも軍兵を徴発《ちょうはつ》し、千余人で天慶二年十一月二十一日に常陸国府へと進発した。国府側でも警護を固めていたが、合戦となると国府側の軍兵三千人は討ち取られた。維幾は過状《かじょう》（誤りを認める始末書）を提出させられたうえで監禁され、将門は国府行政の象徴である印鎰《いんやく》（国印《こくいん》と正倉の鎰《かぎ》）を奪い、本拠地の豊田郡鎌輪《かまわ》の宿（現下妻市鎌庭）に引き上げた。国府は将門軍の略奪を受けた（『将門記』）。

ただ、この時点でも将門が国司を丁重に扱っていることから、将門が中央政府と全面的な戦争を企てていたわけではないという指摘（川尻秋生『平将門の乱』）は重要であろう。

興世王の進言と坂東制圧

とはいえ、国府を襲撃して国司を追放し、印鎰を奪ったとなると、すでに国家に対する反逆に他ならない。ここで興世王は、将門にはかりごとを持ちかけたということになっている。「一国を討つといっても国からの咎《とが》めは決して軽くはありますまい。同じことならば、坂東諸国を攻め取って、暫く様子をうかがおうではありませんか」と。将門もこれに同意して、坂東八箇国よりはじめて、やがては帝王の住む都を攻略してみようと意気込んだとある（『将門記』）。実際にこのような会話がおこなわれたかどうか、特に京都攻略については疑問が残るが、事態は興世王の提言のように推移していくことになる。

天慶二年十二月十一日、将門は数千の軍兵を率いて、下野国に出動した。下野国府では、新任国司の藤原弘雅《ひろまさ》と前任国司の大中臣全行《おおなかとみのまたゆき》らは、将門に再拝し、すぐさま印鎰を捧げ、地にひざまずいてこれを授け奉った。将門は使者をつけて二人を都に追放した（『将門記』）。

さらに十五日、将門は上野国に向かい、受領の上野介《こうずけのすけ》藤原尚範《ひさのり》から印鎰を奪い、やはり都に追放した。その後、将門が坂東諸国の除目をかってに発令したとあるのは（『将門記』）、どうも史実とは考えられない。なお、この尚範は純友の伯父にあたる人物である。

ただ、将門が坂東を制圧したこと自体は、『本朝世紀』『日本紀略』などの国家側の史料からも確認することができ、確実な史実なのである。たとえば、『日本紀略』天慶二年十二月二日条では、「常陸国が、平将門と興世王が官私の雑物《ぞうもつ》を損害させたことを言上した」と、同じく十二月二十七日条では、「下総国豊田郡の武夫《もののふ》が平将門と武蔵権守従五位下興世王を奉じて謀反を起こし、東国を虜掠《りょりゃく》した」と、同じく十二月二十九日条では、「信濃国が、平将門が兵士に付して、上野介藤原尚範・下野守藤原弘雅・前下野守大中臣全行を追い上げたということを言上した。同日、勅符《ちょくふ》を信濃国に賜い、軍兵を徴発して境内を守護させた。内裏の諸陣・三関《さんげん》の国々、及び東山・東海道《とうかいどう》諸国の要害《ようがい》を警固《けいご》した。夜に入って、武蔵守貞連が入京した。殿上間《てんじょうのま》の前

下野国府（国庁前殿・脇殿跡）

に召し、軍兵の事が起こったことを問われた」とある。天慶三年(九四〇)三月二十五日条によれば、上総国も将門に印鎰を奪われたことがわかる。

「新皇」即位

その後、『将門記』は、将門が「新皇《しんのう》」に即位したことを語る。しかし、これを史実として考えてもいいものであろうか。即位の経緯を読むにつけ、私にはこれが後世の作文であるように思えるのである。言説や説話の形成と、実際に起こった事実との関連は、慎重にも慎重を重ねて考えなければならない問題である。

その経緯は、次のようなものとされている。一人の昌伎《かんなぎ》(巫女《みこ》)が現われ、「吾は八幡大《はちまんだい》菩薩《ぼさつ》の使いであるぞ」と口ばしり、さらに語をついで、「朕の位を蔭子《おんし》平将門に授け奉る。その位記《いき》は、左大臣《さだいじん》正二位菅原《すがわら》朝臣(道真《みちざね》)の霊魂《れいこん》が取り次ぎ、上書として捧げ奉るものであるぞ。先の八幡大菩薩は八万の軍を催して朕の位を授けるであろう。今、ただちに三十二相の音楽を奏《かな》でて、早くこれをお迎え申し上げよ」と告げた。将門は位記を頭上にうやうやしく捧げ持ち、再度、礼拝《らいはい》をくりかえした。武蔵権守興世王と常陸掾《ひたちのじょう》藤原玄茂《はるもち》らは喜び、自ら諡号《しごう》をつくり奏上し、将門を名づけて「新皇」と称した(『将門記』)。

少し考えただけでも、八幡大菩薩の位を授けられたら新皇となるのか、何故に菅原道真が取り次ぎ役として登場するのか、そして道真は（生前の極官《ごっかん》である右大臣《うだいじん》や贈官《ぞうかん》の極官である太政大臣ではなく）左大臣として見えるのか、新皇という地位は位記によって授けられるものなのか、諡号というのは死後の贈り名のことではないのか、など、さまざまな疑問が湧いてくる。

要するに、京都の宮廷における儀式や政務に疎《うと》い、とはいえまったく知識がないわけではない階層の人間によって作られた文章と考えるのが、もっとも自然であると思われる。将門の新皇即位を史実と考えるのならば、さまざまな疑問点について、合理的な説明をおこなう必要がある。これを東国政権の先駆けとして高く評価する論考がほとんどであるが、これまでの多くの論考は、とても私の疑念を納得させるものではなかった。よほど説得的な論考が登場しない限り、新皇即位は『将門記』の作文と考えておいた方が無難というものであろう（将門の坂東制覇自体を否定するものではない）。

「将門書状」と諫言

その後、『将門記』では、将門が私君の忠平（直接的には忠平の子の師氏《もろうじ》）に宛てて、書状を出したことになっている。『将門記』の本文よりも、この書状の方が史料的価値が高いと考えられており（上横手雅敬「『将門記』所収の将門書状をめぐって」）、『将門記』の原史料《げんしりょう》にもなったとされているが、はたしてそのすべてが史実を伝えているのであろうか。

まず将門は、源護や良兼、貞盛との抗争を述べ、源経基の告発に言及している。そして常陸国府との紛争を正当化し、不本意ながら（常陸）一国を討ち滅ぼしてしまったことを述べ、「その罪科《ざいか》は決して軽くはなく、百県を滅ぼしたと同じ重い罪に問われることでしょう。そのために、朝廷の評議の成り行きを見きわめる間、しばらく坂東の諸国を横領《おうりょう》することになったのであります」と、坂東制覇を語る（『将門記』）。

このあたりまでは、実際に将門が述べた書状の内容とそれほど差がないようにも思えるのであるが、その次からは、漢籍《かんせき》の引用をちりばめた『将門記』の文飾のように考えた方がよさそうである。将門は、次のように述べている（ことになっている）。


伏して我が祖先からの系譜に思いをめぐらしてみますと、将門はまぎれもなく桓武天皇の五代の孫に当たっております。たとい永く日本の半分を専有したとしても、必ずしも将門に天運《てんうん》がないとは言えますまい。昔から武威《ぶい》を振るい天下を征服した者は、多くの史書に見られるところであります。この将門に、天の与えた資質は武芸であり、あれこれと思いめぐらしてみるに、同僚のうちでいったいだれが将門に肩を比べることができましょうか。

それまでの日本の歴史において、「武威を振るい天下を征服した者」は、いないはずである。「多くの史書」というのは中国の歴史書のことになる。つづけて将門は、朝廷からの褒賞《ほうしょう》を求め、忠平との旧恩に訴えて、この書状は終わっている（『将門記』）。

　この文飾を除いた部分が、はたして将門が実際に忠平に宛てて出した書状をどれほど忠実に写しているのか、またそれがどうやって『将門記』の作者の手に渡ったのか、そもそも『将門記』の作者はどこでいつごろ、何をやっている人物だったのか、興味は尽きないところである。

　その後、『将門記』では、弟の将平《まさひら》と伊《い》和員経《わのかずつね》が将門を諫《いさ》めたものの、将門（この場面から「新皇」と表記される）がこれらを一喝したという記事がつづく（『将門記』）。

「そもそも帝王の業というのは、人智によって競い求むべきものではありません。また、力ずくで争いとるべきものでもありません。昔より今に至るまで、自ら天下を治め整えた君主も、祖先から皇基《こうき》や帝業《ていぎょう》を受け継いだ王も、すべてこれは天の与えたところです。外から軽々しく、はかり議することができましょうか」という将平の諫言《かんげん》に対し、将門は、「自分は、いやしくも武名を坂東に轟《とどろ》かし、戦上手の評判を都《と》鄙《ひ》にひろめてきた。今の世の人は必ず戦いに勝利を収めた者を主君と仰ぐ」として、大契丹《だいきったん》王が渤海《ぼっかい》国を討ち取って東丹国《とうたん》（契丹）を立てたことを例として挙げる（『将門記』）。ほんとうにそのように述べたのであれば、「直前の北東アジア情勢の変化も踏まえている将門」という図式が成り立つのであろうが、おそらくはこの部分も後の文飾であろう。なお、二人の諫言と将門の答えは、いずれも『帝範《ていはん》』『孝経《こうきょう》』など中国の古典を踏まえたものである。

除目と王城

ついで「時の宰人《さいじん》」であったという興世王の指示によって、玄茂らは新皇の宣旨《せんじ》と称して、諸国の除目を発令したとある。将門の弟たちやこれまでの登場人物を坂東諸国の受領に任じているが（『将門記』）、とても史実とは考えがたい。せいぜいが、各国の国府に兄弟や側近を駐屯《ちゅうとん》させたことを、このように表現したものであろう。新皇の即位を強調するための文飾と考えるべきである。

常陸や上総など親王任国に介を任じている点など、王朝国家の制度下の認識であるし（上野が守なのは多治《たじひの》経明《つねあきら》が皇親氏族出身であるからか、単なる誤りか）、任官なのに「叙す」などと位階《いかい》に関する語を用いていたりしている。「左大臣、右大臣、納言、参議《さんぎ》、文武百官、六弁八史などすべて選任《せんにん》決定した」と言っているが、いったいこれらに任じるべき人材はどこにいたのであろうか。「ただし暦日博士《れきじつはかせ》だけは適任者がいなかった」と言われても、戸惑うばかりである。

そして「王城《おうじょう》」の建設を決定したことになっている。場所は下総国の亭南《ていなん》、つまり屋敷の南で、実際には猿島郡石井郷にあった石井の営所のことなのであろう。つづいて記されている山崎《やまさき》や大津《おおつ》については、『将門記』の文飾であろう。

将門はその後、諸国を巡検《じゅんけん》して印鎰を領掌《りょうしょう》し、国掌《こくしょう》（在庁の下級実務官人）に国務を務めるよう命じて、下総国に帰還した。そして天位に即いたことを告げた書状を太政官に奏達《そうたつ》したという（『将門記』）。諸国の実務を保証したことは事実なのかもしれないが、即位を京都に知らせたというのは、はたしてほんとうなのであろうか。せいぜい、関東の制覇を告げたくらいのことだったのかもしれない。もちろん、京都側の諸史料に将門の「即位」を記録したものはない。

将門追討官符

京都では、後に述べる藤原純友の件も加わっていて、先にも述べたように大いに驚き（『本朝世紀』）、「本皇《ほんこう》」（本来の天皇）はみずから将門調伏《ちょうぶく》を祈禱した（『将門記』）。

年が明けた天慶三年正月、一日の元旦に東海・東山・山陽道《さんようどう》の追捕使《ついぶし》を任命した。東海道は藤原忠舒《ただのぶ》、東山道は小野維幹《これもと》、山陽道は小野好古《よしふる》であった（『日本紀略』）。九日には将門の謀反を密告して拘禁《こうきん》されていた源経基が従五位下に叙され、一方では進発せずに逗留《とうりゅう》していた推問使（武蔵国問密告使）が処罰を受けた（『貞信公記抄』）。謀反が明らかになった以上、密告者を褒賞し、推問使発遣の必要がなくなったということなのであろう。

そして十一日、東海・東山道の諸国司に宛てて将門追討を命じる官符が出された。『本《ほん》朝文粋《ちょうもんずい》』や『扶桑略記《ふそうりゃっき》』に載せるそれは、「まさに殊なる功有る輩を抜きんじて、不次《ふじ》の賞を加えるべき事」というもので、将門の敗北のみならず、武士の発生にとってもきわめて重要な官符であった（川尻秋生『平将門の乱』）。

このなかで、「皇位をうかがう謀を企てた」と言っていることが、将門が新皇に即位したことの徴証《ちょうしょう》であると考える向きもあろうが、これは朝廷側が将門を非難したオーバーな表現で、かえってこの文言を膨らませて、『将門記』の新皇即位説話が形成されたと考えた方がよさそうである。

それよりも、「たとえ蝦夷《えみし》・田夫《でんぷ》・野叟《やそう》であっても、将門を討滅《とうめつ》した者が貴族としての位階に上り、功田《こうでん》を賜わって子孫に伝えることができる」というのは、坂東の者たちにとっては、このうえない餌《えさ》となった。この官符が各国にもたらされた時、将門の運命は決したと称すべきであろう。ただ、実際に将門を討伐して官位を高めたのは、もともと貴族社会に連なる者たちであって、これらが後世、「兵《つわもの》の家」として中央における軍事貴族の地位を独占することになる。

十四日には坂東諸国の掾《じょう》八人が任じられ（『貞信公記抄』）、追捕凶賊使《ついぶきょうぞくし》（押領使《おうりょうし》）とされた（『日本紀略』）。判明しているのは、上総掾《かずさのじょう》に良兼の子の平公雅、下総権少掾《しもうさのごんのしょうじょう》に同じく良兼の子の平公連、常陸掾に平貞盛、下野掾《しもつけのじょう》に藤原秀郷《ひでさと》、相模掾《さがみのじょう》に橘遠保《とおやす》である（川尻秋生『平将門の乱』）。ここに貞盛と秀郷が公的な追討使《ついとうし》の地位に就いたことになる。

秀郷は藤原北家《ほっけ》の左大臣魚名《うおな》の末流で、藤成《ふじなり》の子孫から出ている。秀郷の祖父の豊沢《とよさわ》以来、子孫は下野押領使《しもつけおうりょうし》を世襲し、公的な軍事警察権を代々担当していた（『吾妻鏡《あずまかがみ》』）。こうして秀郷の一族は下野における「兵の家」として、国衙に地歩を築くとともに辺境《へんきょう》軍事貴族としての立場を保持していた（元木泰雄『武士の成立』）。秀郷自身も延喜《えんぎ》十六年（九一六）に配流《はいる》されたことのある存在であったが（『日本紀略』）、緊迫する坂東情勢は、このような人物も頼らなければ解決しがたかったのであろう。やがてその子孫は中央における軍事貴族としての地位を確立し、多くの武家を輩出した（倉本一宏『藤原氏』）。

一方、十八日には、参議藤原忠文《ただふみ》が征東大将軍《せいとうだいしょうぐん》、あの経基が副将軍《ふくしょうぐん》に任じられた（『貞信公記抄』『日本紀略』）。じつに弘仁《こうにん》二年（八一一）の文室綿麻呂《ふんやのわたまろ》以来、約一三〇年ぶりの任命である（ちなみに忠文の次は木曾義仲《きそよしなか》）。忠文たち征東軍は二月八日に京を進発している。しかしながら、将門討滅の大功を手に入れたのは、これら朝廷の正規軍ではなかった。

将門の最期

将門は天慶三年正月中旬、残敵を掃討《そうとう》するため、五千の軍勢を率いて常陸国に出動したが、貞盛たちの動静を探知することはできなかった（『将門記』）。

なお、この間、将門が一万三千人の大軍を率いて陸奥・出羽《でわ》国を襲撃しようとしたという報告が、陸奥国府からもたらされている（『九条殿記《くじょうどのき》』『師守記《もろもりき》』）。この情報がほんとうであれば、将門が東北地方も含めた独立国家をめざしていたという評価になるのであろうが（川尻秋生『平将門の乱』）、当時の陸奥守が貞盛ゆかり（元上司）の平維扶であったことを考えると、将門の坂東制覇の報を得た陸奥国府が、出羽で俘囚の反乱が起こっていたこの時期、やがてこちらにも遠征してくることを怖れてパニックに陥ったものかとも考えてしまう。

それはさておき、貞盛を捕えることができなかった将門は、諸国から雇用した兵士（伴類）をみな帰国させ、残りの直属兵（従類）は千人にも満たなかった。この情報を得た貞盛と秀郷は四千余人の軍兵を整え、戦いをしかけてきた（『将門記』）。

将門は二月一日に従兵《じゅうへい》を率いて、敵地下野に進軍した。将門の前陣《ぜんじん》は敵の所在がつかめなかったが、副将玄茂の陣頭《じんとう》多治経明と坂上遂高《さかのうえのかつたか》たちの後陣が敵の所在地をつかみ、単独で襲いかかった。軍略に長じた秀郷は、計算通りに玄茂の陣を撃ち破り、生き残った者はごくわずかであった（『将門記』）。

貞盛と秀郷は敗走する将門軍を追撃し、川口《かわぐち》村（現八千代町水口）に到って襲いかかった。将門軍は奮戦したが劣勢で、いち早く退散したという。貞盛・秀郷軍は軍衆を集め、軍備を整えて兵の数を倍にして、二月十三日に下総国の堺に到着した（『将門記』）。

将門は戦い疲れた敵をおびき寄せようと企み、幸島《さしま》の広江《ひろえ》（猿島郡の飯沼）に身を隠した

石井周辺地図（国土地理院発行1/25,000地形図「水海道」を基に、縮小・加筆して作成）

(『将門記』)。なお、『扶桑略記』では島広山《しまひろ》に隠れたとある。現在の坂東市岩井に、島広山石井営所跡と称する「史跡」も作られている。

貞盛は将門の館《たち》をはじめ、与力《よりき》の家の辺り一帯に火をかけて焼き払った。人びとは将門の暴政により不治《ふじ》であることを嘆き悲しんだとある(『将門記』)。

下総国石井(國王神社)

そして二月十四日の未申剋《ひつじさる》(午後三時頃)、最後の戦いがはじまった。つねに従軍するはずの軍兵八千余人は集まってこず、将門が率いる勢力はわずかに四百余人に過ぎなかった。将門は猿島郡の北山《きたやま》(比定《ひてい》地不明、現坂東市岩井付近)を背にして、陣を張って待ち受けた(『将門記』)。

はじめ将門は追風を背に受け、特に弓射《きゅうしゃ》にとって有利となった。「烈風《れつぷう》は枝を鳴らして吹き荒れ、風に大地はごうごうと音を立て土塊《つちくれ》を吹き飛ばした」とある。敵味方ともに楯を捨てて白兵戦《はくへいせん》となり、貞盛方の中陣《ちゅうじん》は奇襲をかけてきたが、将門軍は騎馬で迎え撃ち、すぐさま敵兵八十余人を討ち取り、追撃して圧倒した。貞盛・秀郷・為憲らの伴類二千九百人はみな逃げ去ってしまい、残った精兵は三百余人ばかりとなった（『将門記』）。

ところが、将門が本陣に帰るあいだに風向きが変わり、今度は逆風を受けることとなってしまった（『将門記』）。寒冷前線《かんれいぜんせん》の通過にともなう気象の変化であったと推測されている。将門は甲冑《かっちゅう》をまとい、駿馬《しゅんめ》を疾駆《しっく》させ自ら先頭に立って戦ったとあるが、これが命取りとなった。逆風で馬が足を止めたところを、「神鏑《しんてき》」（神の放った鏑矢《かぶらや》）に当たり、落命した（『将門記』）。あるいは貞盛の放った矢が当たり、落馬したところを秀郷が駆け寄って首を取ったという史料もある（『扶桑略記』）。

ともあれ、実戦のなかでの突然の戦死であった。『将門記』は、「天下に将軍自ら陣頭に立って戦い、自ら討ち死にするという例はいまだかつてないことであった」と記している。

将門の乱の影響

将門討滅の報は、二月二十五日に信濃国から、二十九日に遠江《とおとうみ》・駿河《するが》・甲斐《かい》国から、それぞれ京都に知らされた。三月五日には秀郷自身の奏上も届いている（『貞信公記抄』）。『大《だい》法師浄蔵伝《ほうしじょうぞうでん》』奥書《おくがき》所引外記《げき》日記《にっき》によれば、将門敗死の第一報を信濃国に伝えたのは平良文であったという（川尻秋生『平将門の乱』）。

現地では、将門残党《ざんとう》の掃討がおこなわれ、将門弟の将頼《まさより》や藤原玄茂は相模国、興世王は上総国、坂上遂高と藤原玄明は常陸国で殺害された（『将門記』）。

将門の首は四月二十五日に秀郷によって京に届けられ、東市《ひがしのいち》の外の樹に長期間、懸けられた（『貞信公記抄』）。この首が後世、さまざまな伝説を作り上げていくことになる。

こうして将門の乱は終結し、都は平穏な日々を取り戻した、わけではない。その頃、西《さい》国《ごく》で純友の乱が激化していたのである。

そして、将門の乱を収束させた藤原秀郷と平貞盛、そして源経基の子孫は、特に東国において軍事貴族の地位を獲得し、日本を古代から中世へと転換させていく原動力となった。その意味では、将門の乱の影響は多大なるものがあったと評価すべきであろう。

瀬戸内海の反乱

将門が坂東の曠野《こうや》を席巻《せっけん》していた頃、瀬戸内海《せとないかい》では藤原純友が海賊《かいぞく》を率いて国衙権力に戦いを挑んでいた。日本列島の東西で同時多発的に反乱が起こるのは未曾有《みぞう》の事態で、当時から、「純友は平将門と謀《はかりごと》を合わせて心を通わし、この事をおこなっているようである」との推測がおこなわれ（『本朝世紀』）、後世には二人が比叡《ひえい》山頂で謀議《ぼうぎ》をおこなったという説話まで作られている（『大鏡《おおかがみ》』『将門純友東西軍記《まさかどすみともとうざいぐんき》』）。

この純友というのは、藤原北家の、後に摂関家《せっかんけ》となる家に連なる人物で（小林昌二「藤原純友の乱研究の一視点」）、左大臣に上った冬嗣《ふゆつぐ》の玄孫、権中納言《ごんちゅうなごん》長良《ながら》の曾孫にあたる。長良は冬嗣の一男で、良房《よしふさ》の養子となった基経《もとつね》の実父である。このような、血縁では摂政とな

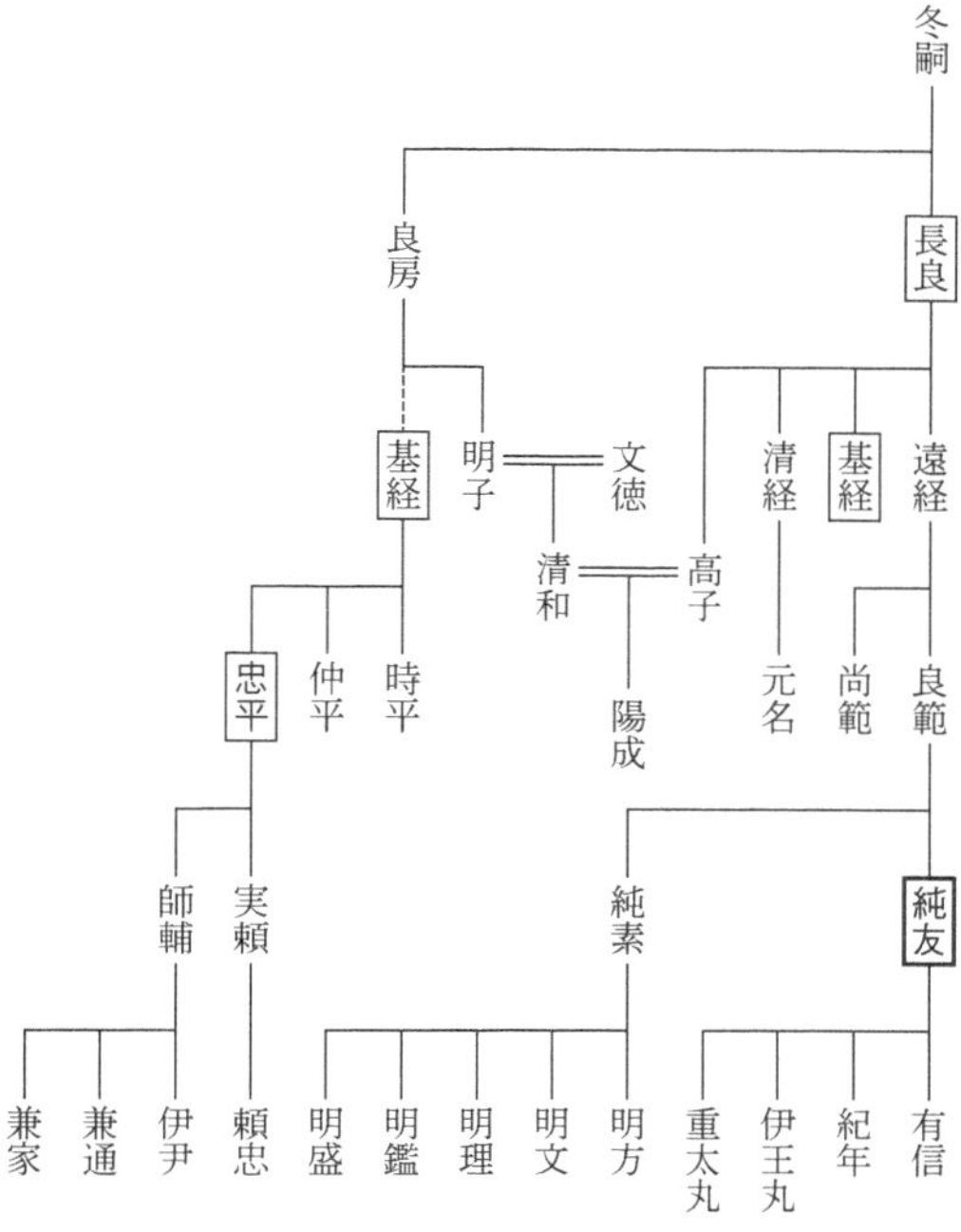

藤原純友の乱系図

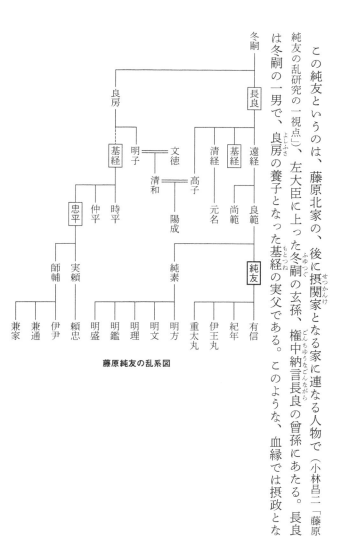

った実頼《さねより》とは又従兄弟《またいとこ》にあたる、北家の嫡流《ちゃくりゅう》に近い家系であり、陽成生母の皇太后高子《こうたいごうこうし》を通して天皇家嫡流ともミウチ関係にある家柄の人物ではあった。しかし、祖父の遠経《とおつね》が右大弁《うだいべん》、父の良範《よしのり》が大宰少弐《だざいのしょうに》で終わると、純友は伊予掾《いよのじょう》に任じられるまで官職に就くことはなかった（倉本一宏『藤原氏』）。

その純友の前半生は、よくわかっていない。『尊卑分脈』では良範の三男ということになっており、良範が仁寿《にんじゅ》二年（八五二）前後の生まれと推定されることから、純友は元慶《がんぎょう》から仁和《にんな》年間（八七七〜八八八）の生まれという考えもある（松原弘宣『藤原純友』）。

瀬戸内海地方では、貞観《じょうがん》八年（八六六）以来、海賊が官船《かんせん》を襲撃する事件が頻発していた。それは関東《かんとう》各地における「僦馬《しゅうば》の党」をはじめとする群盗《ぐんとう》が、馬による運送を主体としていた東国の運搬形態に対応したものであったのと対照的に、舟による運送を主体としていた西国、特に瀬戸内海沿岸地方の運搬形態に対応したものであった。

もちろん、受領が任期中に私富を蓄えることが許され、任期を終えて帰京する際にそれら大量の物資を京都に運搬するという王朝国家体制下の国司制度に、海賊発生の根本的な原因があった。馬よりも舟の方が大量の物資を積載することができ、海上での襲撃は人目につかず、獲物を取り逃がしにくいのである。

また、海賊とはいっても、略奪者としての盗賊といった意味ではなく、国家権力に抵抗する者という意味で海賊と呼ばれた者もいた（山内譲『海賊の日本史』）。これらが単なる盗賊ではなく、新羅《しんら》を中心とした北東アジア交易圏と博多津《はかたのつ》（現福岡市中央区那の津）を中心とする瀬戸内海交通・交易、新羅の政商集団や西日本や大宰府《だざいふ》の地方官人・浪人集団、それに中央貴族の政治状況とも密接に関わる事件であるという意見もある（松原弘宣『藤原純友』）。

承平元年からはふたたび伊予国《いよのくに》（現愛媛県）を中心として海賊活動が活発になり、中央政府はその対策に乗りだした。そしてそのなかで、純友の名が史料に現われてくることになったのである。

なお、『土左日記《とさにっき》』で紀貫之《きのつらゆき》が土佐《とさ》国府（現高知県南国市比江）から阿波《あわ》（現徳島県）・淡路《あわじ》国（現兵庫県）を経て上京したのは、承平四年（九三四）十二月から承平五年二月にかけてのことであった。

承平五年正月二十三日に、「『この辺りは海賊の恐れがある』と言うので、神仏に祈る」、二十五日に、「『海賊が追ってくる』ということが絶え間なく聞こえる」、二十六日に、「『海賊が追って来る』と言うので、深夜頃から舟を出して漕いで来るその途中に、神に供え物をする所がある」といった記載があるのは、実際にこの頃、瀬戸内海沿岸で国司を襲う海賊が跋扈《ばっこ》していたからであろう。

承平二年の藤原純友——任伊予掾

純友がはじめて史料にその名を現わすのは、承平六年のことである。『吏部王記《りほうおうき》』承平六年三月某日条に、「この日、伊予前掾《いよのさきのじょう》藤原純共《すみとも》(純友)が党を聚《あつ》めて伊予に向かい、〃留連河尻掠(椋か)内〃……」と見えるのである。このうち、最後の部分は解釈が分かれるところであるが、ここから、純友がかつて伊予掾に任じられていたことがわかる。

純友が伊予掾に任じられたのが何年だったかは不明であるが、純友の属する長良流藤原氏の最高位者である元名《もとな》が、『公卿補任《くぎょうぶにん》』によれば承平二年(九三二)に伊予守に任じられたと見えることが、あるいはヒントになるかもしれない。なお、元名は実際には伊予権《いよのごんの》守《かみ》か伊予介《いよのすけ》だったものと思われるが、伊予守《いよのかみ》の藤原扶幹《すけもと》や平伊望《これもち》は参議との兼帯《けんたい》であり、元名が受領として現地に赴任していたものと思われる。

元名が一族のなかで不遇な純友を、何らかのつてによる年官《ねんかん》で掾に任じさせて、現地に連れて行ったと考えることも、可能であるかもしれない。元名は承平六年に大和守《やまとのかみ》に任じられているから、承平五年に任期を終えて上京したのであろう。純友がこの時までに、伊予国と密接な関係を結んでいたとすれば、そしてそのあいだに海賊との接触もあったとすれば、すべて辻褄《つじつま》は合うのである。

承平六年の藤原純友——海賊追捕宣旨

さて、先に挙げた『吏部王記』は、純友が何らかの理由で伊予国に向かったことを語っている。「留連河尻掠内」を、「河尻《かわじり》に留連《るれん》して内を掠《かす》む」と訓《よ》めば、河尻というところに留まって何らかの掠奪《りゃくだつ》行為をはたらいていたかのようであるが、「河尻の椋《くら》（倉）内に留連す」と訓めば、摂津《せっつ》国の河尻泊《とまり》（現兵庫県尼崎市の神崎川河口）の倉の内に逗留していたという意味になる。なお、この「椋」を石椋《いしくら》（石積みの防潮堤）と考え、港内に逗留していたと解する論考もある（下向井龍彦「「藤原純友の乱」再検討のための一史料」）。

この地は瀬戸内海航路の発着点という水上交通の要地で、西国諸国から京上《きょうじょう》される納《のう》官物《かんもつ》・諸権門封物《しょけんもんほうぶつ》・荘園年貢《しょうえんねんぐ》を集積する倉が連なっていたはずである。純友は伊予に向かわずにそこに留まり、その後、党類《とうるい》を集めて元の任地であった伊予国に向かったというのである。

ではいったい、純友は何のために伊予国に戻ったのであろうか。それを解く鍵となるのが、『日本紀略』『扶桑略記』『本朝世紀』という三つの史料である。特に『日本紀略』と『本朝世紀』は朝廷の外記日記を原史料とした、比較的信頼の置ける史料とされる。

まず『日本紀略』承平六年六月某日条は、次のように記す。

伊予国日振島

南海《なんかい》の賊徒《ぞくと》の首藤原純友が、党を結び、伊予国日振《ひぶり》島に屯集《とんしゅう》し、千余艘を準備し、官物《かんもつ》や私財を掠奪している。ここに紀淑人《よしと》を伊予守に任じ、追捕を兼行《けんこう》させた。賊徒はその寛仁《かんにん》を聞いて、二千五百余人が過失を悔いて刑に就いた。魁帥《かいすい》小野氏彦《うじひこ》・紀秋茂《あきしげ》・津時成《つのときなり》ら合わせて三十余人は、手を束《たば》ね、交名《きょうみょう》を進上して帰降《きこう》した。すぐに衣食や田畑を下給し、種子をおこない、農業を勧めさせた。これを「前海賊《さきのかいぞく》」と称した。

ここでは、純友は賊徒の首魁《しゅかい》ということになっている。五月二十六日に伊予守に任じられた紀淑人は追捕南海道使《ついぶなんかいどうし》も兼ねており（『古今和歌集《こきんわかしゅう》目録《もくろく》』）、その寛政《かんせい》によって多くの海賊が帰順《きじゅん》して農業に従事したとある。淑人と純友の関係は語られていない。

なお、ここに言う「日振島」が、現在の愛媛県宇和島市の西方約二八キロメートル、愛媛県と大分県とのあいだの宇和海《うわ》にある日振島と同じ島を指しているとすると、海流の関係で、ここから豊後水道《ぶんごすいどう》を北上して佐田岬《さだみさき》半島を迂回《うかい》し、豊予《ほうよ》海峡を越えて一日のうちに瀬戸内海に入ることはほとんど不可能であるという（下向井龍彦『純友追討記』）。当時は瀬戸内海の違う島のことを指していたか、後世に加えられた伝説に過ぎないかであろう。なお、日振島のことは『日本紀略』のこの記事にしか見えず、後に触れる史料的に問題の多い『純友追討記《すみともついとうき》』にさえ言及されていない。

次に、『扶桑略記』承平六年六月条は、基本的には『日本紀略』とほぼ同文であり、『日本紀略』と共通する原史料によって記事を作ったものと思われるが、『日本紀略』の冒頭部分の「賊徒の首藤原純友が、党を結び、伊予国日振島に屯集した」というところと、末尾の「これを『前海賊』と称した」というところが見えない点が異なる。純友のことがまったく語られていない点が特徴的である。その原史料は、紀淑人が政府に提出した、みずからの勲功《くんこう》を誇示した国解《こくげ》（海賊平定報告書）であったという（下向井龍彦「「藤原純友の乱」再検討のための一史料」）。

問題は、『本朝世紀』天慶二年（九三九）十二月二十一日条における承平六年の状況である。そこでは何と、前伊予掾藤原純友は、去る承平六年、海賊を追捕せよとの宣旨を蒙った。……

と記されているのである。

いったい、この三つの史料のあいだの矛盾を、どう考えればいいのであろうか。かつては、もっとも正史《せいし》に近いと考えられていた『日本紀略』の記述を重視して、承平六年に純友はすでに海賊の首領となっていたと考えられてきたが、近年、これに再検討が加えられ、『本朝世紀』の記事の方が原史料に近く、『日本紀略』の「賊徒の首藤原純友」云々は後の付会《ふかい》であると考えられるようになってきた（小林昌二「藤原純友の乱研究の一視点」、下向井龍彦「「藤原純友の乱」再検討のための一史料」、松原弘宣『藤原純友』）。『日本紀略』は天慶二年以降の純友の反乱をさかのぼらせて記載したというのである。

純友は承平六年にはいまだ海賊の首領ではなかったのである。それどころか、『本朝世紀』の記述を重視すれば、純友は承平六年には海賊を追捕する立場にあったことになる（伊予警固使《いよけいごし》あるいは追捕南海道使の次官《すけ》か判官《じょう》とされる）。それは伊予守紀淑人と共同した行為だったことが推測されるのである。淑人は承平六年段階で、すでに七十歳前後の老人であり、軍事力を行使（および海賊を説得）できる片腕が必要だったのである。

なお、松原弘宣氏は、純友が河尻で組織した武装集団のなかに賊徒も存在し、彼らが掠奪行為をおこなったと考えることで、『日本紀略』の記述の矛盾も解消できると考えられたが（松原弘宣『藤原純友』）、いかがであろうか。

さて、淑人の仁政《じんせい》が功を奏し（文飾だろうが）、海賊たちは続々と帰順して農業に従事していったとある。いったんは伊予国における海賊の跋扈は終息したのである。彼らが瀬戸内海全域にわたる運輸交易に従事したという推測もある（福田豊彦「藤原純友とその乱」）。この海賊の説得には、純友が主導的な役割を果たしていたのであろうが、やがてこの措置では収まりきれない勢力と結びつくことになる。なお、『日本紀略』に見える「前海賊」という語は、天慶二年の海賊と区別するための呼称というよりは、前伊予掾と同じく、元海賊という意味なのであろう。

ただし、この承平六年の追討に関しては、下向井龍彦氏のきわめて興味深い推測もある（下向井龍彦『武士の成長と院政』）。淑人よりも先に伊予国に入っていた純友が旧知の海賊（解雇された瀬戸内海諸国居住の衛府舎人《えふとねり》）に降服するよう説得し、海賊集団は純友を信頼して一斉に投降《とうこう》したものの、淑人に勲功を横取りされて（淑人は従四位下に叙位されている）、純友の勲功申請は黙殺されたというのである。そして純友は伊予国に土着《どちゃく》し、他の勲功者も瀬戸内海諸国に土着したという。この勲功賞《くんこうしょう》棚上げに対する不満が、天慶二年の蜂起《ほうき》につながっていくと考えられたのである。

天慶二年の藤原純友——巨海に出る

三年後の天慶二年十二月、突如として純友は史料に登場する。将門の乱でも引いた忠平の『貞信公記抄』十二月十七日条に、「伊予国が申上したことには、『純友が船に乗って海上に出ようとしている。早く召し上げられたい』と云うことだ」と見えるのである。純友が海上に出ようとしているので召喚されたいというのであるが、もちろん、随兵《ずいへい》を率いての行動だったのであろう。すでにこの天慶二年の春頃から、「凶賊《きょうぞく》が乱盛《らんせい》し、往還はたやすくなかった」という状況であった（『類聚符宣抄』）。

ついで『日本紀略』の十二月十九日条に、「諸卿は陣頭において、純友の乱悪について定め申した」とあるから、十九日の陣《じんのさだめ》定で純友の処置について議定《ぎじょう》されたのである。具体的な処置がわかるのは、先にも引いた『本朝世紀』の十二月二十一日条で、

伊予国の解状《げじょう》を進上した。「前掾藤原純友は、去る承平六年、海賊を追捕せよとの宣旨を蒙った。ところが近頃では驚く事が有り、随兵を率いて、巨海《きょかい》に出ようとしている。部内は騒ぎ、人民は驚いている。紀淑人朝臣が制止を加えたといっても、承引《しょういん》しなかった。早く純友を召し上げられ、国郡の騒ぎを鎮《しず》められたい」と云うことだ。こ

藤原純友の乱地図（松原弘宣『藤原純友』を基に、加筆して作成）

の純友を召喚するという官符に内外の印を請い、摂津・丹波《たんば》・但馬《たじま》・播《はり》磨《ま》・備前《びぜん》・備中《びっちゅう》・備後《びんご》国に下した。

というものである。純友召喚官符が下された七箇国は、純友が向かっていると推定される国々なのであろう。瀬戸内海沿岸の国のみならず、山陰道《さんいんどう》にも赴く恐れがあったと、中央政府は見ていたのである。

なお、この「巨海」を瀬戸内海ではなく、東シナ海と想定し、純友とその配下の海賊集団が東シナ海における交易活動をおこなおうとしていたという見解も存在する（松原弘宣『藤原純友』）。そうなると、当時の政府の外交方針に対する挑戦となるが、次に純友たちが摂津国に現われることの説明がつかない。

この後、純友の甥《おい》にあたる明方《あきかた》が伊予国に遣わされて官符をもたらし、純友や淑人に会って帰洛《きらく》したことが知られる（『貞信公記抄』）。伊予国はこの七箇国には含まれていないことから、これは忠平の私的な使者であったと推定される。純友も将門と同じように、忠平と私的な結びつきを持っていたのであろう。

伊予国府周辺地図（国土地理院発行1/50,000地形図「今治東部」を基に、縮小・加筆して作成）

次に純友が取った行為は、京都の公卿を驚かせるにじゅうぶんなものであった。十二月二十六日、何と純友の士卒《しそつ》が摂津国須岐《すき》駅で備前介《びぜんのすけ》藤原子高《さねたか》を取り囲み、矢を放って合戦となった結果、子高を縛《ばく》して子高の子を殺害したというのである（『貞信公記抄』『日本紀略』『本朝世紀』）。また、播磨介《はりまのすけ》島田惟幹《しまだのこれみき》も虜掠された（『日本紀略』）。

摂津国須岐駅故地

この須岐駅というのは、『本朝世紀』には「藁屋駅《わらやのうま》家《や》」とあり、これが『倭名類聚鈔《わみょうるいじゅうしょう》』に載せる葦屋《あしや》駅の誤記と考えられることから、葦屋駅に比定するのが妥当とされている。津知《つじ》遺跡（現兵庫県芦屋市津知町）と東に接する深江《ふかえ》北町《きたまち》遺跡（現神戸市東灘区深江北町）から遺構が発見され、深江北町遺跡からは「駅」銘墨書土器《ぼくしょどき》や「(葦)屋驛長」と記された木簡《もっかん》が出土している。

なお、『扶桑略記』には『純友追討記』という書が引かれているが、その史実性については慎重な検討が必要である。それによると、純友ははるかに将門の謀反を聞き、乱逆を企てて上京しようとした。一方、この頃、京都で連夜、頻発していた放火が純友の士卒の仕業であるという風聞《ふうぶん》を聞いた子高が、それを奏聞《そうもん》しようとして妻子を連れて上京しようとしたところ、純友がそれを聞いて藤原文元《ふみもと》に追わせ、子高を虜《とりこ》にしたというのである。文元は子高の耳を斬り鼻を割き、妻を奪って連れ去ったとある。

この史料が史実を伝えているのであれば、子高の密告に対する口止め、あるいは備前国(現岡山県)での受領子高の弾圧に対する文元の怨恨《えんこん》による報復という筋書きになるのであるが(下向井龍彦『武士の成長と院政』)、はたしていかがであろうか。

この事件の背景に、もともと子高と惟幹に、文元との利害対立があり、ともに京に召喚されて太政官で対決させられようとしていたところ、純友が文元に味方して、自力で解決しようとしたものという考え(小林昌二「藤原純友の乱再論」)が、もっとも説得的である。こうなると、将門の武蔵・常陸国府への介入と共通する状況であり、将門も純友も、忠平の家人《けにん》集団の一員で、その地域での乱悪の中核となり、一方では調停者ともなっていたと考えられよう(小林昌二「藤原純友の乱再論」)。

この事件に対する政府の対応は、きわめて緊張に富んだものであった。先にも述べたように、十二月二十九日には将門謀反の報も届いており(『貞信公記抄』)、まさに日本国の東西で兵乱が同時に勃発したのである。『本朝世紀』が二人の共謀を語っているのも、謂われのないことではなかったのである。

二十六日には忠平が公卿を招いて議定をおこない（『貞信公記抄』）、二十九日には殿上間《てんじょうのま》で議定をおこなって、大晦日《おおつごもり》だというのに、忠平以下の公卿は皆、内裏に候宿《こうしゅく》して（『本朝世紀』）、追捕使を定めている（『貞信公記抄』）。その際、「前伊予掾純友は、年来、彼の国に住み、党を集めて群を結び、暴悪をおこなってきた」とも言っているが（『本朝世紀』）、「年来」とは承平六年の土着以来のことを指すものであろう。

天慶三年の藤原純友——諸国を襲撃

明けて天慶三年の元旦、追捕使が任命された。山陽道は小野好古である（『日本紀略』）。好古は早くも正月十六日に発向している（『貞信公記抄』）。なお、三日には凶賊を防ぐために、宮城の四方の諸門に矢倉《やぐら》を構築し（『園太暦《えんたいりやく》』）、十二日には兵士を宮城十四門に配置して警備させている（『貞信公記抄』）。東西どちらからか、京都、ひいては天皇に襲いかかってくるとでも思ったのであろうか。

正月二十日には西国の兵船が備中国（現岡山県）に入り、国府の軍が逃散《ちょうさん》したという報が入ってきた（『貞信公記抄』）。この兵船と純友との関係は明記されていないが、まったく無関係であったとは考えにくい。

ところが、忠平を中心とする中央政府は、意外な動きに出た。正月三十日に、純友を従五位下に叙すこととなったのである。これは純友を貴族社会に取り込んで懐柔《かいじゅう》しようとしたというよりも、承平六年の海賊追討の功績を認めて、その恩賞《おんしょう》を与えたと考えるべきであろう。二月三日には純友の位記を伊予国に遣わしているし、四日には山陽道追捕使の下向を止めさせている。一方、同じ二月三日には、伊予国の解文と純友の申文を携えた明方が帰京している（『貞信公記抄』）。純友の要求は具体的にはわからないが、中央ではそれに対する措置が取られたことであろう。

しかし、中央政府が純友を五位に叙したという報せは、しばらく現地には届かなかったはずである。二月五日には淡路国に賊徒が来襲して、兵器を奪取するという事件が起こり、二十二日には純友が海上に出たとの報が届いている（『貞信公記抄』）。

伊予国に純友の位記が届いたのは、おそらくは二月中旬から下旬のことで、それ以降、純友の反逆行為はしばらく起こっていない。純友の方としても、自分の出した要求に対する中央政府の出方を見守っていたのであろう。

なお、先にも述べたが、二月二十五日に、下総国で将門が討たれたという第一報が京都に届いた（『貞信公記抄』）。これで政府は純友対策に専念できることになったのである。はたして純友の耳に、将門死すの報は届いたのであろうか。

伊予国に派遣した使者は、無事に純友に位記を届け、三月二日に、純友の悦状《えつじょう》（慶賀《けいが》の意を表わす文書《もんじよ》）と伊予国の解文（純友を擁護したものか）とともに帰京した（『貞信公記抄』）。純友も国家との妥協を模索していたのである。こうして瀬戸内海は平穏を取り戻したかのようであったが、一方では四日には追捕南海凶賊使《ついぶなんかいきようぞくし》が任命されている（『日本紀略』）。

政府は硬軟両様の対策を講じていたかのようであるが、この段階になると、純友が瀬戸内海全域の海賊集団を統轄することができなくなり、各地の海賊集団は独自の活動をおこなうようになっていたという推測も存在する（松原弘宣『藤原純友』）。

四月十日には、山陽道追捕使から凶賊発起の疑いが報告され、六月十八日には純友の暴悪の士卒に対して追捕官符が出されている（『貞信公記抄』）。具体的には、前年に備前介藤原子高を陵轢《りようれき》した藤原文元に対するものだったと思われる。長良流藤原氏に対する遠慮から、純友を直接対象とすることは避けながら、じつは純友を挑発したものとされる（福田豊彦「藤原純友とその乱」）。

これが純友を刺激したのであろうか、八月以降、純友集団は国家権力との全面対決に踏み込むことになった。八月十八日、賊船四百余艘が帆を並べて襲来し、まず伊予国、ついで讃岐《さぬき》国（現香川県）の人民の舎宅や供御人《くごにん》を焼亡した。この報せは二十六日に飛駅《ひえき》で朝廷に言上された（『師守記』）。阿波国からも飛駅が参上し、伊予・讃岐国が虜掠されたほか、備後国（現広島県）の舟も賊のために焼かれたことが言上された。二十九日には紀伊《きい》国（現和歌山県）から飛駅が来て、南海の賊について言上している（『日本紀略』）。先ほど挙げた『純友追討記』では、讃岐国では賊軍と合戦して射殺された者が数百人、讃岐介《さぬきのすけ》藤原国風《くにかぜ》は阿波に逃れたが、純友は阿波国府に入り、火を放って焼亡し、公私の財物を奪ったとあるが、その真偽は定かではない。

いずれにせよ、このように同時多発的に瀬戸内海沿岸で軍事行動が起こったというのは、純友が直接的にこれらを指揮したのかどうかはさておき、国家に対する反乱の姿勢を鮮明にしたことを示している。

これに対し政府は、八月二十七日に山陽道追捕使小野好古をあらためて追捕《ついぶ》山陽《さんよう》・南海《なんかい》両道凶賊使《りょうどうきょうぞくし》に任命し、諸国の兵士を徴発して鎮圧にあたらせた（『師守記』）。この追捕使については、『純友追討記』は、長官の好古のほか、次官にあの源経基、判官に右衛《え》門尉《もんのじょう》藤原慶幸《よしゆき》、主典《さかん》に右衛《え》門志《もんのさかん》大蔵春実《おおくらのはるざね》といった四等官を列挙し、二箇月を経て進発したと伝えている。八月二十二日には近江《おうみ》で催兵《さいへい》をおこなっているが、これは琵琶《びわ》湖の湖賊《こぞく》を動員したものとされる（福田豊彦「藤原純友とその乱」）。

この間、十月二十二日には、安芸《あき》国（現広島県）と周防《すおう》国（現山口県）から飛駅が到来し、大宰府の追捕使の兵が賊のために討たれ、十一月七日には周防国の鋳銭司《ちゅうせんし》（現山口市鋳銭司）が賊のために焼かれたこと、十二月十九日には土佐国（現高知県）西部の幡多《はた》郡が海賊に焼かれ、賊の矢に当たって死んだ者が多かったことを報じている（『日本紀略』）。長門《ながと》（現山口県）国府も襲撃したという史料もある（『類聚符宣抄』）。

こちらは瀬戸内海西部から太平洋側における戦闘である。だんだんと戦線が西に移動してきているのがわかる。なお、土佐国幡多郡を襲撃する過程で、あるいは日振島に立ち寄った、あるいは一時的な根拠地とした可能性も、まったく考えられないわけではない。

この頃、日時は不明であるが、『純友追討記』は、追捕使が到着しない前に、純友の次将である藤原恒利《つねとし》が賊陣《ぞくじん》を脱し、ひそかに逃亡した讃岐介藤原国風の許に逃げ来たったということを伝えている。この恒利は、よく賊徒の宿所や隠家《かくれが》、海陸両道の通塞《つうそく》の事情を知る者であるという。この話の真偽はさておき、このような離脱と裏切りは、強固な主従関係の未成立なこの時期においては、頻繁に見られたことであろう。

天慶四年の藤原純友――純友の最期

天慶四年（九四一）が明けると、正月早々の十五日に公卿が「純友の事」を定めた（『北山抄《ほくざんしょう》』）。ここで純友本人の追討が決定されたと考えられている（松原弘宣『藤原純友』）。

二十一日には、「海賊の中の暴悪の者」とされた前山城掾《さきのやましろのじょう》藤原三辰《みたつ》の首が伊予国から進上され、西獄所《にしのごくしょ》で晒《さら》された（『師守記』）。二月九日には、讃岐国から、兵庫允宮道忠用《ひょうごのじょうみやじのただもち》と藤原恒利が伊予国で海賊を討ったことが報じられた（『日本紀略』）。この恒利というのは、『純友追討記』に見える元純友の次将である。伊予追討軍の指南《しなん》（先達《せんだつ》）となったのであろう。逆にこの記事から、『純友追討記』の説話が作られた可能性もあるのであるが。

この後しばらく、また純友の動静は史料に現われなくなる（『貞信公記抄』が天慶三年七月から天慶七年十二月まで欠けているのである）。そして五月にふたたび純友が現われたのは、大宰府であった。五月十九日、征南海賊使の好古が、賊徒が大宰府を虜掠したことを言上してきた。そこで政府は、参議藤原忠文を征西大将軍《せいせいだいしょうぐん》に任じた（『日本紀略』）。

純友軍の侵攻は、『純友追討記』に、「風波の難に遭って賊の向かう所を見失なった。探していたところ、賊徒は大宰府に到った。軍士《ぐんし》を準備し、壁（水城《みずき》か）を出て防戦したが、賊の為に敗れた。賊は大宰府の累代《るいだい》の財物を奪取し、火を放って大宰府を焼いた」と記されているほか、「観音寺古文書《かんのんじこもんじょ》」にも見える。発掘調査でも、八世紀以来の第Ⅱ期政《せい》庁《ちょう》が焼失していることが確認されている。この時の濫行《らんぎょう》の様は、『大和物語《やまとものがたり》』の「檜垣《ひがき》の御《ご》」の説話にも語られているところである。

ところが、五月二十日に博多津において純友は好古のために打ち散らされ、逃げて伊予国に到った（『本朝世紀』）。『純友追討記』は、「官使好古は武勇の者を引率して陸路で行き向かい、慶幸と春実は海上から筑前《ちくぜん》国博多津に赴き向かった。賊はこれを待ち受けて戦い、一挙に死生を決しようとした。春実は戦の最中、肩脱ぎし髪を乱して短兵を取り、振り叫んで賊中に入った。恒利と橘遠保も随い、遂に入って数多《あまた》の賊を斬った。賊の陣が更に船に乗って戦った時、官軍《かんぐん》は賊の船に入り、火を付けて船を焼いた。凶党《きようとう》は遂に破れ、悉《ことごと》く捕えられて殺された。取り得た賊船は八百余艘、箭《や》に当たって死傷した者は数百人。官軍の威を恐れて海に入った男女は数え切れない。賊徒の主伴《しゆはん》は共に各々離散し、或いは亡《し》に、或いは降った。分散したことは雲のようであった。純友は扁舟《へんしゆう》（小舟）に乗って伊予国に逃げ帰った」と語る。実際にもこのような惨敗《ざんぱい》だったのであろう。

この博多津における戦いの後の敗走に、伊予国の豪族がいないことに注目すべきであろう。純友は国衙支配に対する内陸部の反感を広く結集することができず、乱悪をつづけた瀬戸内海の海賊の限られた部隊となって敗北したのである（小林昌二「藤原純友の乱再論」）。

この賊徒撃破の報は、六月六日に追捕使からの飛駅によるよる第一報として都にもたらされた（『日本紀略』）。十一

博多津故地

日には、備中・備前・淡路国からの飛駅として、純友の乗った賊の二艘が響灘《ひびき》（長門国）から遁走《とんそう》したことが告げられた（『吏部王記』）。それにつづけて、「疑うには京に入ろうとしているのか」という噂《うわさ》が記されているのは興味深い。響灘を播磨国のそれと誤解したのかもしれないが、京都の貴族の認識がよくうかがえる。

京都に攻め込むどころか、純友には死が待っていた。六月二十日、伊予国に逃亡した純友と息男の重太丸《しげたまる》を伊予国警固使橘遠保が斬獲《ざんかく》した（『本朝世紀』）。最期の様子は、純友と遠保が合戦に及び、純友は射落とされて斬られたと記す史料もある（『師守記』）。『純友追討記』では、純友が遠保に捕えられ、禁固《きんこ》されているなかで獄中で死んだことになっている。なお、遠保はこの功によって美濃介《みののすけ》に任じられたが、天慶七年（九四四）に何者かによって斬殺《ざんさつ》されている（『日本紀略』）。犯人が純友の残党だったかどうかは、定かではない。

武士へ——純友の乱の影響

ともあれ、七月六日（『師守記』）、あるいは七日（『日本紀略』）に、純友と重太丸の首が進上された。この首もまた、後世にさまざまな伝説を生むことになる。追捕使は八月七日に京に凱旋《がいせん》した（『日本紀略』）。純友の一党は、その後、日向《ひゅうが》（現宮崎県）・播磨・備前・但馬国、大宰府などでつぎつぎと討たれ、ここに純友の乱は終結したのである（『本朝世紀』）。

この戦乱は、北東アジアを股にかけた新羅や高麗《こうらい》商人との対外交易関係、瀬戸内海交通・交易集団と新羅海賊との関係、王朝国家期における受領と現地土豪や負名《ふみょう》との関係、運輸業者をはじめとする海民《かいみん》の存在形態、摂関家と地方武力との私的関係、征討軍の様相など、数多くの問題を内包したものであった。

一つだけ、後世の日本に大きな影響を及ぼした点を付け加えると、将門の乱では「未だ兵の道に練《ね》れず」（『将門記』）と揶揄《やゆ》された源経基が、次に西国で起きた純友の乱では追捕使の次官として乱の鎮圧に従事した。これも純友の討滅にはたいしたはたらきはできなかったのではあるが、純友滅亡直後の天慶四年九月には、警固使《けいごし》・大宰権少弐《だざいのごんのしょうに》であった経基は、豊後国《ぶんご》（現大分県）において賊徒の残党と戦い、賊首の桑原生行《くわばらのたかゆき》を捕虜《ほりょ》とするなどの軍功を挙げた（『本朝世紀』）。この「戦功」によって、経基は大宰少弐に任じられ、後世、「天性は弓馬に達し、武略《ぶりゃく》に長じた」と称される存在となって（『尊卑分脈』）、武家の棟梁《とうりょう》の祖としての地位を確立することになったのである。

大きな転換点

先にも触れたが、将門が常陸国府を襲撃したのが天慶二年十一月、純友が備前介を陵轢したのが同じく天慶二年十二月のことである。将門は天慶三年二月に誅《ちゅう》され、純友は天慶四年六月に殺されている。つまり、二人が国家に対して反逆行為をおこなっていたのは、(承平は含まず)天慶年間の、たかだか三箇月から一年半のことに過ぎないのである。また、戦闘に参加した兵士の数もそれほど多数ではない。しかも、純友は恒常的に戦闘行為をおこなっていたわけではない。

たしかに未曾有の戦乱であったとはいっても、これくらいの規模のものなのである。逆に言えば、日本古代においては、これくらいの規模の内戦が、最大級なのである。世界史的な視点で見た場合、これは逆に日本古代の平和さを浮かび上がらせることになる。

しかも、将門や純友は一方的に朝廷や国司から「謀反」だと騒ぎたてられて内戦にいたったのであり、「国を滅ぼそう」とか「天皇を殺そう」という意識は、まったくなかった。

そして天慶の乱を鎮圧した藤原秀郷・平貞盛・源経基の子孫たちが、それぞれ「兵《つわもの》の家」として中央軍事貴族の地位を獲得し、その配下で将門や純友を斃《たお》した者たちの子孫が「武士」となって、日本に中世武士社会を生み出すことになるのである。その意味では、天慶の乱は、日本の歴史に大きな転換点を刻み込む画期となったと言えよう。

第五章　中世黎明期の内戦

天慶《てんぎょう》の乱の鎮圧《ちんあつ》にあたった藤原秀郷《ふじわらのひでさと》・平貞盛《たいらのさだもり》・源経基《みなもとのつねもと》といった「天慶勲功者《くんこうしゃ》」の子孫は、「兵《つわもの》の家」として中央における軍事貴族の地位を独占した。勲功者は論功行賞《ろんこうこうしょう》によって衛府《えふ》や馬寮《めりょう》の官人に登用され、在京勤務が命じられた。武士たちも、京都の宮廷社会のなかで検非違使《けびいし》や受領《ずりょう》を歴任することをめざし、その一方では摂関家《せっかんけ》など有力権門《けんもん》の家人《けにん》になって身辺警護や受領としての奉仕に努めるなど密着を強めた（下向井龍彦『武士の成長と院政』）。もちろん、勲功者の子孫の側も、先祖の英雄譚《えいゆうたん》を創作し、みずからの地位の根拠としていった。

　秀郷の子である千晴《ちはる》は中央で活躍していたが、安和《あんな》二年（九六九）に起こった安和の変（経基一男の満仲《みつなか》の密告《みっこく》によるもの）に連坐《れんざ》して失脚した。一方、地元の下野《しもつけ》国においては、国衙《こくが》に地歩を築くとともに辺境《へんきょう》軍事貴族としての立場を保持していた。十一世紀前半に北坂東《ばんどう》に土着《どちゃく》し、十二世紀初頭以降、一族の分化が顕著となり、それぞれの地名を冠して分立するようになる（元木泰雄『武士の成立』）。そして本流の兼光《かねみつ》系のように中央軍事氏族の地位を捨てて北坂東に帰住《きじゅう》した門流と、文行《ふみゆき》系のように摂関家の家人として「都の武者」の立場を維持しつづけた門流に分かれていったのである（野口実『藤原秀郷』）。

　経基の子である満仲は円融《えんゆう》天皇から後一条《ごいちじょう》天皇までのあいだ、蔵人《くろうど》や殿上人《てんじょうびと》として仕え、その息男の頼光《よりみつ》・頼親《よりちか》・頼信《よりのぶ》はそれぞれ京都近国に拠点を築き、摂津《せっつ》源氏《げんじ》・大和《やまと》源《げん》氏《じ》・河内源氏《かわちげんじ》の祖となった。彼らはいずれも師輔《もろすけ》・兼家《かねいえ》・道長《みちなが》とつづく九条流《くじょうりゅう》藤原氏に奉仕していた。

　頼光の嫡流《ちゃくりゅう》は「大内守護《おおうちしゅご》」の地位を世襲し、都の武士としての地位を確立する一方、歌人としても秀《ひい》でた者を輩出した。したがって、清和源氏《せいわげんじ》の嫡流でありながら、摂津源氏は武家の棟梁《とうりょう》への道をみずから閉ざしていったのである。

　頼親は大和守《やまとのかみ》を三度も歴任することで私領の獲得をはかったが、興福寺《こうふくじ》と所領問題で衝突して、道長に「殺人の上手」と称された（『御堂関白記《みどうかんぱくき》』）。後に興福寺の愁訴《しゅうそ》によって、頼親は土佐《とさ》、子の頼房《よりふさ》は隠岐《おき》に流され、子孫は武家の棟梁になることはできなかった（朧谷寿『清和源氏』）。

　頼信は道兼《みちかね》、ついで道長に家人として仕え、永承《えいしょう》二年（一〇四七）に、河内守《かわちのかみ》に任じられて河内国古市《ふるいち》郡壺井《つぼい》（現大阪府羽曳野市壺井）に館《たち》を建て、河内源氏の基盤を築いたが、それ以前の寛仁《かんにん》四年（一〇二〇）から河内に所領を有していたという考えが妥当であろう（元木泰雄『河内源氏』）。通法寺《つうほうじ》跡（現羽曳野市通法寺）には、頼信・頼義《よりよし》・義家《よしいえ》の「源氏三代の墓」が所在する。頼信は寛弘《かんこう》年間から長和《ちょうわ》年間にかけて、常陸介《ひたちのすけ》にも任じられており（延任《えんにん》か重任《ちょうにん》か）、これが後年の忠常《ただつね》の乱の平定に深く関わってくることになる。その子孫が、幾多の紆《う》余曲折《よきょくせつ》を経て、頼朝《よりとも》につながることになる。

貞盛の子は、維叙《これのぶ》・維将《これまさ》・維敏《これとし》の三人は、これも都の武士として活動し、藤原北家《ほっけ》のなかでも実頼《さねより》・頼忠《よりただ》・実資《さねすけ》など小野宮《おののみや》家の家人として奉仕したが、四男の維衡《これひら》は伊勢《いせ》国鈴鹿《すずか》郡・三重《みえ》郡（現三重県亀山市から鈴鹿市・四日市市）を勢力圏としつつ、右大臣《うだいじん》藤原顕光《あきみつ》に仕えていた。伊勢国で合戦をおこない、道長に糺弾《きゅうだん》されて伊勢守《いせのかみ》を解任されたが、直後に道長の家人となるという転身を見せた。自身は伊勢国に留住《りゅうじゅう》しており、その子孫がやがて伊《い》勢《せ》平氏《へいし》となっていく（高橋昌明『清盛以前』）。

摂関期における武家はこのような状況であったが、蔵人・殿上人として内裏の奥深くで天皇を直接警固《けいご》する源氏と、検非違使として京内の犯罪を取り締まる平氏とでは、宮廷社会における家格の差は歴然としていたという指摘（下向井龍彦『武士の成長と院政』）は重要である。

かつては、武士というのは草深い東国の農村で開発に専念しながら武器を持って立ち上がり、享楽に耽《ふけ》る退嬰《たいえい》的な京都の貴族を打倒した存在である、という図式（「在地《ざいち》領主制《りょうしゅせい》論《ろん》」）が語られていた。それは近代の帝国日本の国家主義的政策（国民皆兵《こくみんかいへい》とアジア侵略）ともよく合致する歴史像であり、また戦後歴史学の発展段階論《はってんだんかいろん》的図式とも都合よく組み合わされたことから、ほとんど常識的な構図として国民に浸透してしまった。

しかし、前世紀末頃から武士論の見直しが中世史研究者のあいだでおこなわれ、武士の暴力団的性格やケガレとしての存在、また貴族志向の強さ、芸能的側面などが明らかになってきている。この本でも、いくつかの内乱の分析を通して、武士の発生について、古代史的視座から考えていきたい。

象徴的な例をいくつか挙げよう。寛弘《かんこう》三年（一〇〇六）、大和守源頼親と興福寺とのあいだに田をめぐる紛争が起こっていた。興福寺の大衆《だいしゅ》三千人が大挙して上京し（『神木動座之《しんぼくどうざの》記《き》』所引『小右記《しょうゆうき》』）、興福寺別当《べっとう》の定澄《じょうちょう》も何度も道長に面会して道長を脅した。ところが道長は、逆に定澄や興福寺僧を脅し、朝堂院《ちょうどういん》に参集している大衆を、宣旨《せんじ》を下して退去させたうえで、別当以下の高僧と折衝をおこない、僧たちを納得させて奈良に還した。道長は、「私はうまく処置をおこなったものだ」と自讃している（『御堂関白記』）。

時は移り、嘉保《かほう》二年（一〇九五）に美濃守《みののかみ》源義綱《よしつな》（頼義の子）の流罪《るざい》を求める延暦寺《えんりゃくじ》と日吉《ひえ》社《しゃ》の強訴《ごうそ》に対して、関白《かんぱく》藤原師通《もろみち》（道長の曾孫）は要求を拒否したうえで、大和源氏の源頼《より》治《はる》を派遣して大衆を撃退した。その際、矢が山僧や神人《じにん》に当たって負傷者が出たことで、延暦寺は朝廷を呪詛《じゅそ》し、承徳《じょうとく》三年（一〇九九）に師通は三十八歳で急死した。延暦寺はこれに対し、神罰《しんばつ》が下ったと喧伝《けんでん》したという（『平家物語《へいけものがたり》』『愚管抄《ぐかんしょう》』）。

こうなると、朝廷の武力では寺社の強訴に対応できなくなる。白河法皇《しらかわほうおう》が、永久《えいきゅう》元年（一一一三）の永久の強訴をはじめとした強訴に対して、神輿《しんよ》や神木《しんぼく》を畏れることなく、それらに弓を引くことを畏れない武士、特に正盛《まさもり》・忠盛《ただもり》などの伊勢平氏を重用したのも、一面ではこういった事情があったのである。強訴のたびに本来の官職とは関係なく、軍事貴族であることを理由に軍事動員されたことが、武士としての性格を明確化したという指摘もある（元木泰雄『武士の成立』）。こうして都の周辺でも、武士なくしては紛争の解決ができない時代となっていった。地方における内戦の解決は、言うまでもない。

すでに道長の晩年には、摂関政治《せっかんせいじ》にもようやく暗雲が立ちこめはじめていた。道長自身の女《むすめ》たちは、彰子《しょうし》・妍子《けんし》・威子《いし》・嬉子《きし》の四人が天皇あるいは東宮《とうぐう》と結婚し、そのうち彰子が二人、嬉子が一人の皇子を産むことによって、道長家が次代以降の天皇の外戚《がいせき》でありつづけることが約束されたのである。しかし、道長の後継者である頼通《よりみち》には女がおらず、代わりに入内《じゅだい》させた二人の養女や、頼通同母弟《どうぼてい》の教通《のりみち》の二人の女は、いずれも皇子を産むことはなかった。天皇家とのミウチ関係の構築といった偶然の要因に基づく権力掌握という摂関政治の基盤は、こうして偶然の要因によって崩れていくことが予測できるようになってしまったのである。

万寿《まんじゅ》四年（一〇二七）十二月の道長の死から半年を経た長元《ちょうげん》元年（一〇二八）六月、東国《とうごく》で平忠常の乱が勃発《ぼっぱつ》した。時代は確実に変わっており、道長が「この世」と思っていたのは、じつは京都だけ、もしかすると宮廷内部だけの話だったのかもしれないのである。

1　平忠常の乱

平忠常という存在

平忠常《たいらのただつね》は、将門《まさかど》の叔父にあたる良文《よしぶみ》の孫で、陸奥介忠頼《むつのすけただより》の子である。母を将門の女《むすめ》である春姫《はるひめ》（如春尼《じょしゅんに》）とする伝えもある。忠常は父祖の地盤を継承して房総《ぼうそう》半島に勢力を持ち、万寿《まんじゅ》年間に在庁官人《ざいちょうかんじん》として上総権介《かずさのごんのすけ》に任じられていた。忠常は、上総《かずさ》・下総《しもうさ》・安房《あわ》国（ともに現千葉県）など数箇国に及ぶ私営田《しえいでん》経営を展開していた大名田堵《だいみょうたと》であり、私営田経営内部に台頭した有力農民層の利害を代表する存在でもあった。

『今昔物語集《こんじゃくものがたりしゅう》』「源頼信朝臣《よりのぶあそん》、平忠恒《ただつね》を責むる語」には、寛弘《かんこう》から長和《ちょうわ》年間に常陸介《ひたちのすけ》であった源頼信と忠常（忠恒）との主従関係の構築が描かれている。この説話がどれほど史実を伝えたものなのか、いささか疑問の余地もあるのだが、とりあえず概略を述べることとする。下総国にいた忠常は多くの私兵を持ち、上総・下総をすべて意のままに支配していた。租税《そぜい》などまったく無視し、常陸守《ひたちのかみ》（介《すけ》）の下命もなおざりにしたので、頼信は忠常を攻めようとした。地元の平維幹《これもと》（惟基）も兵を率いて参戦した。衣河《きぬ》（鬼怒川）の河口

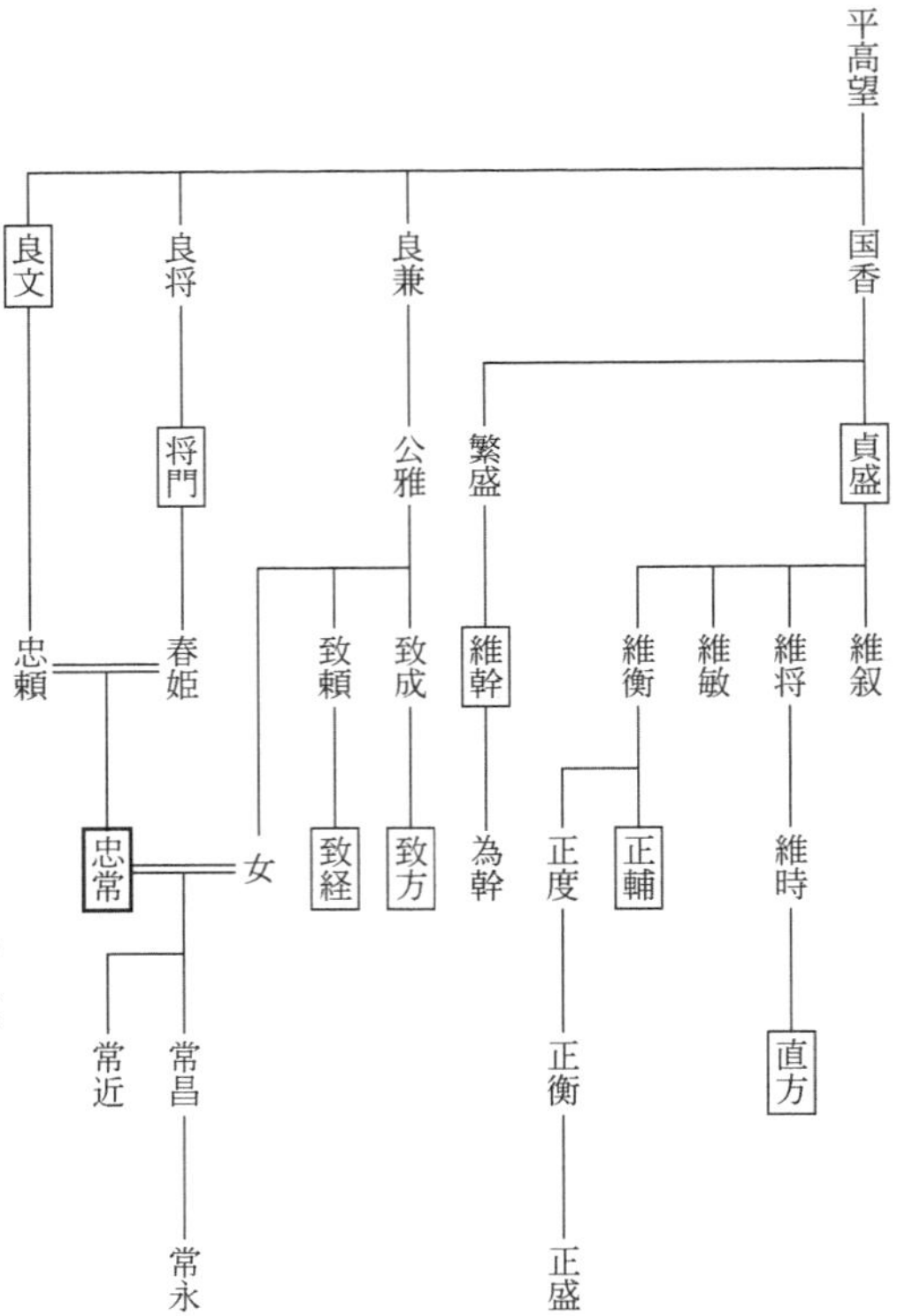

桓武平氏（高望流）系図

（香取海《かとりのうみ》）は海のように広々としていて、忠常の屋形《やかた》は内海のなかに入り込んだ奥にあり、陸路を迂回《うかい》すれば七日ほどかかる。忠常は梶取《かんどり》（香取《かとり》）の渡しの船をみな隠してしまったので、湖を渡るすべもなかった。忠常は先祖以来の仇敵《きゅうてき》である維幹の前で降服はできないと抵抗した。頼信は「家の伝」(頼信の父の満仲《みつなか》も常陸介を勤めている)に「この湖中には浅瀬が堤のように続いている」とあると言い、皆は湖を渡った。油断していた忠常は降参し、名簿《みようぶ》に謝罪状を添えて差し出した。頼信は全軍を引き返させた。

この説話に描かれている両者の主従関係が、実際に存在したものであるならば、後年の忠常の乱におけるさまざまな動きは、説明が容易となる。ほとんどの歴史学者がこの説話を史実として扱う所以《ゆえん》である(この主従関係が存在しなくても、説明はつくのであるが)。

平忠常の乱地図(下向井龍彦『武士の成長と院政』を基に、加筆して作成)

忠常の名が確実な史料に現われるのは、反乱を起こした長元《ちようげん》元年(一〇二八)以来のことであるが、「源頼信告文《こうもん》」(石清《いわし》水田《みずた》中家《なかけ》文書《もんじよ》)には、すでに道長《みちなが》の生前である万寿四年(一〇二七)

から対国衙《こくが》闘争をはじめていたことが記されている。忠常の本拠が上総・下総国であったとすれば、安房国衙を襲うまでには、まず上総か下総地方で、反乱がある程度進行していなければならないと考えられる（庄司浩「『河内守源頼信告文』と平忠常の乱」）。

乱の発端は忠常の私営田経営内部に台頭した有力農民層への対応、つまり広汎な百姓《ひゃくせい》の輿望《よぼう》を担うかたちで忠常が武力的に惹起《じゃっき》した国司《こくし》の収奪に対する紛争であった。畿内《きない》先進地帯にくらべて階層分化が遅く、大規模な私営田領主の存在し得る坂東《ばんどう》では、国司支配への抵抗は、このような形態を取って現われたのである（野口実「平忠常の乱の経過について」）。

摂関期に頻発した国司《こくし》苛政上訴《かせいじょうそ》に対しては、国司が罷免《ひめん》される例が多かったが、治安年間以降、道長の政治的判断によって、その措置が国司に寛大になることが多かったという。忠常は、道長の死によってふたたび在地勢力に同情的な政府の対応措置が期待できるという楽観的な観測をもって、行動を起こしたという見方もある（野口実「平忠常の乱の経過について」）。そうすると、道長の死が招いた歴史の転換点に、忠常は敏感に反応したことになる。なお、忠常は関白頼通《かんぱくよりみち》の同母弟《どうぼてい》である内大臣教通《のりみち》を私君と仰いでいたことが知られているなど、中央政界の動きにも通じていた。

南関東の覇を争う決戦

しかし、この段階までの国衙への抵抗は、全国どこでも見られたものであったはずである。それが一挙に国家に対する反乱となったのは、これもやはり、国衙の襲撃であった。長元元年、忠常は安房国府《こくふ》（現千葉県南房総市府中か）を襲撃し、安房守《あわのかみ》平惟忠《これただ》を焼殺したのである（『応徳元年皇代記《おうとくがんねんこうだいき》』）。

安房国府推定地（元八幡神社）

この惟忠の世系《せいけい》は不明であるが、この時期、内蔵助《くらのすけ》や大監物《だいけんもつ》・尾張守《おわりのかみ》などを勤めている平惟忠というのがいるから、武家の平氏ではなく、高棟《たかむね》王系の平氏であった可能性が高い。六月五日に追討宣旨《ついとうせんじ》が下されているから（『小記目録《しょうきもくろく》』）、襲撃事件は五月に起こったのであろう。

ついで忠常は上総国府の上総介《かずさのすけ》県犬養為政《あがたのいぬかいのためまさ》の館《たち》（現千葉県市原市藤井・山田橋か）に乱入して為政を軟禁《なんきん》し、妻子を上洛《じょうらく》させた（『小右記《しょうゆうき》』）。これで二箇国を占拠したことになる。

これらの動きに対して朝廷では、六月十八日に追討使《ついとうし》の派遣が定められ（『小記目録』）、二十一日の陣定《じんのさだめ》において、追討使の人選が議された。『左経記《さけいき》』によると、公《く》卿《ぎょう》たちは頼信を定めて後一条《ごいちじょう》天皇に奏上したが、結果は検非違使《けびいし》である平直方《なおかた》と中原成通《なかはらのなりみち》を派遣することになったという。律令など法令に詳しい明法官人《みょうぼうかんじん》である成通が選ばれたのは恒例であるとはいえ（朧谷寿『清和源氏』）、何故に後一条と関白頼通は、頼信ではなく直方を選んだのであろうか。

一つには、直方と父の維時《これとき》が頼通の家人《けにん》であったこと、また頼信が小野宮家《おののみやけ》の実資《さねすけ》の家

安房国府周辺地図（国土地理院発行1/25,000地形図「安房古川」「千倉」を基に、縮小・加筆して作成）

人でもあったこと、そして何より、『今昔物語集』の説話を信じるならば、頼信がすでに忠常を臣従《しんじゅう》させているだけに、今回の反乱をうやむやにする恐れがあったからだと言われている（野口実「平忠常の乱の経過について」）。直方一族が忠常追討の好機とばかり頼通にはたらきかけをおこなった可能性も高い（元木泰雄『河内源氏』）。

夷灊山（清澄山から）

直方にとっては、この追討は南関東《かんとう》の覇《は》を争う貞盛《さだもり》流平氏と良文流平氏の決戦なのであった。本来ならば同列で争うべき相手に、国家権力を背景に追討というかたちで対し得るとすれば、勝利は容易であり、勢力圏の拡大の他に国家からの恩賞《おんしょう》も期待できると考えたのであろう（野口実「平忠常の乱の経過について」）。翌年、直方の父である維時が上総介、二年後には同じ貞盛流の正輔《まさすけ》が安房守に任じられているなど、貞盛流平氏を挙げての私戦といった色合いが濃厚となる。

なお、武蔵守《むさしのかみ》には、これも一族の平致方《むねかた》が任じられている。

追討使の進発と忠常の抵抗

おそらくはこの情報を知ってのことであろう、忠常は七月に郎等《ろうどう》を使者として上京させ、教通や源師房《もろふさ》（頼通の養子）の許に密書《みっしょ》四通を送っていた。追討停止を懇請《こんせい》するとともに、随兵《ずいへい》二、三十騎を率いて上総国府から退去し、夷灊山《いしみ》に籠って、教通からの返答を期待していたというのである（『小右記』）。夷灊山というのは、上総国夷隅《いすみ》郡の安房国との国境の房総丘陵のあたりであろう。将門や純友《すみとも》と同じく、忠常にも国家と敵対する意志はなかったのである。

しかし、追討使は随兵二百余人を率いて八月五日に進発した（『小右記』『左経記』『日本紀略《にほんきりゃく》』）。見物の上下の者は、雲のように集まったという。ただ、成通の方は、もともと追討使の権限付与をあれこれ申請し、また病悩を称して進発を渋っていたが、十六日に美濃《みの》国から、母の危篤を理由に故障を申請した。もちろん、これは虚偽であり、直方と不和であったための口実であった（『小右記』）。

こうなると、忠常は徹底的な抗戦を余儀なくされてしまった。忠常の立場からすれば、政府から下された追討軍の直方は「私の敵」でもあり、もし敗れれば彼の勢力圏はすべて直方に侵され、子孫の存立も危ういのである（野口実「平忠常の乱の経過について」）。

追討使の「戦果」

ところが、追討使ははかばかしい戦果を挙げることができなかった。長元二年（一〇二九）二月五日には東海《とうかい》・東山《とうさん》・北陸道《ほくりくどう》諸国に官符《かんぷ》を下給し、ともに忠常を追討することを命じた（『小右記』『日本紀略』）。直方の父である維時などはこれに応じたことであろう。

しかし、それでも追討は進展しなかった。現地に下向した後、合戦らしい合戦はなく、戦果のないまま、追討使はいたずらに歳月を費していたのであろう（下向井龍彦『武士の成長と院政』）。将門の乱の時とは異なり、秀郷《ひでさと》が現われることはなかったのである。

六月八日には早くも直方の更迭《こうてつ》が議されているが（『小記目録』）、その議も遅々として進まず、十二月八日になって、ようやく成通が追討使を解任《かいにん》された。追討について言上《ごんじょう》してこないというのがその理由であるが（『日本紀略』）、ほとんど合戦をおこなっていないのであれば、致し方のないところである。この年、頼信が甲斐守《かいのかみ》に任じられている。やがて頼信が坂東の反乱に関与する条件が整ったのである。

長元三年（一〇三〇）になって、三月二十七日、安房守藤原光業《ふじわらのみつなり》が印鎰《いんやく》を棄てて上洛した（『日本紀略』）。国衙も完全に制圧されてしまったのである。後任の安房守には、直方の親族である正輔が二十九日に任じられている（『日本紀略』）。正輔は追討のためとして諸国から船舶《せんぱく》および不動穀《ふどうこく》を拠出させることを申請したものの（『小右記』）、伊勢《いせ》国において一族で忠常の姻戚《いんせき》である平致経《むねつね》との私闘に忙殺され、ついに下向することはなかった。

五月二十日には、忠常が出家したとの報が伝えられた（『小記目録』）。戦闘継続の不可能を感知した忠常が、和平《わへい》の道を探りはじめていたのである。頼通は、忠常の随兵が減少していることを推量している。六月二十三日には、忠常が直方に、前鎮守府将軍《さきのちんじゆふしようぐん》藤原兼光《かねみつ》（秀郷の子孫）を介して「志」（贈り物）を送ってきたこと、忠常の所在がわからなくなったことなどが、直方から言上されてきた（『小右記』）。すでに戦意を喪失させていた忠常が直方と交渉し、降伏の条件として、仇敵直方に代わって主君頼信の出馬を依頼してきたものとされる（元木泰雄『源頼義』）。

ここに至って、朝廷は七月八日に直方の召還《しようかん》を決定した（『小記目録』）。九月二日に後任に選ばれたのは、忠常の私君である頼信であった（『小右記』『日本紀略』）。直方の威名は地に落ち、その子孫は在京武士としての地位を維持できなくなった。ただし、子孫の多くは坂東に土着《どちやく》し、北条時政《ほうじようときまさ》や熊谷直実《くまがいなおざね》は直方の子孫を称している。また、直方の女は頼信嫡子の頼義《よりよし》の妻となり、義家《よしいえ》・義綱《よしつな》・義光《よしみつ》を産んでいる。

この間、坂東諸国は衰亡し、元は二万二千九百八十余町あった国内総田数が長元四年（一〇三一）には十八町に減少したと言われた（『左経記』）。下総守《しもうさのかみ》（藤原か）為頼《ためより》からも、下総国は忠常の追討によって亡弊《ぼうへい》が特に甚しく飢餓《きが》に及んでいて、妻子は道路で憂死《ゆうし》したという報告が届いている（『小右記』）。ただしこの坂東の亡弊は、激しい戦闘による戦火によってもたらされたのではない。追討官符によって付与された兵糧米《ひょうろうまい》徴収権によって、直方をはじめとする追討使の収奪によるものなのである（下向井龍彦『武士の成長と院政』）。追討使が進発の前に、みずからの権限についてしきりに申請していたのも、追討に事を借り

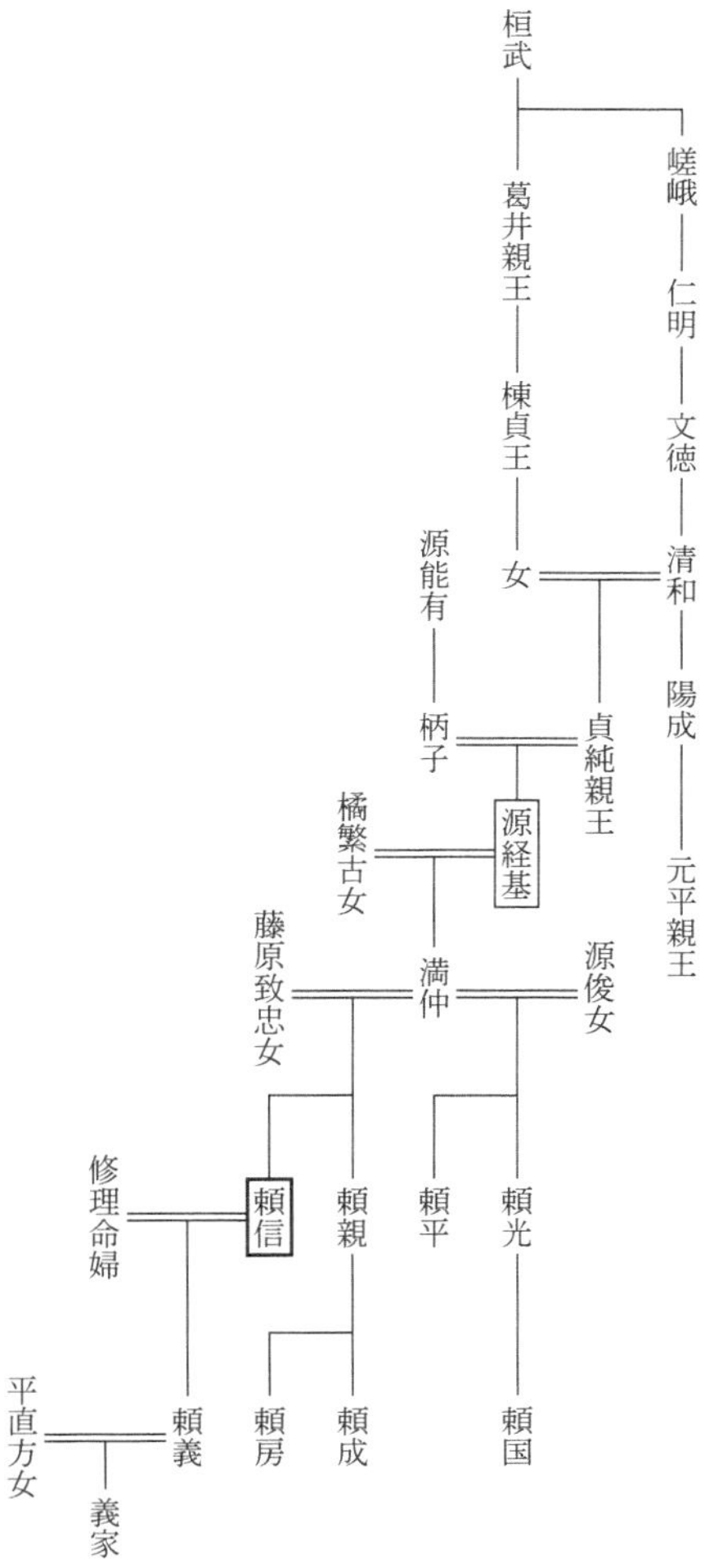

源頼信系図

て、私腹を肥やすことを企んでいたからなのであった。

乱の終結

頼信は長元四年の春に、忠常の子の法師をともなって任国の甲斐《かい》国に下向した（『左経記』）。そして子法師を使者として忠常と地道な折衝をはかったようである。後にみずから語ったところでは、「土民《どみん》を駆らず、所部《しょぶ》を費さず、鼓《つづみ》を撃たず、旗を振らず、弩《いしゆみ》を張らず、矢を逸せず、攻めざることを認めず、居ながらに寇賊《こうぞく》を得た」とあり（「源頼信告文」）、当初から戦闘をおこなうつもりはなかったのである。

四月、忠常は、子二人と郎等三人をともなって、いまだ甲斐にあった頼信の許に帰降《きこう》した（『左経記』）。その報は四月二十五日に都に届き（『小記目録』）、頼信には、忠常たちを随身《ずいじん》して上京せよとの命が下った（『日本紀略』）。

四年にも及ぶ戦乱の終結としては、まことにあっけない終わり方であるが、忠常としても諸国の疲弊や兵士の減少といった状況では、これ以上の戦闘維持はできないと考え、私君の頼信に事態の収拾を依頼しようとしたものなのであろう。逆に言えば、それを見越した朝廷の追討使交代であった。最初から頼信を追討使に任じていれば、坂東はこれほど疲弊しなくてもすんでいたはずである。

平忠常「しゃもじ塚」

頼信は、忠常や子息を随身して上京の途に就き、美濃国に到ったが、忠常は五月二十八日から重病を患い、万死一生《ばんしいっしょう》の状態となった。それでも我慢して上道《じょうどう》させるとの報が、六月七日に都に届いた。ところが、すでに六月六日に、忠常は「野上《のがみ》と云う所」（後文には「美濃国厚見《あつみ》郡」「美濃国山県《やまがた》」ともある）で病死していたのであった。この報は、十一日に子法師が上京して伝えている（『左経記』）。

野上だとすると、かつて壬申《じんしん》の乱で大海人《おおしあま》王子が野上行宮《あんぐう》を置いた地、後に徳川家康《とくがわいえやす》が関ヶ原《せきがはら》の戦で最初陣を置いた桃配《ももくばり》山のある地ということになる。「天下分け目」となったこの二つの戦乱の地において、忠常がひっそりと死去したというのも、新幹線で通るたびに何とも言えない気分になる。野上集落には、村人が忠常に食物を差し出すと忠常がしゃもじを口に入れたまま息を引き取ったという伝説に基づく「しゃもじ塚」が、ひっそりと佇《たたず》んでいる。

忠常の遺体は美濃国司が実検《じっけん》したうえ、首を斬って、降順状《こうじゅんじょう》とともに頼信が随身して上京することとなった

（『左経記』）。十六日に頼信は入京したが、降人《こうじん》であるということで、その首は晒《さら》されることなく、忠常の従類《じゅうるい》に下された（『日本紀略』『扶桑略記《ふそうりゃっき》』）。

「文武の二道」

こうして忠常の乱は終結した。六月二十七日の陣定では、忠常の子である常昌《つねまさ》（常将）と常近《つねちか》の処置について議され、父の喪中《もちゅう》ということで、追討されずに赦免《しゃめん》されることとなった（『左経記』）。坂東のこれ以上の亡弊を避けたいといった意向によるものであろうが、降人に対する寛大な処置は、日本の歴史の特色でもある。

十一世紀以降、坂東は大開墾《かいこん》時代を迎え、広大な面積の田畠が開発されたのであるが、その開発の中心は、上総国では上総《かずさ》氏、下総国では千葉《ちば》氏といった在地領主《ざいちりょうしゅ》で、いずれも忠常の子孫であった（川尻秋生「平忠常」）。

一方では頼信の行賞《こうしょう》が議され、褒賞《ほうしょう》を賜うという後一条の綸言《りんげん》を奉じた頼信は、いったん七月一日に熟国《じゅくこく》である丹波守《たんばのかみ》を所望し、十八日になって美濃守《みののかみ》に変更したいと打診してきた。坂東武者が多く頼信に従っており、彼らが都とのあいだを往還する際に美濃の方が便利だからと推測されている（『小右記』）。

頼信が武家の棟梁《とうりょう》の地位を得ようとしているのを、貴族たちはすでに見抜いていたのである。頼信は甲斐前司《かいぜんじ》としての新司《しんし》との交替《こうたい》事務を済ますことなく美濃守に赴任することを申請し（『類聚符宣抄《るいじゅうふせんしょう》』）、長元五年（一〇三二）二月に赴任している。実際、これを契機として、頼信は漁夫の利を得、人格的結合をもって坂東を統轄する地位を固めた（野口実「平忠常の乱の経過について」）。頼信は忠常の子や兼光の子に名簿を奉呈させて主従関係を結んだが、忠常の子孫の上総氏や千葉氏、兼光の子孫の藤姓足利《あしかが》氏や小山《おやま》氏らは源氏相伝《そうでん》の家人として、保元《ほうげん》の乱や源平合戦で活躍し（下向井龍彦『武士の成長と院政』）、やがて上総広常《ひろつね》や千葉常胤《つねたね》、小山（結城《ゆうき》）朝光《ともみつ》が、頼信の子孫である頼朝《よりとも》を担いで鎌倉幕府《かまくらばくふ》を開いていくことになる。

先ほどから何度か引用しているが、頼信が永承《えいしょう》元年（一〇四六）に石清水八幡宮《いわしみずはちまんぐう》に奉献《ほうけん》した願文《がんもん》である「源頼信告文」は、「文武《ぶんぶ》の二道は朝家《ちょうか》（国家＝天皇）の支え」であると謳《うた》っている。武士が支える天皇という国家観について、すでに自己認識しているのである。やがてほんとうにそういった時代が到来することになるであろうことは、この時点では、いったい何人が予測していたであろうか。その意味では、地方における対国衙紛争に際して、都の軍事貴族を用いて鎮圧にあたらせた忠常の乱こそ、時代の分水嶺の一つだったのかもしれない。

2　前九年・後三年の役

源頼義と東国

源頼信《みなもとのよりのぶ》の後継者となった頼義《よりよし》は、小一条院《こいちじょういん》（東宮の座を降りた三条《さんじょう》天皇皇子の敦明《あつあきら》親王）の判官代《はんがんだい》を勤め、その労によって長元《ちょうげん》九年（一〇三六）に相模守《さがみのかみ》に任じられた。すでに五十歳を目前にしての、初の受領《ずりょう》任官であった。この頃、頼義は平直方《たいらのなおかた》の女《むすめ》と結婚し、長暦《ちょうりゃく》三年（一〇三九）に義家《よしいえ》を儲けている。この婚姻によって、頼義は鎌倉《かまくら》の屋敷・所領や東国《とうごく》の郎従《ろうじゅう》、桓武《かんむ》平氏嫡流《へいしちゃくりゅう》の権威を獲得した（野口実「院・平氏両政権下における相模国」）。こうして河内源氏《かわちげんじ》は、東国における武門としての地位を確立していったのである。

前九年の役の勃発

天慶《てんぎょう》二年（九三九）の俘囚《ふしゅう》の反乱以降は、比較的平穏に推移していたかのような陸奥《むつ》・出羽《でわ》であったが、それは六国史《りっこくし》の廃絶と、地方に関心の薄い貴族によって記された古記録《こきろく》の出現という基本史料の変化によるものだったのかもしれない。十世紀後半から十一世紀に構築されはじめた「防御性集落」の存在は、鎮守府《ちんじゅふ》の管轄する「奥六郡《おくろくぐん》」（衣川関《ころもがわのせき》〈現岩手県平泉町付近〉以北の、おおむね現岩手県内陸部の北上《きたかみ》川流域に所在する胆沢《いさわ》・和賀《わが》・江刺《えさし》・稗貫《ひえぬき》・志《し》波《わ》・岩手《いわて》郡）以北の北方夷狄《いてき》勢力との武力抗争の激化をうかがわせる。

「奥州《おうしゅう》十二年合戦」とも称された前九年《ぜんくねん》の役は、十一世紀後半の戦乱平定直後に著わされたとされる『陸奥話記《むつわき》』に、その詳細が記録されている。もちろん、軍記《ぐんき》文学の常で、誇張や文飾、修辞を含んだ作品であるが、慎重に読み解いていきたい。

『陸奥話記』は、「奥六郡を束ねる俘囚の司に、安倍頼良《あべのよりよし》という者がいた」という文章からはじまる。俘囚の長を勤めていたが、村人たちを脅して掠《かす》め取って蔓延《まんえん》し、次第に衣川

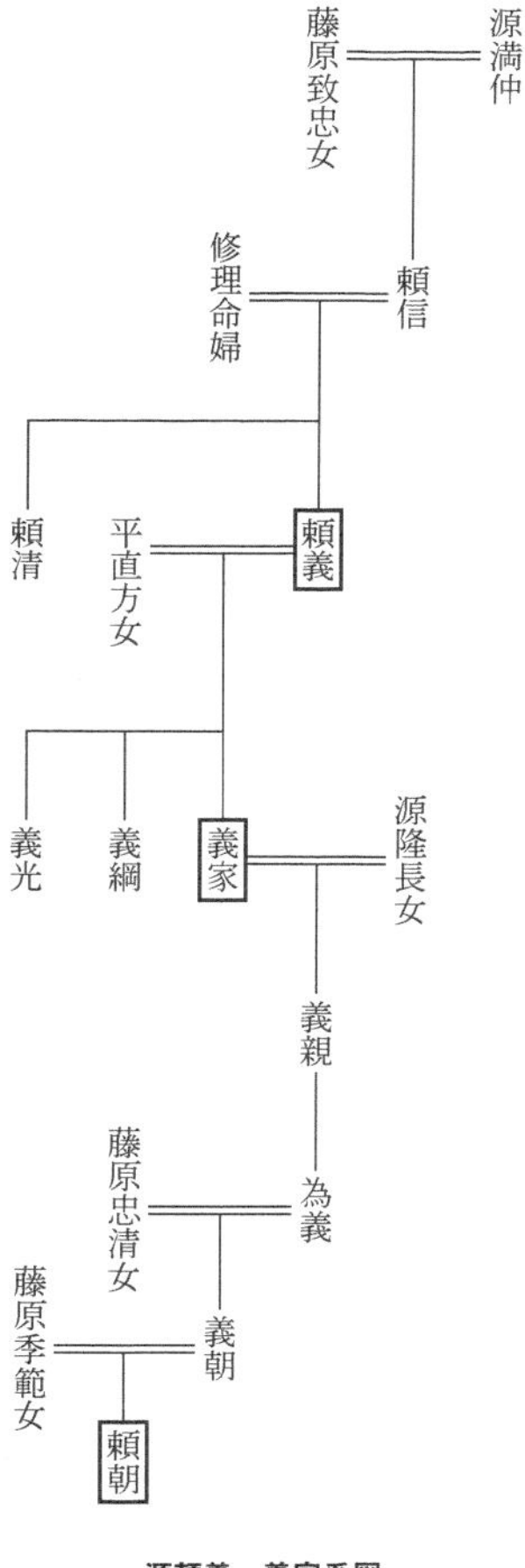

源頼義・義家系図

鬼切部（鬼切部城跡から）

の南にまで勢力を拡大していき、賦貢《ふこう》（税と貢物）を納めず、徭役《ようえき》（労役）を務めることもなかったとある。実際には、頼良は陸奥権守《むつのごんのかみ》として下向した安倍忠好《ただよし》（忠良）の子で在庁官人《ざいちょうかんじん》を勤めていた者であったとされている（元木泰雄『源頼義』）。

官物《かんもつ》や雑役《ぞうやく》を負担しない地方豪族《ごうぞく》であれば、東国のどこにでもいそうなものであったが、衣川関の南にまで進出したとなると、明らかに越境行為であり、中央政府との住み分け・協調路線への挑戦である。すでに安倍氏の拠点は、「奥六郡」以南の磐井《いわい》郡に河崎《かわさき》（現岩手県一関市川崎町）・小松《こまつ》（現一関市萩荘）・石坂《いしさか》（現一関市赤荻）の三柵を造営しているように（関幸彦『東北の争乱と奥州合戦』）、その勢力南下は明らかであった。土着《どちゃく》した在庁官人である平永衡《ながひら》（下総国《しもうさ》から海道《かいどう》系の平氏）や藤原経清《ふじわらのつねきよ》（藤原秀郷《ひでさと》の子孫）とも婚姻関係を結び、権力基盤を構築していた。

永承《えいしょう》六年（一〇五一）、陸奥守《むつのかみ》藤原登任《なりとう》（南家《なんけ》藤原氏）は、出羽国の秋田城介《あきたじょうのすけ》平重成《しげなり》（繁成、貞盛《さだもり》の弟繁盛《しげもり》の曾孫）と合流して、頼良を攻めた（『陸奥話記』）。戦場となった鬼切部《おにきりべ》は、現在の宮城県大崎市鳴子温泉鬼首字若神子原で、出羽国府秋田城（現秋田市寺内焼山）からの進路と陸奥国府多賀《たが》城からの進路の接合部にあたるが、安倍氏の勢力範囲の最南端である石坂柵よりも、かなり西に寄っている。「兵《つわもの》の家」である重成の参戦を聞いた頼良が、それを迎え撃つために、出羽寄りに進軍したのであろう。なお、登任は重成の父で余五将軍《よごしょうぐん》と称された維茂《これしげ》の姉妹と結婚しており、登任と重成は姻戚《いんせき》でもあった。

結果は、登任・重成の大敗であった。「国守の軍勢は戦いに敗れて、死人が多く出た」と『陸奥話記』は語る。この内戦を「奥州十二年合戦」と称するのは、この時点を起点として数えたものである。

源頼義登場

『陸奥話記』はここで、頼義が追討将軍《ついとうしょうぐん》に拝されたと語るが、実際には陸奥守に任じられたものである。この時点では、政府は頼義に頼良の追討を命じたわけではなく、その武名によって頼良をおとなしくさせ（下向井龍彦『武士の成長と院政』）、衣川以南への進出を阻止しようとしたに過ぎなかったものと思われる（庄司浩『辺境の争乱』）。

ただし、いまだ武家の棟梁《とうりょう》といったものは形成されておらず、「逢坂《おうさか》以東の弓馬の士は、大半は頼義の門客《もんきゃく》となった」などというのは『陸奥話記』と『吾妻鏡《あずまかがみ》』の主張に過ぎず、東国武士の大軍が結集していたわけではないこと（元木泰雄『河内源氏』）は、つねに念頭に置いておかなければならない。

永承七年（一〇五二）には上東門院彰子《じょうとうもんいんしょうし》（藤原道長《みちなが》長女）の病悩によって大赦《たいしゃ》がおこなわれ（『春記《しゅんき》』）、国司《こくし》対捍《たいかん》や戦闘に対する頼良の罪も不問《ふもん》に付された。喜んだ頼良は、頼義の諱《いみな》を避けて名を頼時《よりとき》と改め、頼義に臣従《しんじゅう》した。こうして頼義の陸奥守任期の五年は平穏に過ぎていき（『陸奥話記』）、任終《にんじゅう》の年を迎えた。

なお、天喜《てんぎ》元年（一〇五三）には、頼義は鎮守府将軍《ちんじゅふしょうぐん》を兼ねている（『本朝続文粋《ほんちょうぞくもんずい》』）。武家源氏で鎮守府将軍に任じられたのはこれが初例で、これは平直方から継承した平氏の伝統と無関係ではないという（元木泰雄『河内源氏』）。陸奥守と将軍を兼ねたのも、坂上田村麻《さかのうえのたむらま》呂《ろ》以来のことである。

阿久利河事件

天喜四年（一〇五六）、頼義は府務《ふむ》をおこなうため胆沢《いさわ》城（現奥州市水沢佐倉河）の鎮守府に入り、数十日間、頼時を従えて奥六郡を巡検《じゅんけん》した。国府《こくふ》のある多賀城に帰る途中、阿久利《あくと》河（現宮城県栗原市築館と志波姫の境の一迫《いちはさま》川畔の「阿久戸」という地域）の川辺に野営《やえい》していると、ひそかに頼義の許に現われて、「藤原説貞《ときさだ》の子である光貞《みつさだ》と元貞《もとさだ》の野宿で人馬が殺傷された」と進言する者がいた。頼義が光貞に問うと、光貞は頼時の長男の貞任《さだとう》の仕業であると答えた。貞任が光貞の妹との結婚を望んでいたが賤しい身分の出なので拒《こば》んでいたのを根に持っていたとのことであった。頼義はこれを信じ、貞任に罰を与えようとした(『陸奥話記』)。

阿久利河

貞任の引き渡しを頼時が拒み、衣川関を閉塞《へいそく》しようということになったのが戦乱の発端ということになっているが(『陸奥話記』)、こんなことで戦乱が起こるとは考えられず、明らかな文飾であろう。陸奥守の重任《ちょうにん》を望んでいた頼義が陸奥国に逗留《とうりゅう》しつづける口実に仕組んだ謀略《ぼうりゃく》(下向井龍彦『武士の成長と院政』)、頼義配下の光貞ら在庁官人や任用国司《にんようこくし》たちによる安倍氏掣肘《せいちゅう》(関幸彦『東北の争乱と奥州合戦』、元木泰雄『河内源氏』)などの意見が出ている。なお、頼義はすでに六十九歳となっていた。

安倍頼時の死と黄海の戦い

頼義はこの一件を朝廷に訴え、八月三日に頼時追討宣《ついとうせん》旨《じ》を得た（『帝王編年記《ていおうへんねんき》』）。『陸奥話記』では、「坂東《ばんどう》の猛者たちは、雲のように集まり、雨が降るようにやってきて、歩兵《ほへい》・騎兵《きへい》は数万を数えた」と語るが、実際には、東国武士だけでは安倍氏に惨敗《ざんぱい》を喫する程度の兵力に過ぎなかった（元木泰雄『河内源氏』）。

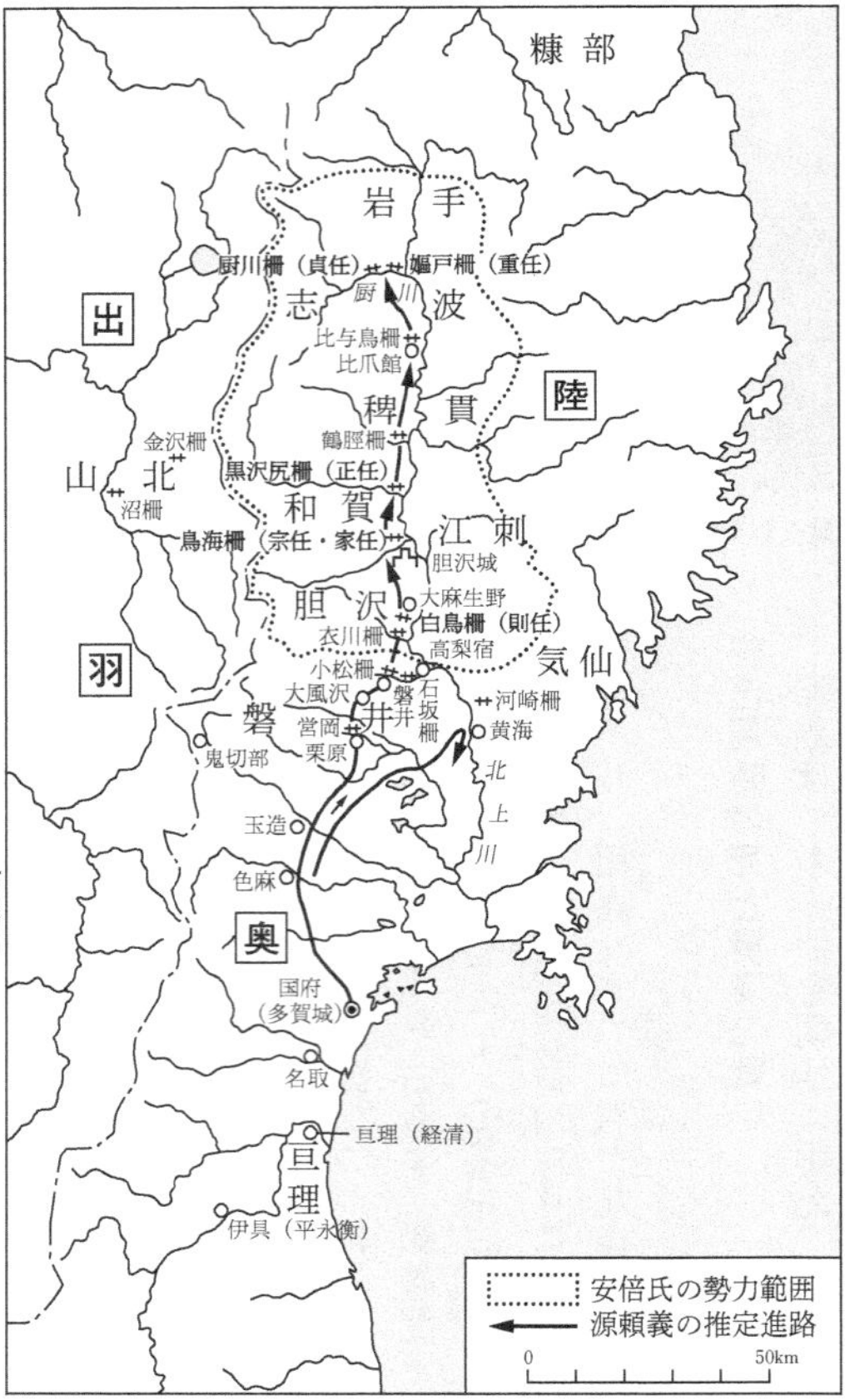

前九年の役地図（庄司浩『辺境の争乱』を基に、加筆して作成）

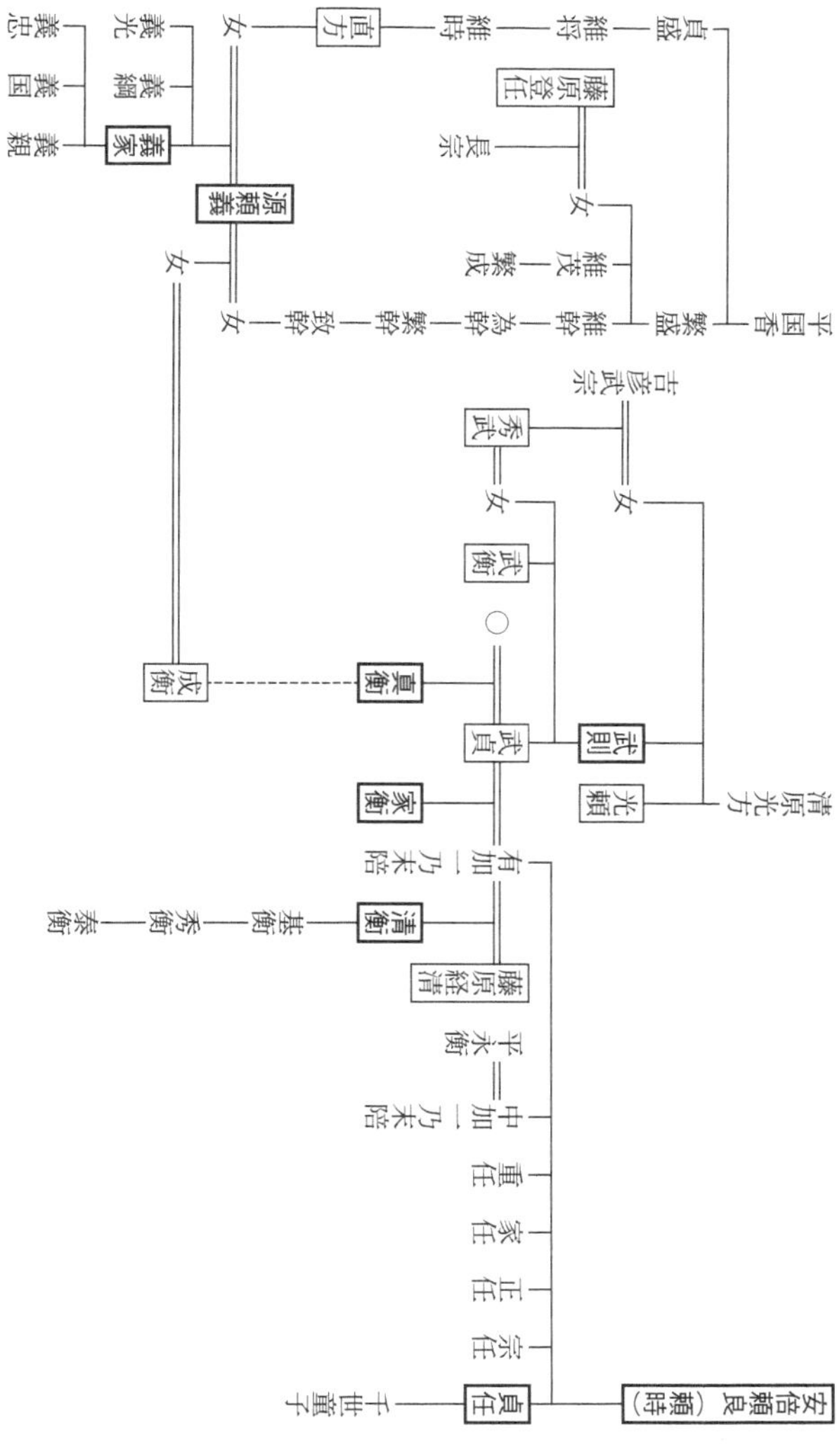
平国香
貞盛
繁盛
維将
維時
直方
女
義光
義忠
義綱
義国
義家
義親
源頼義
藤原登任
長宗
女
維茂
繁成
維幹
為幹
繁幹
致幹
女
吉彦武宗
秀武
女
女
武衡
○
真衡
成衡
清原光方
武則
光頼
武貞
家衡
有加一乃末陪
清衡
基衡
秀衡
泰衡
藤原経清
平永衡
中加一乃末陪
重任
家任
正任
宗任
安倍頼良（頼時）
貞任
千世童子

前九年・後三年の役系図

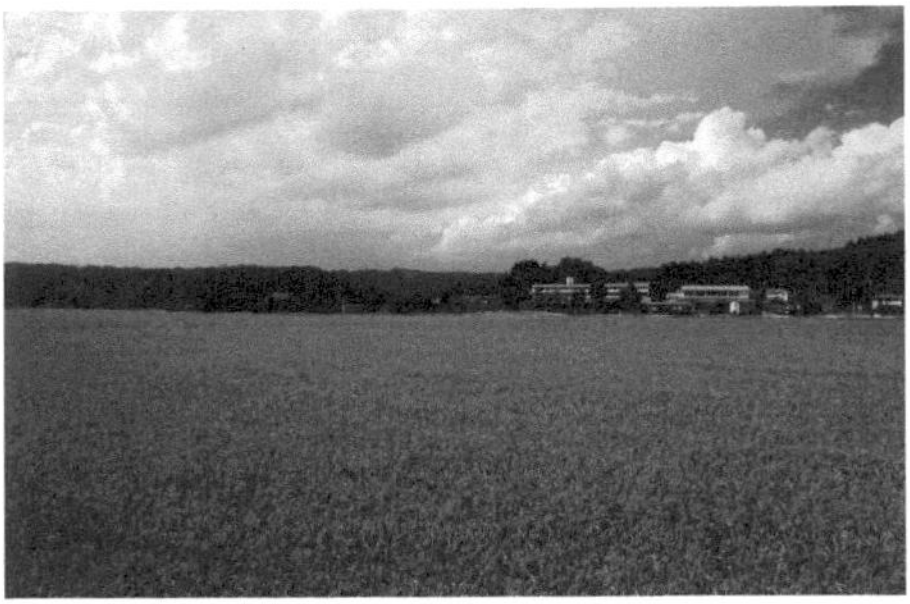
黄海（中田古戦場）

しかも、衣川への進軍の途中で、讒言《ざんげん》を信じて平永衡を斬ってしまい、これを見た藤原経清も頼時の陣に走った（『陸奥話記』）。当年の陸奥国は飢饉《ききん》の状態で、兵糧《ひょうろう》を欠いた頼義は、いったん国府に引き揚げ、東国武士も帰国させた。

この年、後任の陸奥守に藤原良綱《よしつな》が任じられたが、良綱は合戦のことを聞いて赴任を拒否し、十二月二十九日に頼義が重任された（『百錬抄《ひゃくれんしょう》』）。

翌天喜五年（一〇五七）五月、頼義は奥六郡のさらに奥地の糠部《ぬかのぶ》（現在の岩手県北部から青森県東部）の俘囚を甘言《かんげん》で説諭し、頼時を挟撃《きょうげき》しようとした。鉇屋《かなや》・仁土呂志《にとろし》・宇曾利《うそり》という三地域の蝦夷《えみし》が安倍富忠《とみただ》を首領としてこれに従おうとしたことを知った頼時は、その説得のために二千人の兵とともに糠部に出向いた（『陸奥話記』）。

伏兵《ふくへい》を隠していた富忠は、頼時軍と二日にわたって戦い、頼時は流れ矢に当たって負傷し、鳥海柵《とのみのき》（現岩手県胆沢郡金ケ崎町西根）に還って、七月二十六日に死去した（『陸奥話記』

『百錬抄』『扶桑略記《ふそうりやつき》』)。

しかし、貞任・宗任《むねとう》をはじめとする頼時の子息たちは徹底抗戦をつづけた。九月二日に頼義は頼時討伐を朝廷に報告し、貞任追討官符《かんぷ》と軍兵・兵糧徴発《ちょうはつ》権を求めた(『扶桑略記』)。朝廷では、官使《かんし》を派遣してその実否《じつぴ》を実検《じつけん》することになったが(『百錬抄』)、頼義はそれを待つことなく、十一月に千八百人の兵を率いて進発した(『陸奥話記』)。

対する貞任たちは、精兵《せいへい》四千人余りを率い、河崎柵に陣を敷き、黄海《きのみ》(現一関市藤沢町黄海)で防ぎ戦った。折からの風雪で「官軍《かんぐん》」は進軍に苦労し、食糧も尽き、人馬ともに疲れ果てて、頼義軍は大敗し、死者数百人となった(『扶桑略記』『陸奥話記』)。

『陸奥話記』は頼義の長男義家の奮戦や、頼義従兵《じゅうへい》が逃走して頼義・義家以外五騎のみで包囲され、ようやくのことで脱出したこと、頼義の忠臣《ちゅうしん》たちの死などを語る。これらは源氏内部における神話にはちがいないが、頼義の脱出に関しては、国守殺害による謀叛《むほん》の汚名を回避しようとした貞任が攻撃の手を緩《ゆる》めたという意見(元木泰雄『河内源氏』)に賛成したい。

頼義にとっては、ここで追討を頓挫《とんざ》させれば、武名の喪失である。父頼信が築いた夷狄鎮圧《ちんあつ》の第一人者の地位を失うばかりか、河内源氏内において弟頼清《よりきよ》に嫡流を奪われてしまう(元木泰雄『河内源氏』)。

ということで、頼義は何としても貞任たちを討伐しなければならなかったのであるが、出羽国府の協力も得られずに（『扶桑略記』『陸奥話記』）、貞任や経清の衣川関以南への勢力伸長を見守るしかなく（『陸奥話記』）、二度目の任終年が訪れようとしていた。

清原氏の参戦

康平五年（一〇六二）の春、新任の陸奥守高階経重《たかしなのつねしげ》が赴任してきたが、人民が皆、前司頼義の指揮に随うのを見て、経重は帰洛《きらく》してしまった（『扶桑略記』）。

頼義は、出羽山北《せんぼく》三郡（雄勝《おがち》・平鹿《ひらか》・山本《やまもと》郡。現秋田県横手市近辺）の俘囚の首領である清原《きよはらの》光頼《みつより》とその弟の武則《たけのり》を、「甘言」と「奇珍《きちん》」（贈り物）で説得し、後に名簿《みょうぶ》を捧げて臣従したと揶揄《やゆ》されるほどの態度で味方につけた。なお、実際には清原氏は元慶《がんぎょう》二年（八七八）に出羽国における蝦夷の反乱鎮圧に下向した軍事官僚清原令望《よしもち》の子孫であると言われる（元木泰雄『源頼義』）。天武《てんむ》天皇皇子の舎人《とねり》親王を祖とする皇親《こうしん》氏族である。

武則は万を越える将兵を率いて陸奥国に越境してきた。頼義は三千人余りの官兵を率いて、七月二十六日に陸奥国府を発した。八月九日に栗原《くりはら》郡営岡《たむろがおか》（現栗原市栗駒岩ケ崎）に合流し、十六日に七陣の陣立《じんだて》を固めた。それは以下のようなものであった。

第一陣　将は清原武貞《たけさだ》（武則の子）

第二陣　将は橘《たちばなの》　貞頼《さだより》（武則の甥《おい》、秋田《あきた》郡男鹿《おが》の豪族）

第三陣　将は吉彦秀武《きみこのひでたけ》（武則の甥で婿《むこ》、山本郡荒川《あらかわ》の豪族）

第四陣　将は橘頼貞《よりさだ》（貞頼の弟）

第五陣　将は頼義　一陣　将は頼義

二陣　将は武則

三陣　陸奥官人が率いる

第六陣　将は吉美侯武忠《きみこのたけただ》（秀武の弟）

第七陣　将は清原武道《たけみち》（雄勝郡貝沢《かいざわ》の豪族）

七陣のうち、頼義が率いたのは一陣のみ、しかも本営の第五陣はさらに三陣に分かれ、そのうち一陣は武則が率いたのであるから（『陸奥話記』）、この陣営はほとんどが清原氏一族によって構成されていたことがわかる。すでに戦いは、安倍氏対清原氏の、東北の覇権《はけん》を争う戦いに変容してきているのである。

戦闘開始

八月十七日、「官軍」は進撃を開始し、小松柵に到った。柵内の兵の挑発に乗った頼義は、武則の進言によって戦闘をはじめ、柵内に乱入した。宗任をはじめとする柵内兵八百騎は柵外で攻戦し、「官軍」は疲労困憊《こんぱい》して宗任軍を撃退することはできなかったが、頼義直属の坂東の精兵の奮戦によって撃退した。射殺された「賊軍」は六十人余り、「官軍」の死者は十三人であった（『陸奥話記』）。

　しかし、頼義軍は兵糧米を欠き、宗任たちのゲリラ戦に苦しめられた。その対策に兵士千人を分散させた結果、陣営に駐留する兵の数は六千五百人ほどとなった。これを聞いた貞任は頼義本陣の襲撃を決意し、九月五日、精兵八千人余りを率いて、営岡の本陣を襲撃してきた（『陸奥話記』）。

　これをかえって好機ととらえた武則の進言によって頼義や義家は奮戦し、貞任軍を撃退した。射殺された貞任軍の兵は百人ほどであった。武則は、精兵八百人で貞任軍を追撃し、貞任の陣中に夜襲をかけた。貞任は石坂柵も放棄して、衣川関に逃げ込んだ（『陸奥話記』）。ふたたび奥六郡の内部に撤退したことになる。

　翌六日、「官軍」は衣川関を三方から攻撃した。武貞は本道である関《せき》の道から、頼貞は衣川の西から上流に回って上津衣川《じょうしんころもがわ》の道から、武則は東の関の下道《したみち》（後の陸羽《りくう》街道）から、それぞれ攻め込んだ（『陸奥話記』）。この三軍がいずれも清原軍であることは注目すべきであろう。衣川関も陥落し、貞任たちはさらに鳥海柵に撤退した。『古今著聞集《ここんちょもんじゅう》』が伝える義家と貞任の和歌の贈答説話は、この時のこととして設定されている。

この鳥海柵を十一日に攻略しようとしたところ、すでに宗任や経清たちは、この柵を捨てて、厨川《くりやがわ》柵（現盛岡市天昌寺町）に向かった後であった。「官軍」は黒沢尻《くろさわじり》（現北上市川岸）・鶴脛《つるはぎ》（現奥州市江刺稲瀬）・比与鳥《ひよどり》（現紫波郡紫波町二日町古館）の三柵を落とした（『陸奥話記』）。

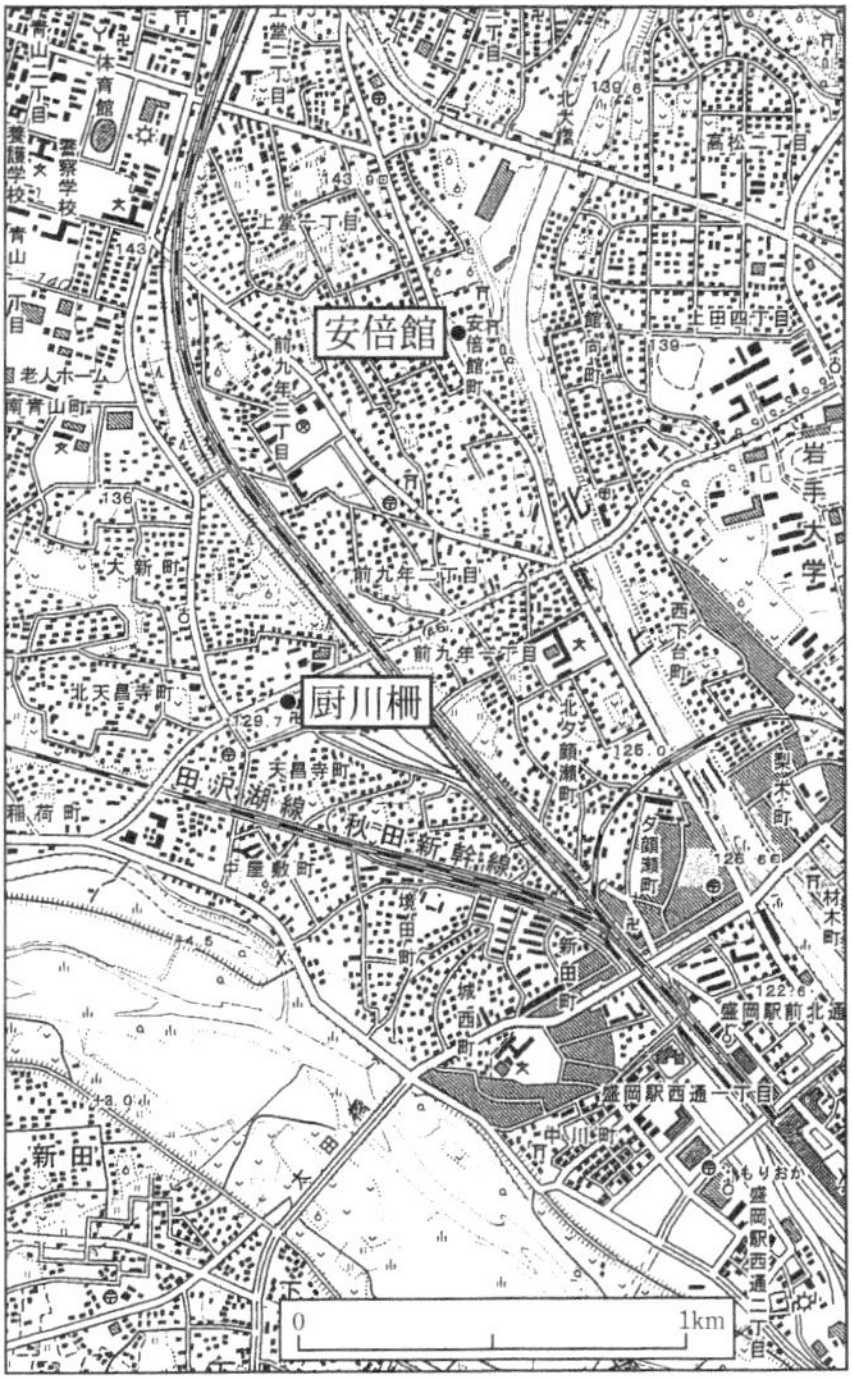

厨川柵周辺地図（国土地理院発行1/25,000地形図「盛岡」を基に、縮小・加筆して作成）

厨川柵故地（天昌寺）

厨川柵攻防戦と安倍氏の滅亡

十四日に安倍氏の本拠地である厨川柵に向けて進軍を開始した「官軍」は、十五日に厨川・嫗戸《うばど》（現盛岡市安倍館町）の二柵を包囲した。堅固な防御態勢を布いた貞任に対し、「官軍」は十六日の早朝から攻撃したが、落城させることはできず、死者は数百名に及んだ（『陸奥話記』）。

十七日になり、頼義は厨川柵を火攻めにした。武則が自軍の囲みを開いて貞任軍を外に出させ、逃げ出した貞任軍を側面から攻撃して殺害した。経清も生虜《いけどり》となり、頼義の前に引き出されて、苦痛を延ばすために鈍刀《どんとう》で少しずつ首を斬られた（『陸奥話記』）。

このあたりから、戦闘における残虐性が増した表現がめだつようになる。戦闘の対手が異民族として設定された蝦夷であったためか、それとも鎮圧の主体が軍事貴族であったからなのであろうか。ともあれ、古代の日本には見られなかった大量虐殺《ぎゃくさつ》と残虐な殺戮《さつりく》描写こそが、読む者にも中世《ちゅうせい》の到来を実感させるものである。

貞任は剣を抜いて「官軍」を斬っていたが、ついに鉾《ほこ》で刺されて捕えられた。貞任は六人が担ぐ大楯《おおだて》に載せられ、頼義の前に召し出された。頼義は貞任の罪を責めたが、貞任は頼義の顔を一目見て死んだ。三十四歳。弟の重任《しげとう》も斬られたが、宗任は逃亡した（『陸奥話記』）。

貞任の息子はまだ十三歳で、千世童子《ちよどうじ》といった。頼義はこれを赦《ゆる》そうとしたが、武則の進言によって斬らせた。その後、貞任の伯父の安倍為元《ためもと》や弟の家任《いえとう》、さらに宗任も投降《とうこう》してきた（『陸奥話記』）。これで安倍氏は滅亡したのである。

武家の棟梁の地盤

頼義は十月二十九日にこの戦闘の結果を奏上し（『康平記《こうへいき》』『十三代要略《じゅうさんだいようりゃく》』）、十二月十七日の国解《こくげ》で詳細を報告した（『陸奥話記』）。

康平六年（一〇六三）二月十六日に貞任・重任・経清の首が都に運ばれ、西獄《にしのごく》に晒《さら》された。貴賤《きせん》の者が首の入京を見物した様子や、首の検非違使《けびいし》への引き渡しの有り様は、当時、権中納言《ごんちゅうなごん》であった源俊房《としふさ》（頼通《よりみち》養子の源師房《もろふさ》の子）の『水左記《すいさき》』に詳しく記されている。「末法《まっぽう》の世に入ったとはいえ、未だ皇威《こうい》は安泰である」という俊房の感慨は、武家社会の到来を薄々予感している王朝《おうちょう》貴族の、偽らざる実感であろう。

二十五日の論功行賞《ろんこうこうしよう》では、頼義が正四位下に叙されて伊予守《いよのかみ》に任じられ、義家も従五位下・出羽守《でわのかみ》の地位を得た。そして武則は従五位上に叙されて鎮守府将軍に任じられた（『除目大成抄《じもくたいせいしよう》』『百錬抄』『扶桑略記』『陸奥話記』）。

特に武則にとっては、これで出羽国のみならず、陸奥国も掌中に収めたことになる。実質的にこの戦乱を主導した清原氏であったが、これで東北の王者の地位を獲得したのである。しかし、その王座も、みずからの内紛によって、長くつづくことはなかった。

一方、頼義自身は康平七年（一〇六四）三月に、降人《こうじん》の宗任・家任・正任《まさとう》をともなって凱旋《がいせん》した。その後は任地の伊予《いよ》国に下向することもなく、私物で伊予国の官物を貢納しながら、郎等《ろうどう》たちの恩賞《おんしよう》獲得に奔走《ほんそう》した。こうして坂東武者たちとの主従関係を強化し、後に武家の棟梁となるための地盤を構築して、承保《しようほう》二年（一〇七五）に八十八歳で死去した。幾多の戦いで命を落とした敵味方の耳を埋めて供養し、「蓑和《みのわ》（耳納）堂」という堂を建立して滅罪生善《めつざいしようぜん》に励んだおかげで、地獄《じごく》に堕ちることもなく極楽往生《ごくらくおうじよう》を遂げたという（『古《こ》事談《じだん》』）。

清原氏の内紛

勲功《くんこう》によって清原氏の惣領《そうりよう》となり、鎮守府将軍に任じられた武則は、本拠を胆沢に移し、陸奥国奥六郡と出羽国山北三郡の支配者となった。鎮守府将軍の地位は嫡孫の真衡《さねひら》に受け継がれた。真衡は実子がなく、常陸平氏《ひたちへいし》出身の成衡《なりひら》を養子とし、その妻に頼義の女（母は平致幹《むねもと》〈宗基〉の女）を迎えた。源氏の棟梁の権威に依存し、常陸平氏との姻戚関係を通じて、惣領家の地位の安定化をはかったのである（下向井龍彦『武士の成長と院政』）。

その婚礼の場で、家人《けにん》として参列させられていた清原氏庶流《しょりゅう》の吉彦秀武の不満が爆発した。院政《いんせい》期初期の十二世紀前半に成立したとされる『奥州後三年記《おうしゅうごさんねんき》』（『後《ご》三年合戦絵《さんねんかっせんえ》巻《まき》』の詞書《ことばがき》を集めたもの）には、金を捧げて祝いに来た秀武がこれを無視されたことに怒ったという顚末が語られているが、もともと伏在《ふくざい》していた庶流の不満が、清原氏の血を引かない者同士の結婚、つまり夫婦養子による嫡流の確定を機に噴出したものと考えられよう。

真衡はこれを聞いて、諸郡の兵を招集して出羽国に向かい、秀武を攻めようとした。秀武は陸奥国にいる清衡《きよひら》・家衡《いえひら》兄弟に使者を送り、仲間に引き込んだ（『奥州後三年記』）。清衡は前九年の役で討たれた藤原経清の子で、母は安倍頼時長女の有加《ありか》一乃《いちの》末陪《まえ》と伝えられる（『吾妻鏡』）。秀郷の血を引く「貴種《きしゅ》」である。有加一乃末陪は経清が殺された後、清原武貞に再嫁し、家衡を産んでいた。

異父兄弟の清衡と家衡は兵を集め、真衡の館《たち》を襲撃したが、真衡が反撃の姿勢を見せると、豊田《とよた》柵に引き返した（『奥州後三年記』）。こうしてしばらく緊張状態がつづいた。永保《えいほう》年間（一〇八一～一〇八三）のことであろう。

源義家の介入

永保三年（一〇八三）秋に義家が陸奥守として赴任してくると、真衡は国府の多賀城で饗《きょう》応《おう》をおこなった。その後、真衡が秀武を討とうと出羽国に遠征した隙《すき》を突いて、清衡と家衡は、ふたたび真衡の館を攻撃した。そこには成衡がいたが、何とか窮《きゅう》地《ち》を脱した。義家も精兵を率いて発向し、成衡を助けた（『康富記《やすとみき》』所引「奥州後三年絵《おうしゅうごさんねんえ》」詞書）。

この間、真衡は出羽国への途上で頓《とん》死《し》し、一方で清衡と家衡は義家に来降《らいこう》した。義家は清原惣領家が相伝《そうでん》してきた奥六郡を三郡ずつ清衡と家衡に与え（「奥州後三年絵」）、紛争は沈静化するかに見えた。

ところが、応徳《おうとく》二年（一〇八五）、家衡が義家に対し、清衡を讒言した。しかし義家は逆に清衡を抽《ちゅう》賞《しょう》して、家衡を挑発した。家衡は清衡を殺害しようとしたが、清衡は逃れた。家衡は清衡の館を焼き払い、妻子を殺害した。清衡の愁訴《しゅうそ》を承けた義家は、応徳三年（一〇八六）、数千騎の兵を率いて、家衡の籠る沼《ぬま》柵（現横手市雄物川町沼館）に発向した（「奥州後三年絵」）。

義家が家衡を挑発したのは、父頼義と同様、任終の年を迎え、陸奥守重任を希望し、勲《くん》

沼柵故地（蔵光院）

功賞《こうしょう》に期待してのことだったのであろう（下向井龍彦『武士の成長と院政』）。

しかし、そううまくはいかなかった。在陣は数箇月に及び、大雪に遭って、軍兵は多く寒死・餓死した。義家は撤退し（「奥州後三年絵」）、朝廷に追討官符の発給を申請した。

この間、朝廷では「義家合戦」に関する議定《ぎじょう》がつづいていた。義家の弟である義綱《よしつな》を調査のための使者として発遣《はっけん》するか、義綱を陸奥守に任じて現地に下向させるか、さまざまな議論が幾度も交わされたが、結局、義綱が陸奥国に向かうことはなく、追討官符も発給されなかった（『後二条師通記』）。

義綱の下向が、義家への援軍になるのか、それとも陸奥国における義家の対抗勢力の形成につながるのか、今となってはわからないが、義家の立場としては、この戦いに敗れたまま、京都に帰るわけにはいかなかった。武門の威信にかけて、何としても家衡を斃《たお》さなければならなかったのである。

翌寛治《かんじ》元年（一〇八七）になると、義家は国衙《こくが》の政務も停止して、兵力の整備に専念した（『奥州後三年記』）。これを聞いた朝廷では、「奥州合戦の停止」を命じる官使を派遣したが（『為房卿記《ためふさきょうき》』）、義家は聞く耳を持たなかった。事態の収拾に失敗したうえに、砂金《さきん》をはじめとする官物の貢上を怠る義家に対しては、朝廷は批判的で、安倍氏と異なり朝廷への貢納を怠ることのなかった清原氏には、甘い態度で臨んだのであろう（元木泰雄『河内源氏』）。

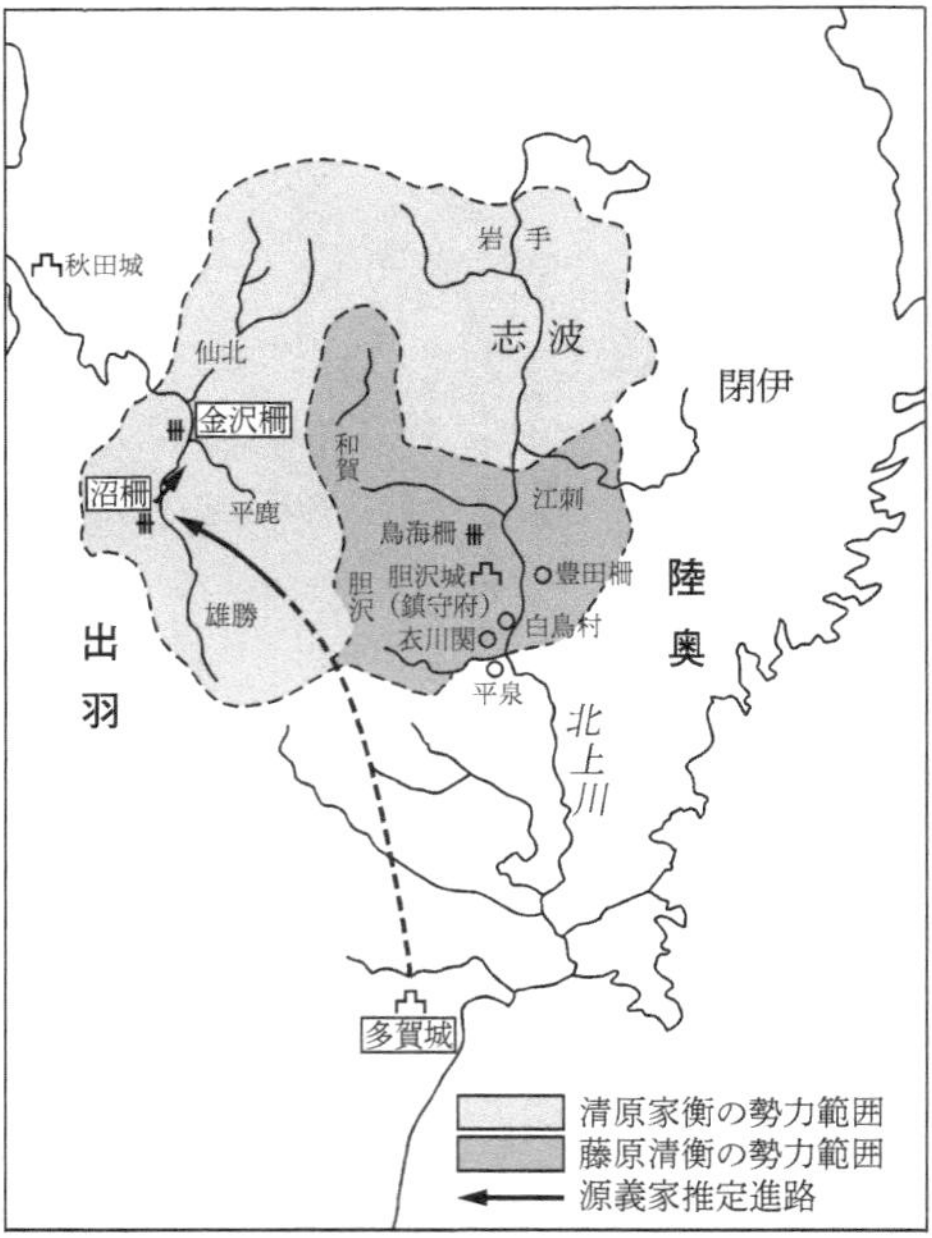

後三年の役地図（関幸彦『東北の争乱と奥州合戦』を基に、加筆して作成）

金沢柵攻防戦

家衡の側では、叔父にあたる武衡《たけひら》が参戦してきた。武衡の進言を承け、金沢柵《かねざわ》（現横手市金沢中野）に本拠を移した（『奥州後三年記』）。ここが最後の決戦の場となることになる。戦国時代の山城である金沢城の麓にあって四面廂建物が検出された陣館《じんだて》遺跡の存在が、その比定地として重要視されている。

義家側でも、末弟の義光《よしみつ》が左兵衛尉《さひょうえのじょう》の官を棄て、朝廷の許可も得ずに陸奥に下向してきた（『為房卿記』）。準備の整った義家は、数万騎の大軍を率いて、九月に金沢柵攻略に出立した（『奥州後三年記』）。追討官符を得られないままの、私戦としての戦闘であった。

しかし、大軍勢で包囲したものの、金沢柵は城岸が高く壁を前に置いたような有様で、一向に落城することはなかった。家衡は、遠い敵に対しては矢を放って射掛け、近い敵には石弓《いしゆみ》を発してこれを打つ戦法を用い、死

金沢柵故地（手前・陣館遺跡、奥・金沢城）

んだ兵士は数知れなかった（『奥州後三年記』）。
鎌倉権五郎景正《かまくらごんごろうかげまさ》の武者ぶりとか、薄金鎧《うすがねよろい》の話とか、雁《かり》の乱れで伏兵の存在を知ったとか、剛臆《ごうおく》の座を設けたなど、『奥州後三年記』に見える有名な説話群は、この時のこととして作られたものである。

戦乱の終結

秀武の申し出により、義家は金沢柵を兵糧攻めにした。四方のうち、二方を義家が、一方を義光が、一方を清衡が包囲した。武衡は義光に使者を送り、降参を請うたが、義家は許さなかった（『奥州後三年記』）。

やがて冬になり、義家軍も呻吟《しんぎん》したが、柵内はさらに飢餓《きが》が酷《ひど》くなってきた。武衡と家衡は女性や子どもを柵外に出した。義家軍が道を開けて通してやったのを見て、柵内の者は喜び、さらに多くの者が続々と柵外に出てきた。ここで秀武が義家に、出てきた女、子どもの首を斬ることを進言した。目の前で殺されるのを見れば、残りの女、子どもが出てくることはなく、柵内に残った食糧も早く尽きることになるとの由であった。義家がそのとおりにすると、武衡軍は固く城戸を閉じてしまった（『奥州後三年記』）。

そして十一月十四日の夜、阿鼻叫喚《あびきょうかん》の地獄《じごく》さながらの混乱のなか、ついに金沢柵は落城した。城内の池に隠れていた武衡も生け捕りにされた。家衡はしばらく逃亡した。義家は武衡を前に召し出し、尋問したうえで斬首《ざんしゅ》させた。「兵の道では降人を寛大に扱うのが古今の例である」という義光の助命《じょめい》嘆願を、「戦場において生け捕りにされた者は降人ではない」と言って斥《しりぞ》けてのものであった（『奥州後三年記』）。

ついで、かつて柵内の矢倉《やぐら》の上から「頼義は安倍貞任を討ち果たすことができずに、名

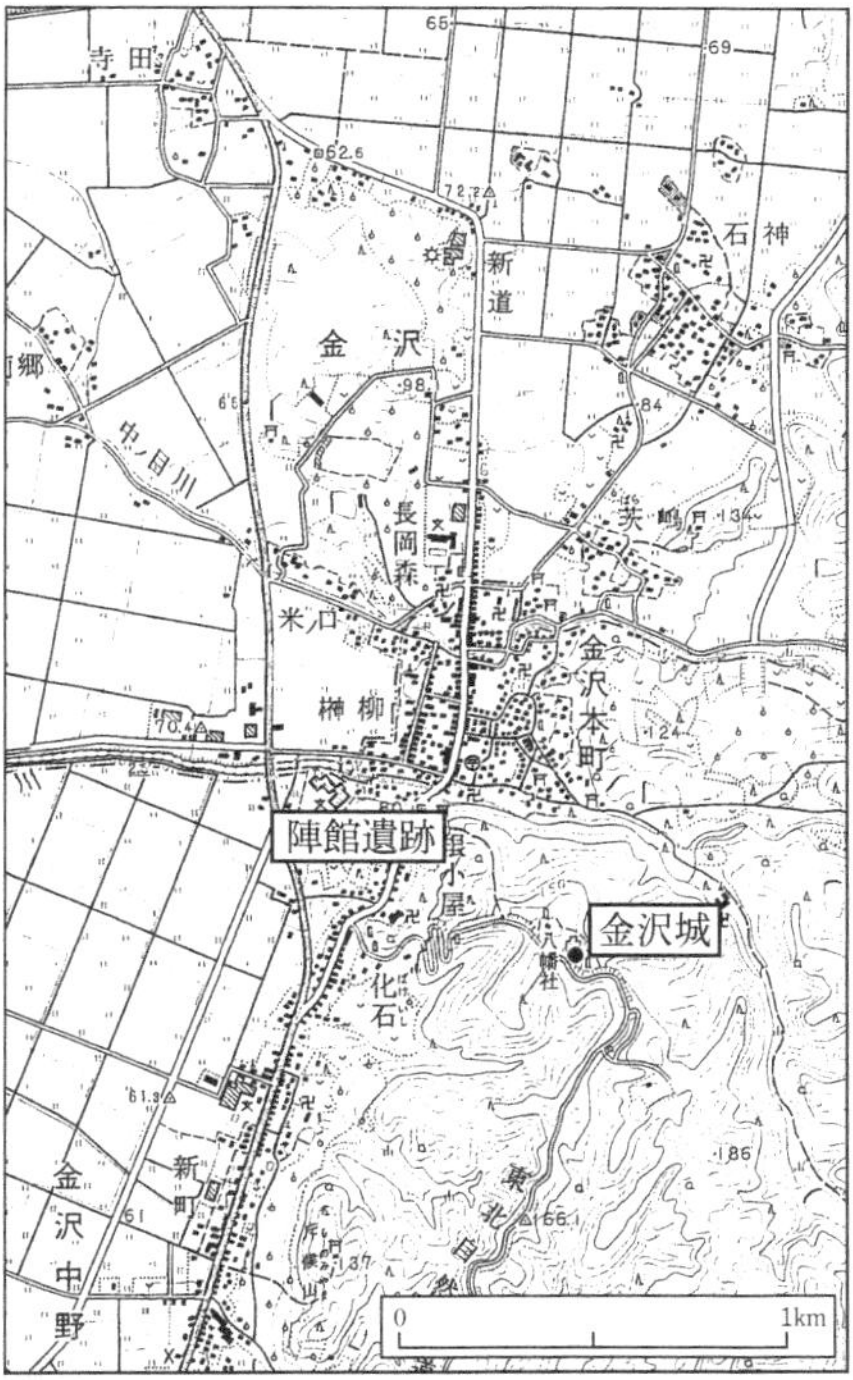

金沢柵周辺地図（国土地理院発行1/25,000地形図「金沢本町」を基に、縮小・加筆して作成）

簿を捧げて清原武則に臣従し、貞任を打ち破ることができた。汝《なれ》（義家）は相伝の家人でありながら大恩のある主君（家衡）を攻め立てているから、天道《てんどう》の責めを蒙るに違いない」と悪口《あっこう》を浴びせた藤原千任《ちとう》が召し出された。義家は金ばさみで歯を突き破って舌を引き出し、これを切らせた。千任を縛り上げて木の枝に吊り下げ、足を地に着かないほどにして、その足の下に、武衡の首を置いた。千任は力尽き、足を下げて、主人武衡の首を踏んでしまった（『奥州後三年記』）。

やがて下郎《げろう》の格好に身を落としていた家衡も捕えられ、首を斬られて鋒《ほこ》に刺され、義家の前に出された。武衡と家衡の家来のなかで主だった四十八人の首も、将軍の前に差し出され（『奥州後三年記』）、こうして後三年の役は終結した。

義家の誤算

戦乱終結の報は、義家の出した国解によって、十二月二十六日に京都に届いた（『中右《ちゅうゆう》記《き》』『本朝世紀』『百錬抄』）。『奥州後三年記』が載せる国解は、「清原武衡及び同家衡の謀反《むへん》は、すでに安倍貞任・同宗任の罪科《ざいか》を過ぎたものでしたが、私と国府の総力をもって、この賊軍をたちまち平定することができました。この上は、いち早く追討官符を賜わって、その賊徒《ぞくと》の首を京に持参いたしたいと申し上げます」というものであった。

しかし、朝廷では、停戦命令を無視するという明らかな違法行為の戦闘に、後追いで追討官符を出すことなどあり得なかった。あくまでこれを「私の敵を斃した」とみなし、義家には恩賞を与えず、後任の陸奥守に藤原基家《もといえ》（道綱《みちつな》の子孫）を任じた。『奥州後三年記』には、最後の場面に、「武衡と家衡の首を道に捨てて、むなしく上京した」とあるが、実際にも義家はそういった気分であったことであろう。

しかも、義家は合戦中は官物の未進《みしん》をつづけていた。恩賞もなく、未納分を完済《かんさい》できない義家は、受領の交替《こうたい》にともなう受領功過定《ずりょうこうかさだめ》を通過することができず、次の官に就くことができなかった。長く「前陸奥守《さきのむつのかみ》」と記されるのは、こういう事情によるものである。なお、義家は白河《しらかわ》院の恩情で承徳《じょうとく》二年（一〇九八）に受領功過定を通過することができたものの、その後も任官されることはなかった。

清原氏の遺領《いりょう》も義家の手には渡らず、清衡が独占した。こうして清衡は「奥州の王」として独立国家の建設に邁進していく。一方、義家の権力は、義綱との抗争の過程で解体した。その郎等組織は義光や義国《よしくに》（義家三男）に分割されたほか、義綱に侵食され、嫡子義親《よしちか》の謀反で崩壊の危機に瀕することになった（下向井龍彦『武士の成長と院政』）。

義家が死去したのは、嘉承《かしょう》元年（一一〇六）のことであった。同時代人の藤原宗忠《むねただ》は、その日記『中右記』に、「武威《ぶい》は天下に満ち、誠にこれは大将軍《だいしょうぐん》に足る者である」と追悼《ついとう》しながらも、「故義家朝臣《あそん》は年来、武者の長者として、多く無罪の人を殺したと云うことだ。積悪《せきあく》の余りは、遂に子孫に及ぶであろうか」と記している。

武士という存在

以上、前九年・後三年の役について、その概要を眺めてきた。この二度の内戦を解決する過程で、日本という国において、まったく異なる価値観を持つ武士というものが世の中の重要な構成要素となってしまった。しかも、このような武士の価値観を担ったのは、もともとは京都の貴族に出自を持つ軍事貴族であり、彼ら自身も貴族社会での栄達を望んでいたのである。いったいどのような歴史的変遷や過程を経て、このような連中が東国で勢力を扶植するに到ったのであろうか。

もちろん、「古代的なもの」「京都的なもの」「貴族的なもの」がいいことばかりではないことは、重々承知してはいるけれども、苦痛を長引かせるために鈍刀で首を斬ったり、舌を抜いた者を主君の首の上に吊るしたり、降服してきた女性や子どもを皆殺しにしてしまうという発想は、儒教倫理《じゆきようりんり》を表看板にしている古代国家ではあり得ないものであった。長い歴史のなかで培《つちか》ってきた古代的な意識が、もはやこの時代には京都のなかだけ、しかも没落貴族のなかだけのものになってしまったかのようである。

おわりに　日本古代史と内戦

これまで、弥生《やよい》時代から中世《ちゅうせい》成立期にかけて、およそ八百五十年ほどの倭《わ》国および日本における内戦について眺めてきた。今回の考察を通じて、日本古代は対外戦争のみならず、内戦も少なく、その規模も小さかったことが、とりあえずは確認できたものと思う。

くりかえしになるが、中国大陸や朝鮮《ちょうせん》半島から離れた島国であったために海外勢力からの侵略を想定せずにすみ、強力な中央集権国家建設の必要性をそれほど感じなくてもよかったこと、逆に日本列島からも海外に武力進出する可能性も低かったために、強力な軍事国家建設の意志を持つこともなかったのであろう。また、周辺にほんとうの意味での異民族が存在しなかったために、国土が侵攻されるという危機感も薄かったはずである。

さらには、易姓革命《えきせいかくめい》を否定して世襲（しかも高天原《たかまがはら》の神々からの世襲）を支配の根拠とした王権を作ったために、本気で王権を倒す勢力も登場せず、王権側も革命に対応する武力を用意していなかったことも、大きな要因である。加えて、王権を囲繞《いにょう》する支配者層も、その中枢部のほとんどは王権を擁護することを旨とした藤原《ふじわら》氏によって占められ、軍事を担った氏族も王権から分かれた源氏《げんじ》と平氏《へいし》、そして藤原氏の末裔《まつえい》によって占められたために、武力行使勢力さえも世襲された。

日本に生まれ、日本に住んで、日本の歴史ばかり考えていると、もはや身体に染みついてしまっていて当たり前のように感じてしまうこの事実が、じつは世界史的に見ると、きわめて特異な歴史事象なのである。

しかも、王権そのものに対して戦闘をしかけてきた例は、ほとんどない（これは中世以降も同様であるが）。数々の「謀反《むへん》」にしても、皇太子の交代を企てたクーデター計画や王権（藤原氏を含む）の側から仕組まれた陰謀を除けば、中央政府の出先機関である国府《こくふ》を襲撃した事件に過ぎない。たしかに国司《こくし》は「クニノミコトモチ（＝国の御言持ち）」、つまり天皇の言葉を地方に持って行くという存在ではあり、それを襲撃することは天皇権力に対する反逆であった。

しかし、地方勢力にとっては、国府は地方豪族《ごうぞく》や民衆から収奪する受領《ずりょう》がいるだけの存在であったに過ぎない。彼らには、国家や天皇に対する反乱といった認識は、ほとんどなかったはずである。国家側の「追討《ついとう》」も、多くは外交的な交渉が主たるもので、大規模な戦闘行為や「族滅《ぞくめつ》」はほとんどおこなわれなかった。平安時代中期以降は、現地の豪族に「追討」を委《ゆだ》ねる例も増えてきた。

戦闘の回数の少なさや規模の小ささ、中央政府の、基本的には和平《わへい》・懐柔《かいじゅう》路線を主体とした解決策、戦闘に敗れた側に対する穏便な処置（怨霊《おんりょう》になるのを怖れたことにもよるのであろうが）などは、日本という国の特徴を象徴するものだったのである。

ところが日本の内戦は、中世の武家社会を迎えて、爆発的に増加した。しかもそれは、前九年《ぜんくねん》・後三年《ごさんねん》の役の終結時にすでに端的に見られたように、大量殺戮《さつりく》と虐殺《ぎゃくさつ》の歴史であった（それでも、中国や朝鮮やヨーロッパ、中東にくらべれば、少なくて穏やかな方だとは思うが）。

武士というのは、もともとは貴族のなかから発生しながらも、一般の貴族がけっしてみずから手を染めることのない殺人や合戦を職能《しょくのう》とする暴力集団であった。その分岐点がどこにあるのか、そしてどのような契機や過程によるものなのかは、これから古代史学界も参画して解明しなければならない問題であるが、気がつけばいつの間にか、政務や儀式、文芸をもっぱらにする貴族と、武芸や合戦、殺人をもっぱらにする武士とが分離していた（「文武《ぶんぶ》の二道」）。

しかも、彼ら武士は地方の受領を兼ね、中央の権門《けんもん》の家司《けいし》でもあるという公的な地位にも就いていたのである。私は前近代の官職を安直に現代の地位に置き換えて比較するのは好きではないのだが（蔵人頭《くろうどのとう》が官房長官とか）、あえて試みるならば、東北六県の県知事と各県の県警本部長と高等裁判所の長官と自衛隊東北方面隊の総監をすべて兼ねる者が、大阪に本部を置く広域暴力団の組長も兼ね、しかも首都の政府の総理大臣の子分でもあり、天皇の一族でもあるという状況なのである。

そういった連中が、文字通り中央の権門に伺候《しこう》する「さぶらい」であった時代はまだよかったのであるが、武家が中央の政治に影響力を持つようになったり、政治の中心に坐ったりすると、日本の歴史は途端に暴力的になってしまった。たしかに、王朝《おうちょう》国家は日本的な古代国家の完成形ではあったが、同時にそれは自力救済（＝暴力主義）を旨とする中世国家の形成期でもあった。

しかしそれにしても、外国勢力からの侵略を想定していない日本国が、何故にこのような暴力的な時代を容認してしまったのであろうか。かつての唯物史観による、腐敗した平安貴族を打破するために武器を取って立ち上がった地方の有力農民が武士であるという図式は、今日ではもはや顧みられることはないが、それならば何故に日本は武家社会を迎えてしまったのであろう。

これまで、武士の発生論については、中世の武士からの視点で豊かな研究史が蓄積されてきている。しかし、日本は文（儒）未確立の社会であったので、中国のように武や力を見下して徹底的に忌避するという思想が現われなかったという指摘もあるとはいえ（髙橋昌明『武士の日本史』）、古代の貴族の視座からこの問題を考えた研究は、いまだ現われていないのではないだろうか。
あれほど日本的な美意識に優れ、かつ賢明で、政務や儀式に熱心であった平安貴族が、何故にこのような事態を迎えることを許容してしまったのであろうか。これは平安時代史を研究する者の、これからの課題であろう。

少しだけ見通しを述べると、十一世紀末に、母方のミウチが天皇の政治意思を代行したり（摂政《せっしょう》）、影響を及ぼしたり（関白《かんぱく》）する摂関政治《せっかんせいじ》に代わって、父方のミウチ（尊属《そんぞく》）である上皇《じょうこう》が天皇の政治意思を代行するという院政《いんせい》が始まった。ただし、退位した天皇（上皇）がすべて院政をおこなえたわけではなく、「治天《ちてん》の君」と呼ばれる上皇のみが、院政をおこなったのである。その背景には、摂関の地位が「摂関家《せっかんけ》」と呼ばれる道長《みちなが》―頼通《よりみち》の直系に固定され、それとは別に天皇家の外戚《がいせき》となる家（閑院流《かんいんりゅう》など）が存在したという、藤原氏内部の問題も、大きく影響している（倉本一宏『藤原氏』）。摂関になっても外戚ではないので権力は強くはなく、外戚になっても摂関の地位は手に入れられないので、権力は強くないといった矛盾を呈していたのである。

こうして治天の君が実質的に君主の役割を担い、「天皇は東宮の如し」という様相を呈することになったが、一方では幾人も存在する上皇のなかで、誰が治天の君の地位に即くかをめぐって、天皇家（王家）内部の抗争が激化することとなった。同時期には、摂関家内部における政権抗争や、武家の棟梁《とうりょう》をめぐる勢力争いも河内源氏《かわちげんじ》・伊勢平氏《いせへいし》の内部で存在した。

それぞれの勢力が、それぞれ上皇や天皇と結びついたため、その抗争を一挙に解決するべく、大規模な内戦が勃発することとなった。国家権力の掌握をめぐる権力闘争が、武士同士の合戦によって決せられなければならなくなったのである。こうして武士が軍事面のみならず、政治的にも発言力を増大させ、日本は自力救済（＝暴力）を旨とする中世を迎えることとなったのである。

それはさておき、さらに問題なのは、「明治維新《めいじいしん》」で長い武士の時代を終わらせたはずの近代日本が、今度は欧米的な帝国主義《ていこくしゅぎ》国家をめざしたという事実、そしてその際に、農民を主体とする全国民（家の承継者や官吏、官立学校生徒の男子を除く）を兵士とし、それに武士《ぶし》道《どう》を扶植したという事実である。

そして帝国日本は、内戦どころか、アジア諸国に武力侵略をはじめるようになったのである。いったい日本は、いつから、何故にこのような国になってしまったのであろうか。

それとともに、武士を善、貴族を悪とする価値観、東国《とうごく》の大地を善、京の都を悪とする地域観が、国民のあいだに醸成《じょうせい》されてしまった。「武家でも京都に政府を作った者は、やがて堕落して悲惨な末路を迎える」といった言説は、現在でもしばしば見られるものである。尚武《しょうぶ》の気風の醸成が、江戸時代の諸藩の藩校《はんこう》ならばいざしらず、近代日本の教育にも受け継がれたということは、この国が向かって行った方向を象徴するものである。

しかも、敗戦後の「民主日本」のはずの今日でさえ、いまだにこういった発想が生きつづけているということは、人びとはいったい国民がどのような集団になるのを望んでいるのであろうか。たとえば歴史ドラマや映画に登場する貴族たちが、何と情けなく描かれていることか（あれを情けないと感じる時点で、すでに武士の価値観に毒されているのだが）。Twitterでは何度か、「道長を大河ドラマで取りあげて欲しい」といった書き込みが見られるが（私に言われても困るけど）、私はその都度、「それは無理です。日本人は合戦があって人が死なないと喜びません。皇子が生まれたり宴会で月を見て歌を詠んだりするのがクライマックスでは、ドラマにならないでしょう」と答えている。

いつの日か、平安貴族が国民に好まれ、ドラマ化される日はやって来るのであろうか。古代の内戦に際して象徴的に見られるように（さらには縄文時代以来）、元来は平和的で協調的であったはずの日本の行く末を案じて、この本を終える次第である。

二〇一八年六月　　伊予・日振島にて

著者識す

参考文献

はじめに　日本古代史と内戦と国際的契機

倉本一宏『戦争の日本古代史　好太王碑、白村江から刀伊の入寇まで』講談社、二〇一七年

第一章　倭王権成立と内戦

岡村道雄『日本の歴史 01 改訂版　縄文の生活誌』講談社、二〇〇二年
木下正史『日本古代の歴史　1　倭国のなりたち』吉川弘文館、二〇一三年
寺沢　薫『日本の歴史 02 王権誕生』講談社、二〇〇〇年
中屋敷均「科学と非科学　その間にあるもの　縄文人と弥生人」『本』四三―九、講談社、二〇一八年
西嶋定生『倭国の出現　東アジア世界のなかの日本』東京大学出版会、一九九九年
仁藤敦史『卑弥呼と台与　倭国の女王たち』山川出版社、二〇〇九年
松木武彦「考古学からみた「倭国乱」」平野邦雄編『古代を考える　邪馬台国』吉川弘文館、一九九八年

1　邪馬台国・狗奴国戦

佐伯有清『魏志倭人伝を読む　下　卑弥呼と倭国内乱』吉川弘文館、二〇〇〇年
糸島市立伊都国歴史博物館編『狗奴国浪漫　熊本・阿蘇の弥生文化』糸島市立伊都国歴史博物館、二〇一四年

渡邉義浩『魏志倭人伝の謎を解く　三国志から見る邪馬台国』中央公論新社、二〇一二年

2　日本武尊伝承

石母田正「古代貴族の英雄時代――『古事記』の一考察」『石母田正著作集　第十巻　古代貴族の英雄時代』岩波書店、一九八九年（初出一九四八年）
上田正昭『日本武尊』吉川弘文館、一九六〇年
大隅清陽「ヤマトタケル酒折宮伝承の再検討」『古代甲斐国の交通と社会』六一書房、二〇一八年（初出二〇〇八年）
乙益重隆「熊襲・隼人のクニ」鏡山猛・田村圓澄編『古代の日本　第三巻　九州』角川書店、一九七〇年
坂元義種「倭の五王――その遣使と授爵をめぐって」『古代東アジアの日本と朝鮮』吉川弘文館、一九七八年（初出一九七〇年）
下垣仁志「古代国家論と戦争論――考古学からの提言」『日本史研究』六五四、二〇一七年
田中　卓「尾張国はもと東山道か」『田中卓著作集　6　律令制の諸問題』国書刊行会、一九八六年（初出一九八〇年）
森　浩一「東国・出雲・熊襲とヤマトタケル伝説」森浩一・門脇禎二編『ヤマトタケル　尾張・美濃と英雄伝説』大巧社、一九九五年
和田　萃「ヤマトタケル伝承の成立過程」前掲『ヤマトタケル　尾張・美濃と英雄伝説』

3　磐井の乱

井上辰雄『火の国』學生社、一九七〇年
大橋信弥「継体・欽明朝の「内乱」」吉村武彦編『古代を考える　継体・欽明朝と仏教伝来』吉川弘文館、

一九九九年
大山誠一「継体朝成立をめぐる国際関係」『日本古代の外交と地方行政』吉川弘文館、一九九九年（初出一九八二年）
小田富士雄「考古学から見た磐井の乱」田村圓澄・小田富士雄・山尾幸久『古代最大の内戦　磐井の乱』大和書房、一九八五年
加藤謙吉「「磐井の乱」前後における筑紫君と火君」篠川賢・大川原竜一・鈴木正信編『国造制・部民制の研究』八木書店、二〇一七年
亀井輝一郎「磐井の乱の前後」下條信行他編『新版［古代の日本］第三巻　九州・沖縄』角川書店、一九九一年
近藤義郎『前方後円墳の時代』岩波書店、一九八三年
坂本太郎「纂記と日本書紀」『坂本太郎著作集　第二巻　古事記と日本書紀』吉川弘文館、一九八八年（初出一九四六年）
佐田　茂「石人・石馬と装飾古墳　筑紫地域」小田富士雄編『古代を考える　磐井の乱』吉川弘文館、一九九一年
篠川　賢「国造制の成立過程」『日本古代国造制の研究』吉川弘文館、一九九六年
武田幸男「平西将軍・倭隋の解釈――5世紀の倭国政権にふれて」『朝鮮学報』七七、一九七五年
田中俊明『古代の日本と加耶』山川出版社、二〇〇九年
山尾幸久「文献から見た磐井の乱」前掲『古代最大の内戦　磐井の乱』

第二章　古代国家成立期の内戦

1　丁未の乱（物部戦争）

河上麻由子「遣隋使と仏教」『古代アジア世界の対外交渉と仏教』山川出版社、二〇一一年（初出二〇〇八年）
倉本一宏『持統女帝と皇位継承』吉川弘文館、二〇〇九年
倉本一宏『蘇我氏 古代豪族の興亡』中央公論新社、二〇一五年
篠川 賢『物部氏の研究』雄山閣、二〇〇九年
前田晴人「物部氏と古代の市」『史聚』五〇、二〇一七年
安井良三「物部氏と仏教」三品彰英編『日本書紀研究 第三冊』塙書房、一九六八年

2 壬申の乱

市 大樹『飛鳥の木簡 古代史の新たな解明』中央公論新社、二〇一二年
鬼頭清明「壬申の乱と国際的契機」『大和朝廷と東アジア』吉川弘文館、一九九四年（初出一九八八年）
倉本一宏『戦争の日本史2 壬申の乱』吉川弘文館、二〇〇七年
倉本一宏『歴史の旅 壬申の乱を歩く』吉川弘文館、二〇〇七年
遠山美都男『壬申の乱 天皇誕生の神話と史実』中央公論新社、一九九六年
義江彰夫「『旧約聖書のフォークロア』と歴史学」『UP』七七、一九七九年

第三章 律令国家と内戦

倉本一宏『藤原氏 権力中枢の一族』中央公論新社、二〇一七年

1 藤原広嗣の乱

青木和夫・稲岡耕二・笹山晴生・白藤禮幸校注『新 日本古典文学大系 続日本紀 二』岩波書店、一九九九

〇年
栄原永遠男「藤原広嗣の乱の展開過程」九州歴史資料館編『大宰府古文化論叢 上巻』吉川弘文館、一九八三年
坂本太郎「藤原広嗣の乱とその史料」『坂本太郎著作集 第三巻 六国史』吉川弘文館、一九八九年（初出一九七二年）
佐々田悠「奈良時代の争乱」佐藤信編『古代史講義 邪馬台国から平安時代まで』筑摩書房、二〇一八年
西宮秀紀『日本古代の歴史 3 奈良の都と天平文化』吉川弘文館、二〇一三年
横田健一「天平十二年藤原広嗣の乱の一考察」『白鳳天平の世界』創元社、一九七三年（初出一九六〇年）
渡辺晃宏『日本の歴史 04 平城京と木簡の世紀』講談社、二〇〇一年

2 恵美押勝の乱

荒木敏夫『日本古代の皇太子』吉川弘文館、一九八五年
岸 俊男『藤原仲麻呂』吉川弘文館、一九六九年
鬼頭清明「敵・新羅・天皇制――8世紀を中心に」『歴史学研究』六四六、一九九三年
倉本一宏『奈良朝の政変劇 皇親たちの悲劇』吉川弘文館、一九九八年
笹山晴生「奈良朝政治の推移」『奈良の都 その光と影』吉川弘文館、一九九二年（初出一九六二年）

第四章 平安時代の内戦

1 蝦夷征討（「三十八年戦争」）

石母田正「天皇と『諸蕃』」『石母田正著作集 第四巻 古代国家論』岩波書店、一九八九年（初出一九六三年）

今泉隆雄「律令国家とエミシ」『古代国家の東北辺境支配』吉川弘文館、二〇一五年（初出一九九二年）
今泉隆雄「三人の蝦夷——阿弖流為と呰麻呂・真麻呂」前掲『古代国家の東北辺境支配』（初出一九九五年）
熊谷公男「平安初期における征夷の終焉と蝦夷支配の変質」『東北学院大学東北文化研究所紀要』二四、一九九二年
熊谷公男「養老四年の蝦夷の反乱と多賀城の創建」『国立歴史民俗博物館研究報告』八四、二〇〇〇年
笹山晴生「桓武天皇と東北支配」『平安の朝廷　その光と影』吉川弘文館、一九九三年（初出一九七四年）
鈴木拓也『戦争の日本史3　蝦夷と東北戦争』吉川弘文館、二〇〇八年
樋口知志「志波城・徳丹城と蝦夷」細井計編『街道の日本史6　南部と奥州道中』吉川弘文館、二〇〇二年
樋口知志「延暦八年の征夷」蝦夷研究会編『古代蝦夷と律令国家』高志書院、二〇〇四年
細井　計他『岩手県の歴史』山川出版社、一九九九年
森　公章『遣唐使の光芒　東アジアの歴史の使者』角川学芸出版、二〇一〇年

2　天慶の乱

上横手雅敬「『将門記』所収の将門書状をめぐって」岸俊男教授退官記念会編『日本政治社会史研究　中』塙書房、一九八四年
川尻秋生『戦争の日本史4　平将門の乱』吉川弘文館、二〇〇七年
小林昌二「藤原純友の乱研究の一視点」『地方史研究』一七二、一九八一年
小林昌二「藤原純友の乱再論——福田・松原氏の批判に答えて」『日本歴史』四九九、一九八九年
下向井龍彦「「藤原純友の乱」再検討のための一史料——『吏部王記』承平六年三月某日条をめぐって」

『日本歴史』四九五、一九八九年
下向井龍彦『日本の歴史 07 武士の成長と院政』講談社、二〇〇一年
下向井龍彦『物語の舞台を歩く 純友追討記』山川出版社、二〇一一年
髙橋昌明「将門の乱の評価をめぐって」『論集 平将門研究』現代思潮社、一九七五年
林 陸朗『古代末期の反乱 草賊と海賊』教育社、一九七七年
福田豊彦『平将門の乱』岩波書店、一九八一年
福田豊彦「藤原純友とその乱」『中世成立期の軍制と内乱』吉川弘文館、一九九五年（初出一九八七年）
福田豊彦「日本中世の政治形態と内乱 承平・天慶の乱を中心に」前掲『中世成立期の軍制と内乱』（初出一九九二年）
松原弘宣『藤原純友』吉川弘文館、一九九九年
元木泰雄『武士の成立』吉川弘文館、一九九四年
山内 譲『海賊の日本史』講談社、二〇一八年

第五章 中世黎明期の内戦

髙橋昌明『武士の成立 武士像の創出』東京大学出版会、一九九九年
野口 実『武家の棟梁の条件 中世武士を見なおす』中央公論新社、一九九四年

1 平忠常の乱

朧谷 寿『清和源氏』教育社、一九八四年
川尻秋生「平忠常」『千葉史学』五四、二〇〇九年
庄司 浩「『河内守源頼信告文』と平忠常の乱」『古代文化』三一―八、一九七九年

髙橋昌明『清盛以前 伊勢平氏の興隆』平凡社、一九八四年
野口 実「平忠常の乱の経過について――追討の私戦的側面」『坂東武士団の成立と発展』弘生書林、一九八二年（初出一九七七年）
野口 実『伝説の将軍 藤原秀郷』吉川弘文館、二〇〇一年
元木泰雄『河内源氏 頼朝を生んだ武士本流』中央公論新社、二〇一一年
元木泰雄『源頼義』吉川弘文館、二〇一七年

2 前九年・後三年の役

庄司 浩『辺境の争乱』教育社、一九七七年
関 幸彦『戦争の日本史5 東北の争乱と奥州合戦「日本国」の成立』吉川弘文館、二〇〇六年
野口 実「院・平氏両政権下における相模国――源氏政権成立の諸前提」前掲『坂東武士団の成立と発展』（初出一九七九年）
野中哲照『後三年記の成立』汲古書院、二〇一四年

おわりに 日本古代史と内戦

倉本一宏「武士はなぜ、どのように台頭したのか」中公新書編集部編『日本史の論点』中央公論新社、二〇一八年
澁谷由里『〈軍〉の中国史』講談社、二〇一七年
髙橋昌明『武士の日本史』岩波書店、二〇一八年

講談社現代新書　2505

内戦《ないせん》の日本《にほん》古代史《こだいし》
邪馬台国《やまとこく》から武士《ぶし》の誕生《たんじょう》まで

二〇一八年一二月二〇日第一刷発行　二〇二四年八月二三日第五刷発行

著　者　倉本《くらもと》一宏《かずひろ》

発行者　森田浩章

発行所　株式会社講談社
東京都文京区音羽二丁目一二―二一　郵便番号一一二―八〇〇一

電　話　〇三―五三九五―三五二一　編集（現代新書）
〇三―五三九五―四四一五　販売
〇三―五三九五―三六一五　業務

装幀者　中島英樹

印刷所　株式会社ＫＰＳプロダクツ

製本所　株式会社ＫＰＳプロダクツ

本文データ制作　講談社デジタル製作

定価はカバーに表示してあります　Printed in Japan

N.D.C.210.3　317p　18cm

ISBN978-4-06-514189-2

「講談社現代新書」の刊行にあたって

教養は万人が身をもって養い創造すべきものであって、一部の専門家の占有物として、ただ一方的に人々の手もとに配布され伝達されうるものではありません。

しかし、不幸にしてわが国の現状では、教養の重要な養いとなるべき書物は、ほとんど講壇からの天下りや単なる解説に終始し、知識技術を真剣に希求する青少年・学生・一般民衆の根本的な疑問や興味は、けっして十分に答えられ、解きほぐされ、手引きされることがありません。万人の内奥から発した真正の教養への芽ばえが、こうして放置され、むなしく滅びさる運命にゆだねられているのです。

このことは、中・高校だけで教育をおわる人々の成長をはばんでいるだけでなく、大学に進んだり、インテリと目されたりする人々の精神力の健康さえもむしばみ、わが国の文化の実質をまことに脆弱なものにしています。単なる博識以上の根強い思索力・判断力、および確かな技術にささえられた教養を必要とする日本の将来にとって、これは真剣に憂慮されなければならない事態であるといわなければなりません。

わたしたちの「講談社現代新書」は、この事態の克服を意図して計画されたものです。これによってわたしたちは、講壇からの天下りでもなく、単なる解説書でもない、もっぱら万人の魂に生ずる初発的かつ根本的な問題をとらえ、掘り起こし、手引きし、しかも最新の知識への展望を万人に確立させる書物を、新しく世の中に送り出したいと念願しています。

わたしたちは、創業以来民衆を対象とする啓蒙の仕事に専心してきた講談社にとって、これこそもっともふさわしい課題であり、伝統ある出版社としての義務でもあると考えているのです。

一九六四年四月　野間省一